HISTOIRE DES PONTONS

ET

PRISONS D'ANGLETERRE

PENDANT

LA GUERRE DU CONSULAT ET DE L'EMPIRE

par

A. LARDIER.

TOME 1ᵉʳ

HISTOIRE
DES PONTONS
ET
PRISONS D'ANGLETERRE.

HISTOIRE
DES PONTONS

ET

PRISONS D'ANGLETERRE,

PENDANT

LA GUERRE DU CONSULAT ET DE L'EMPIRE,

PAR A. LARDIER,

Ancien Commis de Marine.

Quæque ipse miserrima vidi.
VIRGILE.

TOME Ier

PARIS,
AU COMPTOIR DES IMPRIMEURS-UNIS,
Quai Malaquais, 15.
COMON ET Cie
1845.

Marseille. Imprimerie Mossy dirigée par Bellande.
rue Sainte, 31.

AVANT-PROPOS.

Que je les hais ces Français ! je voudrais tous les exterminer, républicains et royalistes, depuis le premier jusqu'au dernier.
*Sentiments du peuple anglais,
exprimés par* Nelson.

Les Souverains craignent la guerre ; les Peuples ne la désirent pas ; les premiers savent qu'ils auraient plus à redouter les idées d'indépendance qui pourraient se manifester à l'intérieur, que les ennemis qu'ils auraient à combattre au-dehors ; les autres goûtent, depuis trente ans, les bienfaits de la paix et de l'industrie, et savent à quoi s'en tenir sur ces luttes sanglantes dont ils ignorent souvent le motif, et dont toujours ils supportent tous les frais. La guerre semblerait donc impossible si des circonstances malheureuses et une politique peut-être maladroite ne tendaient à la susciter. En France, on se plaint que les membres du cabinet humilient la nation et la mettent aux pieds de son ancienne rivale ; en Angleterre, l'opposition articule les mêmes plaintes et accuse les ministres de montrer trop de condescendance et de soumission envers la France. Nous ne cherchons pas à décider de quel côté ces plaintes reposent sur de plus solides raisons, mais nous pensons qu'elles tendent à susciter la discorde, à réveiller des haines prêtes à s'éteindre, et à rallumer un feu qui couve depuis longtemps et que la moindre étincelle peut faire éclater.

Une guerre avec l'Angleterre est donc non-seulement possible, mais probable, et c'est pour cela que nous avons écrit ce qu'on va lire. Nous avons voulu apprendre à ceux de nos soldats et de nos marins qui ne le sauraient pas, qu'il vaut mieux mourir les armes à la main que de tomber vivant au pouvoir des Anglais, car la prison de guerre des Anglais c'est la mort après la torture.

D'ailleurs, notre jeune génération, élevée au milieu des loisirs de la paix et des mouvements paisibles de l'industrie, ne sait qu'imparfaitement ce qu'est l'Angleterre. Elle ignore que chez nos voisins, la haine du nom français est un sentiment

VII

inné que fortifie l'éducation et qui, dominant tout autre sentiment, toute autre pensée, ne permet de voir nos succès, notre gloire, notre prospérité qu'avec des regards d'envie et de défiance. L'Angleterre sera notre alliée tant qu'elle croira sa puissance et ses ressources supérieures aux nôtres. Elle cessera de l'être, et sera notre ennemie dès que la balance lui paraîtra pencher de notre côté.

Nous ne donnons qu'un épisode de l'histoire de la Grande-Bretagne, mais il est caractéristique, et peint à lui seul les mœurs de la Nation. C'est un anneau de cette chaîne non interrompue de crimes contre le droit des gens qui commence bien avant le massacre des prisonniers faits à la bataille de Poitiers, avant l'assassinat de Jeanne d'Arc, et ne finit pas au supplice de Napoléon.

Le tableau des souffrances, de l'industrie, des tentatives d'évasion de nos prisonniers, pendant les guerres de la République et de l'Empire, dépasse de beaucoup ce que l'imagination la plus romanesque pourrait inventer. Là le patriotisme et les plus nobles sentiments se montrent à côté de l'égoisme le plus abject ; là les scènes les plus dramatiques réunissent souvent, comme dans les conceptions de l'art moderne, le grotesque et l'horrible.

VIII

L'auteur, pour donner plus d'animation à son œuvre, au lieu de faire une simple narration, a cru devoir se mettre en scène et raconter ce qu'il a vu ou ce qu'il a appris par les récits de ses compagnons d'infortune. Tout ce qu'il dit est de la plus rigoureuse vérité, et si quelque lecteur l'accusait d'exagération, qu'il interroge les rares débris survivant encore au supplice des pontons, ils lui diront que les couleurs dont on a peint ce tableau n'en rendent qu'imparfaitement la hideuse réalité.

HISTOIRE
DES PONTONS

ET

PRISONS D'ANGLETERRE,

PENDANT

LA GUERRE DU CONSULAT ET DE L'EMPIRE.

TOME Ier

PARIS.
AU COMPTOIR DES IMPRIMEURS UNIS,
Quai Malaquais, 15.
COMON ET Cie

CHAPITRE PREMIER.

Malte. — Loge Maçonnique. — Projet d'un Auto-da-Fé. — Ignorance et fanatisme des Maltais. — Arrivée à Portsmouth. — Aspect des Pontons. — La demi-Prison. — La Musique. — Facétie des prisonniers.

> Les Pontons ne devraient être la punition que des crimes les plus atroces.
> HOWARD, *philantrope Anglais.*

Le lecteur qui s'arrêterait à ce Premier Chapitre de mon récit, pourrait traiter de contes faits à plaisir tout ce qu'on a dit des misères des prisonniers de guerre, et souhaiterait à beaucoup d"hommes entièrement libres, le sort qu'on nous faisait à Malte. En effet, Malte était un Paradis terrestre en comparaison de ce qui nous attendait en Angleterre, mais malheureusement ce n'était qu'un séjour temporaire.

Les matelots et soldats étaient logés dans un bâtiment vaste et aéré, convenablement nourris et traités avec égards. Quarante officiers environ avaient pour domicile le petit village de Rabato, au centre de l'île, et là ils n'avaient d'autre surveillant qu'un commissaire nommé Chilcot, la meilleure pâte d'homme, tout Anglais qu'il était, qui se put trouver, surtout quand il était ivre, et nous ne l'avons jamais vu autrement. Établi à Cité-Valette, capitale de l'île, il venait tous les samedis nous apporter notre solde de la semaine, à raison de quatre francs par jour [1], et s'en retournait sans plus s'enquérir de ce que nous faisions, ni comment nous passions notre temps.

Mais cette liberté et le désœuvrement qui nous dévorait, pensèrent nous coûter cher; les Maltais voulurent nous faire rôtir, et voici ce qui leur en donna l'idée. Après que nous eûmes visité tous les coins et recoins de l'île, joué la comédie, épuisé à satiété les plaisirs de la pêche, des parties de mer, de la promenade, quelques-uns des nôtres qui étaient francmaçons, pensèrent à fonder une loge, et l'instituèrent sous le titre de : *Les Amis en Captivité*. De nombreuses réceptions se firent, une loge Anglaise de Cité-Valette en eut connaissance, et nous envoya une députation pour fraterniser avec nous, et nous inviter à un banquet et à une fête maçonnique qui devaient avoir lieu peu de

---

[1] Malte étant considérée comme Colonie, le gouvernement Anglais accordait un supplément d'émoluments aux officiers qui y tenaient garnison, et la solde des prisonniers sur parole, suivait la même proportion.

jours après. Sept membres de notre loge s'y rendirent, et furent traités avec la plus grande distinction.

Voulant à notre tour fêter la loge Anglaise, nous fîmes nos préparatifs, et nos invitations auxquelles on promit de se rendre. Déjà tout était prêt ; un banquet était commandé ; une vaste salle où flottaient au-dessus du siège du vénérable, les drapeaux des deux nations, était tapissée de guirlandes et de devises de paix et de fraternité. Nous étions à la veille de ce jour, qui devait faire époque dans nos souvenirs de captivité, car il faut peu de chose pour amuser et distraire des prisonniers, lorsque maître Chilcot arriva, l'air soucieux, refrogné, et beaucoup moins ivre qu'à l'ordinaire. Il convoqua tous les officiers, ce qui ne lui arrivait jamais, et bientôt nous fîmes cercle autour de lui, en silence, et nous attendant à une communication intéressante.

Elle l'était, en effet. Le gouverneur de Malte, instruit qu'une fête devait avoir lieu le lendemain, nous intimait défense, par l'organe du commissaire Chilcot, de nous réunir à cet effet, et nous informait en même temps que les officiers Anglais, nos convives, avaient reçu injonction formelle de ne pas s'y trouver. Aux derniers mots du commissaire, quarante cris s'élevèrent, quarante réclamations se firent entendre, tellement bruyantes, tellement criardes, que Chilcot fut obligé de se boucher les oreilles. Quand il supposa que le brouhaha commençait à se calmer, il fit signe de la main pour obtenir autant de silence que faire se pouvait, et nous dit à peu près :

« Vous croyez, messieurs, que c'est par caprice que Son Excellence le gouverneur vous défend de faire un banquet. Il paraît que vous n'allez pas souvent à la messe. Si vous assistiez aux prônes, vous sauriez des choses qui vous touchent de fort près. On sait que vous avez fondé une loge maçonnique, que votre réunion de demain est une fête maçonnique. Depuis deux mois, les prêtres prêchent en chaire contre vous ; ils vous accusent d'être les auteurs de la sécheresse qui règne, d'avoir causé, par vos maléfices, une épizootie qui fait périr les chevaux ; ils annoncent que bientôt, à cause de votre présence, le ciel fera tomber sur l'île de Malte, une pluie de feu, comme jadis sur Sodome et Gomorrhe. Demain, au moment où vous serez au banquet, le feu doit être mis à toutes les issues de la salle, vous serez égorgés en sortant, et brûlés ensuite comme des hérétiques et des sorciers. Voilà ce que vous ignorez, bien que vous vous trouviez sur les lieux, et ce qui est parvenu à la connaissance du gouverneur. Maintenant le gouvernement Anglais a fait son devoir en vous avertissant, agissez comme vous l'entendrez. » Il termina son allocution par un *goddem* bien articulé, enfourcha son petit cheval et nous laissa.

La chose méritait d'être prise en considération. Mais il y avait là quarante têtes dont la plupart avaient de dix-huit à vingt-cinq ans. La première détermination fut de faire le banquet, en dépit de tout ce qui pourrait arriver, de nous procurer des armes et de lutter contre le fanatisme et la stupidité, avec la bravoure et le désespoir. Nous allâmes cependant aux renseignements, et nous eûmes des détails que le commissaire ne nous avait pas donnés. Nous apprîmes, entr'autres choses, que, par un superbe clair de lune, on avait vu les franc-maçons, voler en rond, comme des hirondelles au-dessus du village, en prononçant des mots barbares et faisant des conjurations. Le vénérable de la loge, jeune commis de marine, dirigeait le mouvement, et volait beaucoup mieux et beaucoup plus haut que tous les autres : sans doute en sa qualité d'agent-comptable.

La loge fut immédiatement convoquée. Après une délibération longue et aussi sérieuse que le permettaient notre âge et notre exaltation, la prudence et le bon sens l'emportèrent. Il fut convenu à la majorité que le banquet n'aurait pas lieu et que la loge serait dissoute.

Bien nous en prit d'adopter ce parti. Le lendemain, plus de mille paysans étaient accourus de toutes les parties de l'île, pour prendre part à la fête, et fort désappointés de voir qu'elle était remise. Les portes de la loge furent enfoncées ; les guirlandes, les devises, les emblèmes maçonniques, entassés sur une place, y furent brûlés avec des cérémonies religieuses et au chant des cantiques. Le clergé entra processionnellement dans le local, l'aspergea, le bénit et l'exorcisa.

Tandis que nous regardions en pitié ces momeries, la populace nous montrait les poings et nous faisait des yeux qui ne présageaient rien de bon. Nous n'étions qu'une poignée de jeunes gens sans armes, contre une troupe nombreuse de brutes, munies de couteaux et de poignards. Nous gagnâmes nos logements, nous y passâmes quelques heures, et le soir nous fûmes témoins d'un spectacle qui nous fit oublier notre déconvenue et les dangers auxquels nous venions d'échapper. Il devait y avoir une pompeuse procession ; à la sortie de l'église, une dispute s'éleva pour le pas, entre deux confréries de pénitents. On se dit d'abord des injures, puis on en vint aux coups. Les croix, les candelabres, les bannières insignes pacifiques et pieux que portaient les combattants, leur servirent d'armes et se brisèrent dans leurs mains, après avoir cassé quelques membres et infligé de cruelles meurtrissures ; les encensoirs surtout produisirent un grand effet ; tourbillonnant comme des frondes, lançant au loin leurs charbons enflammés, on les voyait renverser des pénitents à droite et à gauche, et former un grand cercle vide autour de ceux qui s'en servaient. La procession n'eut pas lieu, la mêlée fut longue et sanglante, et il y eut de nombreux blessés, dont plusieurs vinrent implorer les secours de nos officiers de santé prisonniers de guerre, qu'ils avaient voulu égorger le matin.

Cela se passait en 1811, à Malte, par conséquent à proximité de l'Europe, des contrées les plus civilisées du monde ; cela paraît donc impossible, et demande une explication. La voici :

Lorsque les chevaliers de Malte possédaient l'île, ils s'inquiétaient fort peu de la population, toujours abandonnée à la plus crasse ignorance. Depuis que les An-

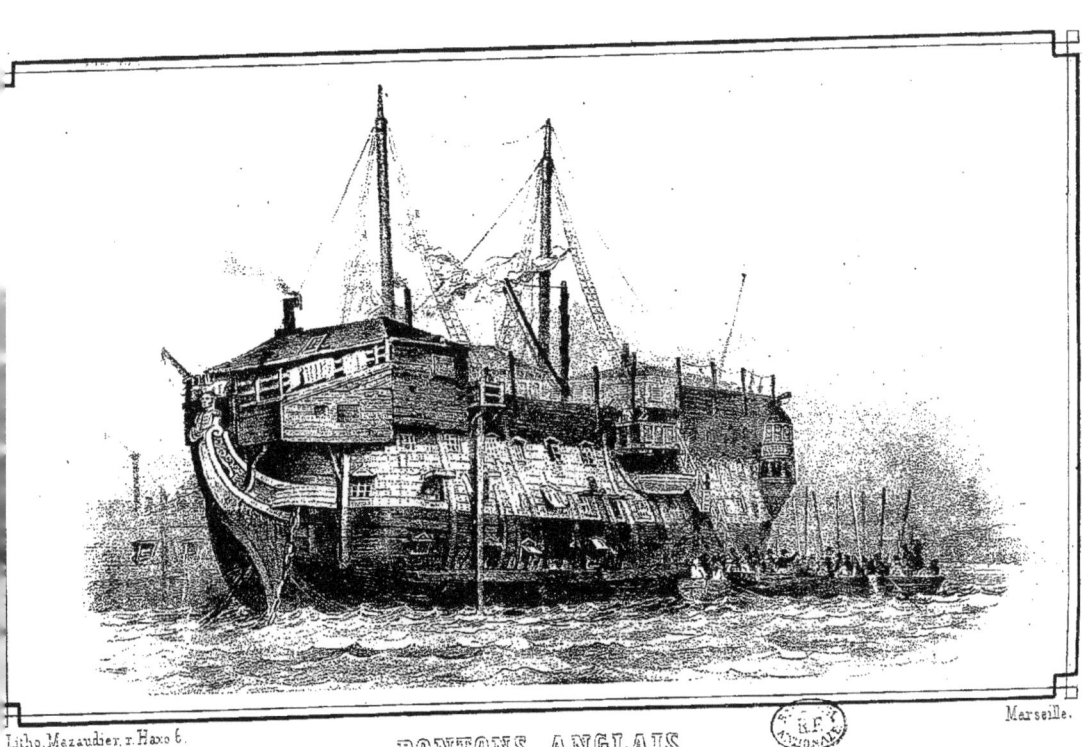

Litho. Mezaudier, r. Haxo 6. PONTONS ANGLAIS Marseille.

glais s'en sont emparé, après notre courte possession, ils ne la considèrent que comme un point militaire, se bornent pour ainsi dire à l'occupation de la capitale, et laissent, pour l'administration civile, le reste des habitants, se gouverner comme ils l'entendent. Chaque village ou Casal, a un chef, qui est en même temps maire, juge-de-paix, commissaire de police, avocat, notaire, huissier et garde-champêtre. Il administre la justice comme il l'entend, et en dernier ressort.

Il est nécessairement résulté de cet état de choses, que les tribus des Bédouins sont beaucoup plus avancées en civilisation que le peuple Maltais. Je n'ai pas besoin d'ajouter qu'on trouverait à cette inconcevable barbarie quelques exceptions. Les voyages, la fréquentation des officiers Anglais ont dû donner à un petit nombre d'individus des classes aisées, des mœurs plus douces et quelque instruction, mais ces exceptions sont très rares. On doit concevoir maintenant, comment nous avons été sur le point de figurer à Malte dans un *auto-da-fé*. [1]

Au surplus, il existe encore à Marseille et à Toulon une foule d'individus témoins des faits qu'on vient de lire. Les officiers et aspirants de marine, qui étaient alors prisonniers de guerre à Malte, provenaient du vaisseau le *Rivoli*, de la frégate la *Pomone*, des gabarres le *Mérinos*, la *Persane*, et de quelques autres bâtiments capturés par les Anglais dans la Méditerranée. La plupart existent encore, peuvent attester la véracité de mon récit, certifier la barbarie du peuple Maltais et l'inepte fanatisme de son clergé.

Le gouvernement Anglais savait que tout Français qui tombait dans ses mains, ne reverrait jamais sa patrie, ou n'y rentrerait qu'avec un congé qu'on pouvait appeler un brevet de mort. Toutes les mesures avaient été prises d'avance pour qu'il n'en pût être autrement. Aussi, les moyens de multiplier le nombre des prisonniers de guerre, étaient un des premiers sujets des préoccupations du ministère Britannique. La déloyauté, la fourberie, le mépris du droit des nations furent, pendant tout le temps de la guerre, les auxilliaires dont on se servit pour arriver à ce résultat.

Avant la rupture du traité d'Amiens, avant qu'il y eût aucun symptôme de guerre, les Anglais capturèrent tous les bâtiments Français qu'ils purent rencontrer, et dont le nombre ne s'éleva pas à moins de douze cents. Il est juste d'ajouter que les équipages de ces bâtiments ne furent pas tous conduits en Angleterre. On en débarqua une partie sur les côtes de Saint-Domingue, où on savait qu'ils devaient être, et où ils furent en effet, massacrés par les nègres. C'était tout bénéfice pour les Anglais ; c'était économie sur les frais de transport, sur le cachot insalubre et la nourriture empoisonnée qui devaient consumer les jours de ces malheureux.

On n'évalue pas à moins de deux cent cinquante mille le nombre des Français qui ont été prisonniers en Angleterre, pendant la dernière guerre. Ils étaient soixante et dix mille à la paix de 1814. Si l'on considère le petit nombre de ceux qui ont été congédiés à la suite de maladies incurables, la quantité plus faible encore de ceux qui ont été échangés ou qui sont parvenus à s'échapper, on se rendra compte de l'affreux ravage qu'ont fait, les mauvais traitements, la privation d'aliments et d'air.

Ces prisonniers, d'après un traité passé entre les deux gouvernements, étaient divisés en deux catégories : les officiers de tous grades détenus sur parole dans une ville, qu'on appelait *cautionnement* et dont je parlerai plus tard, les sous-officiers de terre et de mer, les matelots et soldats enfermés dans les pontons ou dans les prisons de l'intérieur.

On conçoit que les Anglais qui tenaient tant à avoir un nombre considérable de prisonniers, veillaient avec soin à les séquestrer, à empêcher leur évasion, à ne renvoyer en France que ceux dont une maladie incurable rendait la mort imminente et certaine. Aussi, le dépôt de Malte, où la fuite était beaucoup plus possible, était évacué par un plus ou moins grand nombre de prisonniers, à chaque départ de bâtiments Anglais pour la métropole. On choisissait toujours de préférence, parmi les officiers surtout, les plus jeunes, ceux qui étaient censés faire le service le plus actif, et qui appartenaient à la marine militaire.

C'est par suite de cette distinction, qu'en compagnie de trois officiers de marine, je fus embarqué sur la frégate le *Ménélas*, pour aller voir l'Angleterre. Je ne dirai rien de la longue et triste traversée pendant laquelle nous eûmes à subir, de la part des officiers Anglais, la morgue et l'insolence qui leur est naturelle, et qui s'était accrue par les premières nouvelles reçues de nos désastres en Russie.

En arrivant à Portsmouth, porteurs du certificat de parole d'honneur qu'on nous avait délivré à Malte, nous pensions être immédiatement dirigés sur une ville de l'intérieur, et éviter les pontons, dont l'aspect répondait à l'affreuse idée que nous nous en étions faite. Il semblait qu'on eût tout calculé pour que leur physionomie fut un avant goût des peines qui attendaient le prisonnier à l'intérieur. Ces pontons, vieux vaisseaux délabrés, hors de service, et qui jadis, avaient parcouru toutes les mers, avaient livré de glorieux combats, ces pontons maintenant dégréés, entièrement peints en noir, ressemblaient à de vastes sépulcres, et l'imagination pouvait aisément se figurer voir des fantômes dans les êtres hâves et décharnés qui se promenaient lentement sur leurs passavants. Ils formaient une longue et lugubre ligne, assez rapprochés les uns des autres pour pouvoir se faire des signaux au besoin, pas assez pour que les prisonniers pussent se parler d'un ponton à l'autre.

De la frégate le *Ménélas*, qui nous avait conduits en Angleterre, nous fûmes transportés à bord du ponton le *Guilford*. La dernière fois que nous étions montés à bord d'un vaisseau français un factionnaire nous avait porté les armes, l'officier de garde, joyeux camarade, nous avait reçu avec affection. Ici, une cruelle différence se fit sentir. Au haut de la longue et rude échelle, un officier anglais nous accosta, l'air froid, impassible, insultant même, et nous ordonna de passer sur la dunette et d'y faire porter nos malles. L'intérieur de ces malles fut fouillé, retourné, bouleversé en tous sens, pour voir s'il ne s'y trouvait pas de lettres. Nos poches, la doublure de nos habits, les revers de nos bottes furent visités avec le même soin, pour le même motif; puis on nous demanda nos brevets, nos commissions, et on nous dit de descendre à la *demi-prison* où nous devions rester jusqu'à ce qu'on nous envoyât dans un cautionnement.

Le lieu que les Anglais qualifiaient du nom de demi-prison, méritait mieux que cela, et pouvait, très honorablement, sans qu'on fît un passe-droit en sa faveur, porter le nom de prison toute entière. C'était, sur l'arrière de la batterie haute, un espace d'environ trente pieds de longueur sur dix de largeur. Le jour y pénétrait à peine, à travers un grillage de gros barreaux de fer, garnissant les anciens sabords transformés en fenêtres. Une douzaine d'individus auraient pu y être logés assez à l'aise, il y en avait plus de quarante. C'étaient des sous-officiers de l'armée de terre, des maîtres et contre-maîtres d'équipages, des capitaines de bâtiments marchands ou de corsaires, et quelques officiers qui, ayant cherché à déserter de leurs cautionnements, avaient été repris et renfermés là.

Ces commenseaux, dès notre apparition, se groupèrent autour de nous, et avec la curiosité et l'empressement naturels à des hommes séquestrés du monde, privés depuis longtemps de toute communication au-dehors, nous demandèrent qui nous étions, dans quelle affaire nous avions été faits prisonniers, et les dernières nouvelles que nous avions à leur donner de la patrie. Puis ils nous offrirent leurs services, et nous félicitèrent du peu de temps que nous avions à partager leur misère, de la demi-liberté dont nous allions bientôt jouir, car ils pensaient, et nous le croyions aussi, que dans quelques jours nous allions, ainsi que cela devait avoir lieu, être envoyés dans un cautionnement. Il n'en fut point ainsi, et l'incurie ou le mauvais vouloir de l'administration anglaise, me laissèrent le temps de voir et d'étudier à l'aise, les mœurs, les habitudes et le traitement des habitants des pontons.

J'allais commencer cette étude, et après avoir promené un mélancolique coup-d'œil sur la demi-prison où je devais être renfermé pendant quelque temps, je me disposais à parcourir le ponton, lorsque dans l'enceinte se fit une certaine agitation, et que ces mots se firent entendre, répétés à voix basse et avec précaution : *La musique ! la musique !* Je crus qu'il s'agissait d'un concert, et jouant quelque peu de la flûte, j'allai prendre la mienne dans ma malle, pour faire ma partie. Mais bientôt, un officieux voisin, m'apprit ce qu'on entendait par musique, en terme de prison, et m'invita à voir et à écouter.

Un individu grimpa sur une table, un autre se mit auprès de lui, tenant un bout de chandelle, que l'obscurité du lieu rendait indispensable, bien qu'il ne fût que quatre heures de l'après-midi ; on tendit au premier un journal anglais, le *Statesman*, et il le lut en français pendant une heure, d'un bout à l'autre, sans s'arrêter, sans hésiter, avec autant d'aisance et de rapidité que s'il eut récité une leçon dès longtemps apprise. On conçoit quelle habitude, quelle connaissance il fallait avoir des deux langues, pour traduire ainsi, sur un coup-d'œil rapide, avec correction, avec élégance même. Les faits offraient peu de difficultés, mais les réflexions du journaliste, les débats du Parlement présentaient des phrases longues, diffuses, et qui auraient appelé toute l'attention d'un traducteur ordinaire, ayant tout son temps, et peut-être l'aide d'un dictionnaire. Et cependant, le débit du lecteur n'était pas suspendu un seul instant, et la même chose avait lieu tous les jours, à bord de tous les pontons, dans toutes les prisons, dans tous les cautionnements; elle était faite par des hommes dont la plupart n'avaient pas reçu d'éducation classique, mais étaient parvenus à se procurer cette étonnante facilité de traduction, à force de persévérance et d'études. Nous verrons, au surplus, bien d'autres prodiges de l'activité et de l'industrie des prisonniers.

Ces lecteurs se faisaient une ressource d'un talent si péniblement acquis, car la pénurie était grande parmi les prisonniers, et rien ne s'accordait gratuitement. On se cotisait dans chaque chambrée ou batterie, pour faire une solde de six ou huit sous par séance au musicien, c'est ainsi qu'on appelait le lecteur, comme on appelait le journal la musique, pour en dérober la connaissance aux Anglais qui voulaient priver leurs malheureux captifs de cette inoffensive distraction.

Pendant la lecture, le silence le plus absolu régnait parmi les auditeurs, juchés sur des bancs, sur des tables, et n'était interrompu que par de rares exclamations de surprise ou d'impatience. Mais quand le musicien descendit de sa tribune, ce fut un pêle-mêle de conversations animées, criardes, et où dominaient les jurons et les malédictions. On n'en sera pas surpris, quand on saura ce que nous apportait le journal qui venait d'être lu. Ce n'était rien moins que cet affreux vingt-neuvième bulletin de la grande armée de Russie, annonçant le plus terrible des revers à la France qui, depuis vingt ans, ne recevait des nouvelles de ses armées, que pour apprendre de nouveaux succès, de nouveaux prodiges de gloire et de bravoure.

Nous nous livrions encore aux réflexions animées qu'avait fait naître la lecture du journal, quand nous fûmes appelés sur le pont, et nous y montâmes un peu hâtés par les soldats qui nous poussaient, après s'être assurés qu'il ne restait plus personne dans la demi-prison. Une fois réunis à l'ouverture de notre antre, on nous fit descendre, nous comptant soigneusement un à un, comme ces bestiaux qui, le soir et le matin, passent sous l'inspection de nos employés de l'octroi. Curieux de ce spectacle et de voir mes compagnons défiler devant moi, je restai le dernier. Le nombre *fourty two*, quarante-deux, fut prononcé sur ma tête, et, à peine avais-je franchi la première marche de l'échelle, que j'entendis le panneau s'abattre, et se cadanasser les lourdes barres de fer qui l'assujétissaient.

Par une faveur dévolue à la demi-prison, nous avions été les derniers comptés et emboîtés ; nous fûmes les premiers, le matin, à recevoir l'air et la lumière. On procéda ensuite à l'ouverture des deux batteries et du faux-pont. Les soldats, chargés de cette opération, détournèrent d'abord les barres qu'ils renversèrent sur leurs charnières, puis enlevèrent le panneau et se jetèrent vivement en arrière, pour ne pas respirer le nuage blanchâtre, épais et fétide qui s'éleva de l'antre, comme d'une solfatarre ou d'un vaste dépôt d'immondices. Que l'on se figure, en effet, les miasmes produits par la respiration de tant d'hommes entassés les uns sur les autres, dans un espace à peine suffisant pour en contenir le quart ; que l'on se rappelle que la plupart de ces hommes avaient les intestins viciés, l'haleine corrompue par la séquestration et les privations de toute espèce ; qu'on y ajoute la phtysie qui les consumait presque tous, et l'on ne sera pas surpris que les soldats anglais craignissent d'être asphyxiés, en aspirant les émanations délétères qui s'exhalaient du séjour des malheureux prisonniers.

N'oublions pas non plus, que dans l'hiver, depuis quatre heures du soir jusqu'à neuf du matin ; dans l'été, depuis sept heures jusqu'à huit, les panneaux étaient irrévocablement fermés. C'était donc de treize à dix-sept heures sur vingt-quatre, selon la saison, que ces catacombes étaient hermétiquement murées, sans qu'un accident imprévu, une attaque d'appoplexie, un suicide, pussent jamais les faire ouvrir. Au bout d'une heure, on y haletait avec peine, les chandelles cessaient d'y brûler, et s'éteignaient d'elles-mêmes. Aussi la jeunesse, le tempérament le plus robuste et le plus sain, ne résistaient pas longtemps aux atteintes de cette atmosphère et aux autres causes de destruction dont je parlerai plus tard.

Bientôt apparurent sur le pont un à un, lentement, comme des larves, quelques hommes hâves, pâles et maigres, vêtus, pour la plupart, de vestes et de pantalons jaunes, d'un drap grossier. En sortant de l'étroit soupirail, ils se posaient un instant pour respirer à l'aise un air libre, et semblaient par degrés revenir à la vie, comme ces oiseaux qui, asphyxiés sous la machine pneumatique, sont, avant une mort définitive, rendus à l'existence, et retrouvent peu à peu les forces et le mouvement. En peu d'instants le pont et le gaillard d'arrière furent couverts de prisonniers, qui redescendirent ensuite pour se livrer à leurs occupations habituelles.

Je me disposais moi-même à aller parcourir les batteries, pour voir de près ces réclus dont j'avais si souvent entendu raconter les misères et l'industrie, quand j'en fus empêché par une circonstance fortuite qui vint rompre, pendant une grande partie de la journée, la monotonie de notre existence. On avait arrêté à terre trois prisonniers qui cherchaient à s'évader, on soupçonnait qu'il y en avait d'autres, et pour s'en assurer, le chef du ponton commandant fit signal à tous les capitaines de compter leur monde.

A cet effet, on ordonna à tous les commenseaux du *Guilford* de monter sur le pont, et cette opération se faisait toujours assez promptement, grâce aux soldats qui, se rendant aux différents postes, et à coups de crosse, quelquefois de bayonnette, rendaient l'évacuation aussi rapide que le permettaient la raideur et le peu de largeur des échelles.

Quand tout le monde fut sur le pont, on commença le dénombrement du contingent du *Guilford*, en comptant les hommes un à un, à mesure qu'ils descendaient à leurs postes respectifs. Mais le temps était superbe, et les prisonniers n'ayant, les uns rien de mieux à faire, les autres voulant se donner un jour de vacance, s'entendirent pour s'amuser aux dépens des Anglais.

Le dénombrement terminé, il se trouva dix prisonniers de moins. On crut s'être trompé, et on recommença. Cette fois il s'en trouva quinze de plus. A la troisième tentative vingt de moins, à la quatrième trente de plus, et ainsi de suite, sans qu'on pût parvenir à trouver le nombre exact.

L'opération avait commencé vers les dix heures du matin, et durait encore, lorsque dans l'après-midi l'heure était venue de renfermer les prisonniers pour la nuit. Les vivres n'avaient pas été distribués : le capitaine les fit donner à la hâte, fit descendre les prisonniers en masse, les enferma, et se rendant avec son canot à bord du commandant, lui dit, à ce que nous apprîmes plus tard, qu'on ne lui avait pas donné à garder des hommes, mais de véritables démons qui avaient sans doute le pouvoir de se multiplier ou de se dissimuler à volonté.

La chose, cependant, quoique d'une exécution assez difficile, n'avait rien que de très naturel. Pour faire trouver des prisonniers en moins, quelques-uns n'avaient qu'à se cacher assez bien dans des recoins de la prison, pour se soustraire aux recherches des soldats chargés de faire monter. Pour augmenter le nombre, quelques-uns de ceux qui étaient déjà descendus, trouvaient moyen de remonter sans être aperçus, et par conséquent, de se faire compter deux fois. Il fallait, pour y réussir, avoir beaucoup d'agilité, beaucoup de connaissance des lieux et être servi par la stupidité ou l'inattention des soldats, quelquefois aussi par leur intérêt, quand on les avait séduits d'avance. Ce stratagème a été souvent employé, surtout quand il s'agissait de cacher, pendant deux ou trois jours, la fuite récente de quelques camarades. Mais je crois que jamais il ne s'est effectué dans d'aussi grandes proportions et surtout d'une manière aussi singulière, que dans la circonstance que je viens de rapporter.

Avant d'aller plus loin, je dois dire un mot des officiers Anglais commis à la garde des prisons ou des pontons. Ils appartenaient pour la plupart à la marine militaire, et étaient ou des invalides, ou des hommes que l'inconduite, l'impéritie ou la lâcheté rendaient impropres à un service plus honorable et plus actif. C'est ainsi que, plus tard, et dans une position plus élevée, on choisit Husson Lowe pour cumuler la double fonction de geôlier et de bourreau, dont il s'acquitta si bien.

Je pus enfin, le troisième jour de mon arrivée sur le *Guilford*, le parcourir en entier, et visiter son intérieur. Il ressemblait à peu de chose près à tous les autres pontons, et quelques mots suffiront pour donner une idée de ces prisons flottantes. Le *Guilford*, qui n'était plus que le cadavre d'un vaisseau de quatre-vingts canons, logeait, dans ce qui fut jadis ses deux batteries et son faux-pont, environ huit cents prisonniers. Sur le gaillard d'avant avait été élevé une espèce de dunette, dont une partie servait de cuisine, et l'autre était le logement de la garnison. Cette partie était renforcée par des planches épaisses que doublaient de gros clous dont les têtes se touchaient, et ne laissaient entr'eux que de nombreuses meurtrières, pour que les soldats pussent faire feu sur les prisonniers en cas de révolte. La dunette servait de logement au capitaine du ponton et à ses deux officiers. Sur l'arrière de la batterie-haute était la demi-prison.

De nombreux factionnaires étaient sur les passavants, dont l'abord était interdit aux prisonniers, qui n'avaient, pour se promener à l'air libre, pendant quelques heures de la journée, que l'étroit espace compris entre le grand panneau, de l'avant, jusqu'au logement des soldats, de l'arrière, jusqu'à la dunette. De chaque bord, et un peu en dessus de la ligne de flottaison, était établie une étroite plate-forme où se promenaient aussi constamment des factionnaires, de sorte que le prisonnier ne pouvait faire un seul pas, un seul mouvement, sans être sous les regards d'une soupçonneuse surveillance.

Je n'ai pas besoin d'ajouter que les anciens sabords étaient garnis de barres de fer épaisses et croisées qui interceptaient l'air et la lumière, et que le faux-pont n'avait que des hubleaux, petites lucarnes de quelques pouces en carré. Les mantelets des uns et des autres étaient solidement fermés et amarrés en dehors, pendant tout le temps que les prisonniers devaient rester renfermés. C'est là que des milliers de français ont vécu, ont souffert pendant plus de dix ans, c'est là que s'exerçaient tous les métiers, toutes les industries, l'honnête et franche spéculation et la filouterie la plus adroite. Là se trouvaient des professeurs, la plupart habiles, de tous les arts et de toutes les sciences. Dans cet étroit espace où l'on était entassé les uns sur les autres, on se battait en duel, on faisait des orgies, on mourait de faim, on se suicidait par la corde ou le poison, et on jouait la comédie. Je donnerai tour-à-tour quelques incidents de cette vie des pontons.

L'alimentation répondait au logement. Chaque prisonnier avait par jour une livre et demie de pain et une demi-livre de viande. La livre anglaise est de 3 hecto et 50 gram. de notre poids. Tout cela était d'une qualité détestable, et le malheureux assez inerte ou assez incapable pour ne pas chercher à se procurer des ressources par une industrie quelconque, pour ne pas se dérober par un travail intellectuel ou physique aux sombres pensées qui l'accablaient dans ce séjour, était irrévocablement perdu, et offrait, pendant sa courte existence, le tableau le plus complet de la misère et de la dégradation.

Heureusement ceux qui s'abandonnaient ainsi au découragement étaient en minorité.

On a dit que dès les commencements de la guerre, une commission de médecins anglais avait été nommée, pour étudier et proposer au gouvernement les moyens les plus sûrs et les plus prompts pour détruire la santé des prisonniers et les conduire à une mort lente mais certaine. Ce fut, ajoute-t-on, sur le rapport de cette commission, que furent adoptés le mode et le régime des pontons. Ce fait, je ne l'affirme pas, parce que je n'en ai aucune preuve positive, mais j'y crois, pour ma part, avec cette force de conviction qui suffit au juré pour prononcer son verdict, et j'y crois parce que je connais l'Angleterre, parce que j'ai vu souvent, avec toute l'attention dont j'étais capable, les officiers chargés de la garde des prisonniers, employer tous les moyens pour les démoraliser, pour éteindre leur énergie et ruiner leur santé.

Quand les malheureux dont j'ai parlé, étaient réduits par leur incurie et leur pusillanimité à tenir le reste de leur triste existance, de la compassion du gouvernement Anglais, quand ils étaient dans un état presque complet de nudité, on leur jetait la veste et le pantalon jaunes dont j'ai parlé, mouchetés de petites estampilles noires, comme propriété du gouvernement ; bientôt ils étaient classés parmi les *Romains*, catégorie de prisonniers, intéressante par son excentricité, et dont j'aurai bientôt à m'occuper. Qui n'a pas vu les Romains des prisons et des pontons d'Angleterre, n'a qu'une idée imparfaite du laisser aller où peut descendre la nature humaine, et des misères qui peuvent l'atteindre. Les Romains, parias d'un ponton, ne peuvent être comparés qu'aux Lazzaroni de Naples. Riches de leur paresse, ne possédant rien, ne voulant rien faire, ils étaient nus, mouraient de faim, et se moquaient à la fois des Anglais, leurs ennemis, des Français leurs camarades, de leur situation présente et de l'avenir. Mais ils méritent mieux que les quelques mots que je viens d'en dire, et je reviendrai sur leur compte.

CHAPITRE II.

Le Billard. — Les Jeux de hasard. — Achat des places. — Métiers divers. — Professeurs. — Faux Monnoyeurs. — Délateurs. — Le Spectacle au Ponton. — Un Duel. — La Prédication. — Les Conteurs. — Les bricks l'*Abeille* et l'*Alacrity*. — Une Exécution.

Je commençai par descendre à la batterie basse. La première chose qui frappa mon attention fut un billard, autour duquel une vingtaine de prisonniers faisaient la poule. Un billard au ponton ! je ne m'y attendais guère, et cependant d'autres surprises m'étaient préparées. Au moment où je regardais courir les billes, je fus distrait par les cris : rallie, rallie au trente et quarante, et à quelques pas de moi je vis une petite table couverte d'un tapis vert, parsemée de pièces d'or et d'argent, et qu'entouraient un banquier, deux croupiers et de nombreux joueurs. J'exprimai à un voisin ma surprise de voir aventurer aux jeux de hasard un argent qui devait être si précieux dans un pareil séjour. Vous ne connaissez pas encore la prison, me répondit-il ; ici, où tout est terne et décoloré, où la vie est, pour ainsi dire, éteinte, on court après les émotions, on s'en procure à tout prix, et si quelques individus sont victimes de ce penchant, d'autres y trouvent leur compte. Quelques marins ou militaires sont arrivés ici avec une fortune considérable, relativement à leur position, c'est-à-dire avec quelques mille francs en or dans leurs ceintures, et les ont perdus au jeu après deux ou trois parties. D'autres arrivés sans un sou, ont gagné des sommes qui les mettent à même d'exercer une industrie et de se procurer un certain bien-être.

La partie qui s'engagea devant moi prouva que mon interlocuteur n'exagerait pas. C'était, comme je l'ai dit, le trente et quarante. Je vis des mises s'élever jusqu'à vingt napoléons ; je vis quelques individus perdre ou gagner plus de deux mille francs en moins de demi-heure. C'était énorme pour des prisonniers.

Au moment où la partie était le plus animée, un cri partit du haut de l'échelle : les Anglais ! les Anglais ! j'eus à peine le temps de me retourner, et le billard avait disparu. A sa place se promenaient quelques prisonniers, l'air insoucieux et désœuvré. La table du trente et quarante, le tapis, l'argent, les joueurs, tout cela s'était éclipsé plus rapidement encore.

Les Anglais interdisaient sévèrement tous les jeux, et surtout ceux de hazard, Mais l'adresse et l'activité des prisonniers savaient éluder cette défense. A bord de tous les pontons, dans toutes les prisons, ils avaient construit des billards en pièces rapportées, qui se montaient et se démontaient en un instant. Les billes, les bandes, les montants, les queues, tout cela était l'ouvrage des prisonniers, tout cela s'ajustait, fonctionnait à merveille, et disparaissait comme par enchantement au moindre signal de danger. L'un mettait les billes dans ses poches, l'autre prenait une bande, l'autre un pied, on allait les cacher dans un coin de la batterie, et il n'y paraissait plus. Il faut dire cependant que quelques capitaines toléraient le billard, mais aucun ne permettait les jeux de hasard, et cependant on n'en jouait pas moins dans tous les pontons et toutes les prisons.

On demandera, peut-être, comment il était possible d'installer un billard dans un endroit où les hommes étaient pour ainsi dire entassés les uns sur les autres. Le voici : il y avait sur les pontons, comme partout, l'aristocratie, les hommes qui, ayant quelque argent, exploitaient leurs camarades, puis les industriels, qui vivotaient en profitant de l'orgueil des uns et de la paresse des autres, et enfin, ce que partout on pourrait appeler la canaille, hommes sans énergie, sans courage, sans volontés, et qui barbottaient au ponton, misérables parmi les misérables, comme ils l'auraient été partout ailleurs.

De plus, tout était objet de spéculation, tout se vendait au ponton, l'air, la lumière, le repos, le libre arbitre, et rien n'était cher ; pour un sou par jour on pouvait avoir un domestique fidèle et dévoué, pour quelques schellings se procurer un étroit espace, où l'on s'isolait avec quelques amis, où l'on se clôturait au moyen de toiles tendues, formant ce qu'on appelait un poste, et où du moins, hors de la cohue, on pouvait causer et deviser librement.

Ainsi, ceux qui avaient besoin d'un certain espace pour un établissement quelconque, et qui pouvaient disposer de quelques fonds, achetaient à d'autres prisonniers besogneux la place où ceux-ci pendaient leurs hamacs. Les vendeurs gaspillaient ordinairement en quelques jours le prix de la vente, et portant leurs pénates dans un coin où on voulût bien les souffrir, couchaient sur les planches, près des latrines, dans les enfoncements les plus sales, les plus reculés de la batterie. C'est ainsi que certains prisonniers se procuraient un bien-être comparatif en agravant la triste position des autres.

Quand les jeux eurent cessé, la batterie reprit son aspect normal, et de nombreux métiers furent en activité de l'avant à l'arrière. Ici plusieurs individus réunis autour d'une petite table travaillaient avec une rare perfection des tresses de paille pour les chapeaux dont devaient se parer les plus fashionables ladies de l'aristocratie anglaise. A côté de ces industriels, d'autres faisaient des cordons, des bagues, des colliers en cheveux ; puis venaient ceux qui, plus patients et plus habiles, construisaient de petits vaisseaux en os ou en ivoire, chefs-d'œuvre de proportions exactes, d'intelligence et de goût ; puis enfin des tailleurs, des cordonniers, des savetiers, tous les métiers enfin.

La profession la plus répandue et la plus lucrative était cependant la fabrication des tresses de paille pour

INTÉRIEUR D'UNE BATTERIE DE PONTON.

les chapeaux. Les spéculateurs prenaient à leur solde un certain nombre d'ouvriers, les payaient à la journée, et faisaient ainsi le monopole des tresses qui, vendues en ville, leur procuraient un fort bénéfice, bien que les soldats anglais de la garnison du ponton, qui étaient les intermédiaires de ces ventes, y trouvassent aussi leur profit. Ce commerce avait fini par prendre une telle extension, que les fabricants anglais adressèrent une pétition au gouvernement, pour demander que l'interdiction en fût faite aux prisonniers. Mais cette démarche demeura sans résultat, et le commerce des tresses de paille continua à prospérer.

Ce qui abondait surtout parmi les industries, c'était l'enseignement. A chaque pas on voyait des professeurs de tous les arts et de toutes les sciences, depuis le maniement de la savate jusqu'aux mathématiques trascendantes. De petites affiches, sur un carré de papier, indiquaient la spécialité du professeur. Sur une de ces affiches, on lisait : *Nicolas, maître de bâton à deux bouts, enseigne tout ce qui concerne son art, en peu de leçons.* A la gauche de cet artiste, la pancarte d'un autre vous disait : *Guillaume, ex-premier danseur d'un théâtre des boulevards, à Paris, enseigne la danse de société et la danse de caractère. Prix : un schelling par mois, ou un pence* (deux sous) *le cachet.* A la droite, cet autre avertissement : *Antoine, canonnier du vaisseau* le Pluton, *enseigne le Français, l'Anglais, l'Italien, l'Allemand, l'Arithmétique, la Géométrie, l'Algèbre, la Trigonométrie, et la navigation, le tout à des prix modérés.* Il y avait surtout de nombreux dessinateurs, paysagistes, peintres en mignature, au pastel et à l'acquarelle. Sans doute les barbouilleurs dominaient sur la quantité, mais on pouvait remarquer çà et là de véritables talents. Je pourrais citer tels de nos artistes en réputation qui ont reçu au ponton les premières leçons de dessin.

On se tromperait, au surplus, si l'on pensait que tous ces professeurs dont je viens de parler, étaient des espèces de charlatans, enseignant ce qu'ils ne savaient qu'imparfaitement. La plupart étaient très-forts, et la chose ne doit point paraître étonnante ; exempts de toute préoccupation étrangère, ils fixaient avec persévérance et opiniâtreté toutes leurs pensées, toute leur volonté sur un seul art, mécanique ou libéral, sur une seule branche des connaissances humaines, et ne pouvaient manquer de s'en rendre maîtres et d'en connaître toutes les ressources et toutes les difficultés. Tel individu a passé dix ans de sa vie à jouer pendant six et huit heures par jour de la flûte ou de tout autre instrument, et a étudié tour-à-tour les méthodes diverses, est resté sur les morceaux les plus difficiles jusqu'à ce qu'il parvînt à les jouer sans peine, à les apprendre par cœur. Quelques hommes, déjà d'un âge mur, et qui ne connaissaient pas une lettre de l'Alphabet en entrant au ponton, à grand renfort de maîtres, de livres et de patience, en sont sortis possédant des connaissances diverses et quelques arts d'agrément. Heureux, je le répète, dans cette existence si triste, ceux qui savaient ainsi prendre leur parti et parvenaient à surmonter le découragement et l'ennui, soit par un travail dont le produit améliorait leur position, soit par des études qui plus tard devaient leur procurer quelque bien-être et rendre moins amers les souvenirs de la captivité.

Il était un genre de travail, le plus lucratif de tous, mais à coup sûr aussi le plus difficile et le plus dangereux ; c'était la fabrication des *bank-notes* ou billets de banque, dont il a été confectionné pour des sommes considérables dans les pontons et les prisons. Pour que le lecteur puisse se faire une idée des immenses difficultés de cette opération, il est essentiel d'indiquer en peu de mots, à ceux qui ne le savent pas, comment est fait le papier-monnaie de la Grande-Bretagne.

Outre la Banque centrale établie à Londres, chaque comté a sa banque particulière. Le papier sur lequel s'impriment les bank-notes est un tissu de soie extrêmement fin, au centre duquel sont des filigranes très-déliés et très-compliqués. Au haut et à la gauche du billet de banque est une petite vignette en taille-douce, gravée sur acier, et représentant, soit un vaisseau, soit tout autre emblème, selon le signe adopté par la Banque. L'écriture désignant la valeur du billet et autres indications, est partie en caractères gothiques, partie en écriture anglaise, toujours gravée sur cuivre ou sur acier, et d'une correction, d'une pureté parfaites. La valeur des billets est depuis 25 fr. jusqu'à 25,000 fr. de France.

Tout cela offrait certainement aux contrefacteurs des difficultés qui sembleraient insurmontables, surtout quand on pense qu'il leur fallait opérer dans l'étroite enceinte d'une batterie, au milieu des cris, du mouvement, du bruit étourdissant des autres prisonniers, en présence d'une surveillance incessante, et privés des outils, des mordants, des acides dont se servaient les ouvriers qui travaillaient à l'impression des billets de banque. Il fallait d'abord fabriquer ces outils, suppléer par des procédés nouveaux et inconnus à tout ce qui manquait, puis préparer un papier parfaitement semblable à celui dont le gouvernement anglais avait exclusivement la fabrique ; puis enfin, se mettre au travail, le suspendre, tout cacher au moindre signe de danger, le reprendre, et le continuer ainsi à bâton rompu jusqu'à ce que l'œuvre fût achevée. C'était là, ce me semble, le *nec plus ultrà* de l'aptitude et de la patience humaines.

Et cependant, il n'y avait pas un ponton, pas une prison, où on ne fabriquât pas tous les jours des billets de banque pour des sommes considérables, et avec une perfection telle, que le regard le plus exercé se trouvait en défaut. En voici la preuve :

Chaque billet de banque portait, outre les caractères gravés, un numéro de série écrit à la main. Les contrefacteurs, ignorant à quel numéro la série s'était arrêtée, étaient obligés d'en porter un déjà existant. Il est arrivé plus d'une fois, que deux billets, l'un contrefait, l'autre sortant de la banque, se sont trouvés dans les mains de la même personne. On est allé à la banque, et les administrateurs ont été dans l'impossibilité de distinguer la contrefaçon de la réalité.

Il fallait donc prendre les contrefacteurs sur le fait

pour les convaincre, les arrêter et les mettre en cause ; mais la chose était difficile, vu leur vigilance et les précautions dont ils s'entouraient. Elle est arrivé quelquefois cependant, et les délinquants ont été pendus. Tel a été le sort d'un grand nombre de soldats des garnisons de pontons. Ils connaissaient la fabrication des faux billets de banque et en faisaient un commerce. C'est eux qui se chargeaient de les mettre en circulation, moyennant une remise, souvent très considérable, et qui augmentait toujours, à mesure que ce genre d'industrie se propageait. Plusieurs ont été découverts et ont péri par la corde, sans faire connaître leurs agents du ponton. Ce qui annule, au surplus, le mérite de leur réticence, c'est qu'une révélation ne les eût pas sauvés, et n'eut pas même compromis d'une manière bien grave ceux qu'ils auraient dénoncés, en l'absence d'autres preuves.

J'ai entendu quelques officiers prisonniers blâmer sévèrement ce genre d'industrie, et considérer la contrefaçon sous le même aspect que si elle eut été commise en France. Beaucoup d'autres étaient loin de partager cette opinion, et je suis de leur avis. En effet, sous une administration aussi barbare, aussi déloyale que celle qui pesait sur les malheureux prisonniers, tous les moyens devaient être bons pour la combattre et l'affaiblir. Si ce système eut été suivi avec plus de secret, de persévérance et d'ensemble, il eut suffi peut-être pour ruiner le crédit et les ressources de l'Angleterre. Qu'on se rappelle la principale cause de la dépréciation de nos assignats pendant notre première révolution. Ce furent des ballots énormes de ce papier-monnaie, contrefait en Angleterre, et qu'on jetta sur les côtes de la Bretagne. Les prisonniers ne faisaient donc qu'user de représailles, et étaient d'autant plus pardonnables, qu'en employant un moyen de guerre dont les Anglais leur avaient donné l'exemple, ils cherchaient à adoucir les privations et les souffrances qu'on leur infligeait.

Mais ce n'était pas des Anglais seulement qu'avaient à se défier ceux qui se livraient à la fabrication des faux billets de banque. Il y avait parmi les prisonniers des misérables qui, sans ressources pour sortir de la misère, et sans énergie pour la supporter, avaient recours à la délation. Ils épiaient tout ce qui leur paraissait contraire aux réglements, ils allaient le dénoncer à nos ennemis pour un modique salaire qui leur était jeté, amplifiant souvent leurs rapports de circonstances fausses et controuvées, pour les rendre plus intéressants et plus probables.

Malheur à ceux qui étaient soupçonnés seulement de s'adonner à cet infâme métier. C'était sans ménagement et sans réserve qu'on leur témoignait tout le mépris, qu'on les accablait de toute la haine qu'ils inspiraient. S'ils s'approchaient d'un groupe occupé à causer, tout se dispersait à l'instant, comme à l'approche d'un pestiféré, et ces cris : l'espion, l'espion ! couraient comme une traînée de poudre, d'un bout de la batterie à l'autre ; s'ils avaient une discussion avec un autre prisonnier, ils devaient se soumettre et se taire, même avec le bon droit de leur côté, car au moindre mot, cent bras se seraient levés sur eux.

Tel était le sort de ceux qui n'étaient que soupçonnés ; mais si les soupçons se tournaient en certitude, si le coupable était une fois convaincu, alors les Anglais devaient se hâter de le dépayser, de le faire changer de prison, de le soustraire à la vengeance de ceux qu'il avait vendus. Il n'y avait pas, pour les prisonniers de crime plus irrémissible que la délation, et celui qui l'avait commis pouvait s'attendre aux traitements les plus rigoureux et quelquefois à une mort terrible. J'en ai vu des exemples, et j'en rapporterai quelques-uns dans la suite de mon récit. Aussi, les capitaines des pontons qui se servaient de ces êtres dégradés, veillaient attentivement sur eux, et les mettaient hors de danger, quand on pouvait croire que leurs manœuvres étaient découvertes.

Au surplus, selon une règle assez généralement observée, tout en tirant parti de leur bassesse, ils leur rendaient pleine et entière justice, les méprisaient souverainement et ne le leur cachaient pas. On peut affirmer aussi, que s'ils avaient grand soin de les soustraire aux châtiments qu'ils avaient mérités, c'était bien moins par égard pour eux que dans l'espoir que ces reprouvés, heureusement assez rares, pourraient ailleurs continuer le même métier, et vendre leurs bons offices à quelque autre surveillant de prisonniers Français. On le savait, et comme il y avait peu d'autres motifs de changement de local, lorsqu'un individu passait d'une prison à une autre, il était, pendant quelques jours, l'objet d'une surveillance active de la part de ses commenseaux, et on ne lui dissimulait pas les idées qu'on avait sur son compte. Aussi, ceux auxquels, pour tout autre motif on faisait faire un changement de lieu de détention, ne manquaient pas de se faire délivrer par les camarades qu'ils quittaient, un certificat de bonne conduite.

Nous attendions l'ordre de quitter le ponton pour nous rendre sur parole dans une ville de l'intérieur ; tous les jours nous faisions demander au capitaine s'il n'avait pas reçu d'avis à cet égard, et tous les jours il nous transmettait une réponse négative. Mes trois camarades se lamentaient. Quant à moi, mes habitudes d'observateur me faisaient prendre mon mal en patience, et bien que je ne pusse guère penser alors qu'un jour je communiquerais mes impressions au public, je prenais plaisir à les recevoir et à les noter. Le hasard me favorisa, et je devais voir en peu de temps tous les phénomènes que pouvait offrir un ponton.

Je crus qu'on voulait me mystifier quand on me dit qu'une représentation dramatique devait être donnée le lendemain sur le *Guilford*. Rien n'était plus vrai cependant, et les artistes qui devaient paraître sur la scène avaient déjà reçu des applaudissements nombreux et mérités.

En ma qualité d'officier et de nouveau venu je reçus une carte d'invitation, faveur très-flatteuse, parce qu'elle était très-rare. Mais ce n'était pas du spectacle que j'étais le plus curieux, c'était de savoir la manière dont on avait pu s'y prendre, non pour construire un théâtre, mais pour élever un tréteau, quatre planches où des acteurs pussent monter. Je me trompais ; il y avait là des ressources que je ne soupçonnais pas, des talents auxquels je ne pouvais croire, car je n'étais pas encore assez initié à la vie du ponton.

On avait acheté pour la journée toutes les places que devait occuper l'enceinte de la salle. Depuis deux mois on étudiait des rôles, on peignait des coulisses, on faisait des répétitions ; enfin on crut que les préparatifs étaient assez avancés pour répondre à *l'attente du public*, et la représentation fut annoncée pour le lendemain. C'était *la Mort de César*, de Voltaire, et le petit opéra-comique *Adolphe et Clara*.

Quelques instants avant la représentation qui eut lieu à deux heures de l'après-midi, j'avais parcouru la batterie, où tout comme à l'ordinaire, était bruit et confusion, où l'on ne voyait que des ouvriers affairés, des maîtres donnant leurs leçons, des figures sombres ou rembrunies comme l'atmosphère qui les entourait. On fit évacuer et déblayer les places qu'on avait achetées, et on me pria de me retirer. Je revins une demi-heure après ; un pan de tenture se leva, j'entrai dans la salle improvisée, et je pus croire aux transformations opérées par le coup de baguette d'une fée. L'enceinte formée en toiles tendues perpendiculairement d'un pont à l'autre, était éclairée avec goût et profusion. Les parois intérieures étaient revêtues de bandes de percale, dont la blancheur se rehaussait par une bordure bleue et rouge, en festons qui régnaient au-dessous du plafond, et que séparaient, de distance en distance, des pilastres des deux mêmes couleurs, alternant l'une avec l'autre. Au lieu des exhalaisons fétides qu'on respirait ordinairement en ce lieu, un doux parfum de fleurs y était répandu, car de gros bouquets étaient placés çà et là dans des vases et sur des tabourets, transformés en socles, au moyen d'entourages de percale blanche et de nœuds et bordures, toujours en bleu et en rouge, pour que l'ensemble présentât les couleurs nationales. C'était vraiment à ne pas y croire.

Il n'y avait au fond de la salle que quelques chaises et deux rangs de bancs destinés à ceux qui, comme moi, avaient été invités, aux officiers Anglais, et aux dames qu'ils devaient amener. Les spectateurs payants devaient rester debout.

La salle se remplit peu à peu : d'abord vinrent prendre place, outre le capitaine du ponton et ses deux lieutenants, cinq ou six officiers des pontons voisins. Ils conduisaient trois dames élégamment parées, et qui me parurent ravissantes de jeunesse, de grâces et de beauté, sans que je puisse assurer qu'elles eussent ces qualités que mes regards croyaient découvrir alors. Mais notre traversée de Malte en Angleterre avait duré quatre mois, y compris une longue relâche à Gibraltar, il y avait quinze jours que nous étions au ponton, et pendant tout ce temps, je n'avais pas vu un seul visage de femme, je n'avais pas entendu un seul mot prononcé par la bouche d'une femme. Qu'on ne s'étonne donc pas si la vue des trois ladies me mit en extase, si leur présence m'occupa plus que le spectacle, tout intéressant qu'il pouvait être. Mais si je me délectai à les regarder, elles firent fort peu d'attention à moi, pauvre prisonnier, confondu dans la foule, sur laquelle elles daignèrent à peine promener un regard d'indifférence et d'humiliante pitié.

Les trois coups de rigueur retentirent derrière la toile, le silence se fit, et l'orchestre nous donna l'ouverture de *la Caravanne*. Il était nombreux, et il y avait là des amateurs qui, sans trop de hardiesse, auraient pu se donner pour artistes d'un mérite assez recommandable. Cette ouverture fut donc jouée avec un ensemble irréprochable.

Je trouvai un peu d'exagération dans la manière dont fut rendue la *Mort de César*, exagération due sans doute à la haine qu'on portait à toute espèce da tyrannie et d'oppression, par suite de celle dont on éprouvait les effets particuliers. Néanmoins la pièce fut rendue d'une manière satisfaisante.

Le petit opéra-comique fut mieux encore. Le geôlier Arktinterkoff, et Clara, dont le rôle était rempli par un jeune aspirant imberbe, obtinrent des applaudissements nombreux et mérités. Anglais et Français quittèrent la salle enchantés de l'exécution et regrettant, les derniers surtout, de n'avoir pas plus fréquemment une aussi agréable distraction à leur captivité.

Un quart-d'heure après, le théâtre avait disparu plus promptement encore qu'il n'avait été construit, les officiers anglais avaient repris leur morgue et leur dureté, la batterie son aspect sombre et sinistre, malgré le mouvement et l'animation qui y régnaient, et ceux des prisonniers qui n'avaient pas de ressources particulières, faisaient un dernier repas avec quelques pommes-de-terre et un hareng ; car, pendant trois jours de la semaine, au lieu de la demi-livre de viande dont j'ai parlé, on distribuait une livre de pommes-de-terre, et tantôt deux harengs, tantôt quelques onces de morue. La distribution, soit pour la viande et le pain, soit pour tout le reste, ne se faisait qu'une fois par jour ; c'était aux prisonniers à répartir et diviser ce qu'on leur donnait de manière à en faire plusieurs repas ou à le consommer en un seul. Ils ne devaient pas avoir un appétit bien robuste pour se décider à ce dernier parti, adopté par beaucoup d'entr'eux, qui, par conséquent, étaient régulièrement vingt-quatre heures sans manger.

Une dispute avait eu lieu, au commencement de la représentation, entre un soldat d'infanterie qui avait voulu entrer dans la salle sans payer les quelques sous exigés par les artistes pour couvrir leurs frais, et un matelot chargé de recevoir à l'entrée cette modique rétribution. La querelle recommença après le spectacle, et devint si vive, qu'un duel à mort fut proposé par le soldat et accepté par le marin. Il n'était pas besoin de chercher des spectateurs ; il y en avait là quatre cents environ, tous plus empressés d'animer la colère des antagonistes que de terminer l'affaire à l'amiable, car tous étaient avides d'émotions.

Après une courte discussion sur le choix des armes, on tomba d'accord de tirer la pointe. A cet effet, deux longues aiguilles à voiles furent fortement fixées au bout de deux bâtons minces et d'une longueur égale. Les deux adversaires en prirent un chacun et se mirent en garde. Ils n'y étaient pas encore, qu'un cercle épais de prisonniers, attirés par ce spectacle, s'était formé autour d'eux, leur laissant à peine assez d'espace pour ne pas gêner leurs mouvements. Toutes les têtes se touchaient ; tous les regards étaient fixés sur les combattants, et à l'instant de nombreux paris se formèrent pour ou contre celui qui devait être vainqueur.

Les deux adversaires étaient d'une adresse à peu près égale dans le maniement de l'arme dont ils se servaient, et qui représentait assez bien une épée ou un fleuret démoucheté. Mais le soldat, qui appartenait au 67e de ligne, avait moins de calme et de sang-froid. Il attaquait toujours, ne songeait point à parer, et fit si bien que son ennemi, profitant d'un instant où il était découvert, lui enfonça dans la poitrine son aiguille à voiles, qui pénétra de toute sa longueur entre deux fausses côtes. Le malheureux porta la main à sa blessure, fit quelques pas en arrière, chancela, tomba, et fut relevé pour être porté à l'infirmerie du ponton, où il mourut la nuit suivante, emportant pour oraison funèbre les imprécations de ceux qui avaient parié pour lui et qui avaient perdu.

De pareilles scènes se renouvelaient souvent entre des hommes aigris par le malheur, qui ne se pardonnaient rien, et pour qui la vie était un fardeau. Mais elles n'avaient pas toujours un aussi funeste dénouement ; souvent les combattants se bornaient à une partie de boxe, moins meurtrière que les armes, et il faut croire que l'influence de l'atmosphère et des mœurs anglaises était pour quelque chose dans cette manière de vider une querelle. Dans ce cas, si les soldats de la garnison qui n'étaient pas de service avaient connaissance de l'affaire, ils s'empressaient de descendre, pour se mêler aux spectateurs. Du reste, la foule était toujours grande et les paris toujours nombreux, mais le vaincu en était ordinairement quitte pour quelques meurtrissures, un œil poché, et tout au plus quelques côtes enfoncées. Ce n'était rien, et le vainqueur ne s'en retirait guère à meilleur marché.

On tirait encore la pointe avec des moitié de ciseaux, l'espadon avec des lames de rasoir, les unes et les autres fixées, comme les aiguilles à voiles, au bout d'un bâton d'environ trente pouces de longueur. On voit que les prisonniers, malgré leur dénuement, savaient s'ingénier et se créer des ressources auxquelles, peut-être, en liberté, ils n'auraient pas songé. Au surplus, les Anglais s'inquiétaient fort peu de ces duels, dont le résultat, quel qu'il fût, répondait souvent à leurs vues en amenant la mort d'un Français.

Cependant, voyant qu'on nous oubliait au ponton, nous écrivîmes au *Transport-Office* pour réclamer enfin notre envoi sur parole. Le Transport-Office était une commission établie par le ministère anglais, et qui avait dans ses attributions tout ce qui concernait les prisonniers de guerre. Tout importantes et multipliées qu'étaient ces attributions, elles ne justifiaient pas le silence dont les membres de la commission semblaient s'être fait une loi envers les prisonniers. Ce n'était que dans des cas exceptionnels et par une faveur spéciale, que les réclamations les plus justes obtenaient une réponse, et cette réponse, comme on peut le penser, n'était jamais favorable.

Tel fut à peu près le sort de notre réclamation. Après une quinzaine de jours d'attente, le capitaine nous fit avertir qu'il avait reçu des ordres à notre égard et nous demanda si nous avions l'argent nécessaire pour nous rendre au cautionnement en voiture, c'est-à-dire environ cent cinquante francs. Sur notre réponse que deux de nous n'avaient pas cette somme et que les deux autres étaient dans l'impossibilité de la leur prêter, n'en ayant guère que pour eux, il nous toisa avec mépris, nous dit que des officiers étant censés gentlemen, ne pouvaient aller à pied, et que nous irions sur parole quand nous aurions l'argent nécessaire pour voyager convenablement en *stage coach*. Après cela il nous tourna le dos en sifflotant et sans écouter les observations que nous aurions voulu faire.

Une semblable détermination pouvait, jusqu'à un certain point avoir quelque chose de raisonnable et de plausible envers des officiers de marine, mais envers des officiers de l'armée de terre, elle était à la fois ironique et barbare, et voici l'explication de cette différence.

Il était très rare que les officiers de marine fussent dépouillés, après le combat, de leurs effets et de leur argent, et généralement ils étaient traités par l'état-major du bâtiment ennemi, avec lequel ils s'étaient battu, avec des égards qu'ils ne retrouvaient plus, il est vrai, si on les faisait passer sur d'autres navires pour les mener en Angleterre. Le sort des officiers de terre faits prisonniers n'éprouvait pas de telles variations. Sur le champ de bataille même, et souvent couverts de blessures, ils étaient impitoyablement dépouillés, par les militaires anglais, même par ceux portant épaulettes, non-seulement de l'argent et des bijoux qu'ils pouvaient avoir sur eux, mais même des vêtements qui se trouvaient en assez bon état pour tenter la cupidité des pillards. C'est ainsi que j'ai vu arriver au ponton, sans un sou, à moitié nus, des officiers de cavalerie et d'état-major, mis dans cet état, après la bataille des Aropiles, par des Anglais, et un Anglais leur demander insolemment s'ils avaient cent cinquante francs pour se rendre au cautionnement et leur reprocher de n'être pas vêtus comme des gentlemens. Les Arabes, du moins, quand ils détroussent un captif, n'ajoutent pas l'ironie à la rapine, la froide insulte au brigandage.

Résolus de courir la même chance, moi et mes trois camarades, nous ne voulûmes pas nous séparer et nous attendîmes que les deux qui n'avaient pas assez d'argent pour se rendre au cautionnement s'en fussent procuré. Heureusement quelques amis, depuis longtemps prisonniers sur parole, auxquels ils écrivirent, leur vinrent en aide, en leur faisant parvenir la faible somme qui leur manquait, et nous vîmes approcher le moment où il nous serait enfin permis de respirer, au lieu de l'atmosphère fétide du ponton, l'air de la campagne, et de voir d'autres figures que celles toujours préoccupées et mélancoliques de ce sombre lieu. Mais même quand on n'eut plus de prétextes à nous opposer, on ne se pressa pas de nous rendre justice, et je pus encore accroître le nombre et l'intérêt de mes observations.

J'avais vu l'opulence et la misère relatives des pontons; j'avais été témoin d'un duel; j'avais assisté au spectacle, aux jeux, aux disputes, aux leçons; il me restait encore beaucoup à voir, et entr'autres une loge maçonnique. Quelques habitants de la demi-prison, sachant que nous étions enfants de la vraie lumière, nous engagèrent à visiter leur temple, et dès la première tenue nous nous rendîmes à cette invitation. Après avoir longé le faux-pont, de l'arrière à l'avant, on nous ouvrit une trappe; nous descendîmes quatre échelons vermoulus et tremblants; nous fîmes quelques pas, conduits à la main dans l'obscurité, par notre introducteur, et après avoir donné les mots de passe, signes et attouchements, nous eûmes l'entrée du temple. Bien que d'une taille au-dessous de l'ordinaire, nous fûmes obligés de nous y plier en deux, tant la voûte était rapprochée du parquet. Ce lieu très fort, très éclairé, où, selon les expressions maçonniques, régnaient le silence, la paix et l'harmonie, était en effet éclairé par un bout de chandelle planté dans le goulot d'un vieux cruchon de bierre et répandant plus de fumée que de lueur devant le fauteuil du vénérable. Ce fauteuil était un tabouret chancelant sur les trois pieds qui lui restaient et où le chef de la loge faisait de son mieux pour conserver l'équilibre. Le haut dignitaire investi de ces fonctions, et qui n'était rien moins qu'un souverain prince rose-croix, était le seul qui eût un siége, plus que modeste, il est vrai. Quant à nous, membres de la loge et visiteurs, nous fûmes invités à nous asseoir par terre comme nous le pourrions, à la mode des tailleurs ou des Turcs.

On fit une réception, et l'insuffisance du local et des ressources de la loge ne permettant pas ces épreuves physiques, plus ou moins ridicules, plus ou moins connues, on y suppléa par des épreuves morales. Le récipiendaire fut rigoureusement sondé, longuement interrogé sur ses principes et surtout sur son patriotisme. Il répondit d'une manière satisfaisante et reçut la lumière. La mesquinerie du lieu, le ridicule des accessoires disparurent bientôt à mes yeux devant les nobles sentiments de philantropie et d'amour du pays, exprimés dans deux courtes, mais énergiques allocutions, prononcées par le vénérable et l'orateur. On peut en juger par quelques mots de la péroraison du premier, que je puis donner ici textuellement, car je lui demandai son discours, après la séance, et je l'ai conservé comme un souvenir de mon passage au ponton. C'est ainsi qu'il terminait son allocution au néophite :

« O France, heureuse contrée, séjour des beaux-arts, du bonheur et de la gloire, un de tes enfants ne terminera point ses travaux sans t'adresser son hommage et ses regrets. Mon cœur n'est point captif; libre encore et fidèle, il s'élance de ces lieux de servitude vers les climats fortunés qui l'ont vu naître ; il palpite d'aise et d'orgueil en contemplant tes succès et tes lauriers. Ah ! puisse l'éclat de tant de triomphes ne se flétrir jamais, puisse le héros qui te gouverne ajouter le dernier et le seul fleuron qui manque à sa couronne, en exterminant enfin l'odieuse rivale qui prétend te disputer le sceptre du monde. »

La séance se termina, comme toutes les tenues maçonniques, par une collecte dont le faible produit, réuni à celui des séances précédentes, était destiné à secourir ceux des habitants du ponton qui, par suite d'une punition non méritée, étaient mis au cachot et privés de vivres. Ainsi ces pauvres réclus, en endormant un instant le sentiment de leurs misères, dans ces modestes réunions, trouvaient encore le moyen de se roidir contre l'infortune, en se communiquant de généreuses pensées, et de mettre en pratique, selon leurs faibles moyens, les plus nobles des vertus, la bienfaisance et l'amour du prochain.

Je placerai ici une observation que confirmeront tous ceux qui ont eu le malheur de se trouver en Angleterre dans les circonstances dont je m'occupe. C'est que nulle part, le patriotisme, le dévouement à la France et à son gouvernement, n'ont été plus ardents, plus vivaces que parmi les prisonniers. Il semble que la patrie devient plus chère en proportion des maux que l'on souffre pour elle. Quand venait la Saint-Napoléon, le plus infime, le plus abandonné de tous les prisonniers, donnait un air de propreté à ses haillons, tâchait d'emprunter quelques sous ou vendait le peu de défroque qui pouvait lui rester encore, pour célébrer cette fête, que l'on considérait comme la fête de la France, car tout se réunissait alors dans la personne de l'empereur, la gloire, l'honneur national, la patrie, et même la liberté dont nous n'avions aucune idée, et que nous confondions avec la gloire. Pendant ce jour, on oubliait tous les maux, on se livrait à l'espoir, et l'on faisait des vœux pour la prospérité de la France, pour la ruine et l'humiliation de l'Angleterre.

Ce jour là, dans les cautionnements où nous étions toujours vêtus en bourgeois, ceux des officiers qui avaient conservé leurs uniformes, sans se concerter, sans s'être donné le mot, ne manquaient pas de s'en revêtir. On voyait dans les rues une bigarrure de toutes les couleurs, un mélange des insignes de toutes les armes et de tous les grades. On se réunissait par petites sociétés pour fêter aussi le grand jour et porter des toasts à la France et à l'Empereur.

Quand vint la paix de 1814, on eut pu croire que tant de malheureux auraient salué par des cris de joie et de reconnaissance, cet évènement qui allait leur rendre la liberté. Il n'en fut rien, et sur les soixante et dix mille Français environ qui se trouvaient en Angleterre à cette époque, les dix-neuf vingtièmes au moins, auraient volontiers signé de leur sang, l'engagement de prolonger pendant dix ans encore, la pénible existance que la guerre leur avait faite, pour que la victoire eut demeuré à nos armes, et que la France eut conservé le rang glorieux qu'elle avait occupé jusqu'alors. C'est ce qui explique peut-être, la rigueur avec laquelle les prisonniers furent en général traités par le gouvernement de la restauration.

Mais n'oublions pas que je suis toujours sur le *Guilford*, et ramenons-y le lecteur pour quelques instants encore. Si l'on nous y donnait des spectacles profanes, nous avions le bonheur d'y entendre aussi des prédications religieuses. Quelques ministres anglicans considéraient comme un devoir de leur profession de se rendre, le dimanche, à bord des pontons, et de ramener aux pensées pieuses des hommes qui, pour la plupart, ne s'en occupaient guère. Les prisonniers, toujours prêts à accepter des distractions, de quelque genre qu'elles fussent, se grouppaient en assez grand nombre autour de ces missionnaires, et assez souvent interrompaient leurs exhortations par des lazzis.

Rallie, rallie au sermon! tels furent les cris qui m'attirèrent à la batterie haute dans la matinée du premier dimanche que je passai au ponton. Je suivis la foule, et comme les autres j'écoutai le ministre. Il avait pris pour texte la résignation contre les peines de la vie. Certes, jamais sujet ne fut mieux approprié aux lieux, aux circonstances et à l'auditoire. Mais l'orateur, outre qu'il s'exprimait en français avec difficulté, était sec et froid. Au lieu de parler au cœur de ces hommes endurcis par de cruelles souffrances, par de longues injustices, il leur donnait des raisonnements et des discussions. Rien de pathétique dans son débit, rien qui fit naître des pensées d'espérance d'un meilleur avenir ; aussi ne fit-il aucune impression, et fut-il interrompu plusieurs fois. En finissant une période, il dit que nous ignorions dans quel dessein Dieu nous avait mis sur la terre, et un loustic lui répondit que pour sa part cela ne le regardait pas, puisque depuis huit ans ils n'avaient pas posé le pied sur la terre. Mais il était préparé à ces sortes d'interruptions, et continua son discours avec un zèle et une constance très louables sans doute, et dignes d'un auditoire plus attentif.

Cependant, malgré l'activité qui régnait à bord du ponton, parmi une certaine classe de prisonniers, malgré les efforts que faisaient ceux qui avaient le plus de courage, pour soutenir leur moral et celui de leurs camarades, une cruelle nostalgie, un sombre marasme, consumaient la plupart de ces infortunés, et se terminaient fréquemment par la démence ou par le suicide.

Une nuit, à la demi-prison, au moment où les dernières paroles du conteur qui, chaque soir remplissait pour nous le rôle de Shearzade, venaient à peine d'expirer à notre oreille, quand nous étions déjà dans cette douce transition qui n'est plus la veille et n'est pas encore le sommeil, nous fûmes tout-à-coup éveillés en sursaut par des râlements étouffés. Ce bruit n'était pas nouveau pour les hôtes de la demi-prison. Il indiquait les derniers soupirs d'un pauvre diable qui se suicidait par la strangulation. A l'instant on sauta des hamacs, on fit de la lumière, et vingt voix firent entendre ces mots : Coupez la corde, coupez la corde ! Dépêchez-vous ! cria une autre voix, qui les domina toutes., dépêchez-vous, si vous saviez comme on souffre ! C'était celle d'un malheureux qui, quelques jours avant, avait voulu en finir avec ses souffrances de cette manière, et qui, soustrait à la mort par ses camarades, n'avait pas envie d'y revenir et voulait épargner à un autre l'agonie à laquelle il avait été sur le point de succomber.

Heureusement ce n'était pas trop tard ; la corde fut coupée à temps, et le pendu, étendu sur le sol de la prison, déjà inerte, respirant à peine, la figure violette, les yeux presque hors des orbites, fit d'abord quelques légers mouvements, puis revint insensiblement à la vie, grâce aux secours qui lui furent prodigués. C'était un ancien contre-maître du vaisseau le *Bucentaure*, monté par Villeneuve au combat de Trafalgar. Il était prisonnier depuis cette fatale affaire dont il nous avait parlé souvent, et où l'abandon d'une partie de nos vaisseaux, contribua plus à notre défaite que les combinaisons de Nelson et la bravoure de ses marins. Il ne cessait de déplorer le sort de son amiral, et était bien convaincu que ses jours n'avaient pas été terminés par un suicide ainsi que quelques personnes s'obstinent encore à le répéter, mais bien par un assassinat, comme tout tend à le démontrer. [2]

Des scènes semblables, à celle qu'on vient de lire, avaient lieu fréquemment à bord des pontons, mais toutes ne se terminaient pas de la même manière. Souvent ceux qui voulaient en finir ainsi avec la vie et la misère, prenaient si bien leurs mesures, et à une heure si avancée de la nuit, que tout était dit avant qu'on en eut le moindre soupçon. Quelquefois aussi, mais assez rarement, ceux qui s'en apercevaient laissaient faire, soit par une cruelle insouciance, soit par l'idée qu'ils rendraient un mauvais service à celui qui avait le courage et la volonté de se détruire, en l'empêchant d'exécuter son projet.

Puisque j'ai nommé tout-à-l'heure le conteur de la demi-prison, je ne veux pas aller plus loin sans dire quelques mots sur ces artistes d'un genre particulier, qui, soit par profession, soit comme amateurs, le soir, quand tout le monde était dans les hamacs, quand les lumières étaient éteintes, amusaient leurs camarades par des récits qui se prolongeaient souvent pendant plusieurs heures, et tenaient les esprits en attente et les cœurs en émoi. Ces récits bisarres, mais imagés et attachants, retraçaient ordinairement des avantures merveilleuses, presque aussi surprenantes que celles des *Mille et une Nuits*, et étaient semés de ces expressions énergiques et pittoresques du style du ponton, de la caserne et du bivouac, que la plume ne saurait reproduire. C'était tantôt un jeune mousse qui, parti d'un port de France, devenait, par ses exploits, roi du Japon ou de Golconde ; puis la longue et lamentable histoire du *Voltigeur Hollandais*, navire de malheur, dont l'équipage est composé de revenants, et qui, condamné, pour je ne sais quel monstrueux méfait, à errer sur les mers jusqu'à la fin du monde, entraîne la ruine et le naufrage de tout bâtiment qu'il rencontre. Quelquefois encore, ces récits avaient pour sujet un fait glorieux de nos annales maritimes ou militaires, auquel, comme de raison, le narrateur avait pris part, et alors il prenait un ton plus grave et plus mesuré, alors aussi, les auditeurs prêtaient une oreille plus attentive, au tableau d'exploits récents et réels, tout aussi merveilleux peut-être que les hauts faits des héros imaginaires dont on les avait amusés la veille.

Un soir, le conteur de la demi-prison nous dit la prise du brick anglais l'*Alacrity*, par le brick français l'*Abeille*. La plupart de nous connaissaient ce fait d'armes et purent remarquer que le narrateur n'y ajoutait que fort peu de circonstances, et se bornait à l'orner des broderies de son style de matelot. Quand le silence fut bien établi, au milieu de l'obscurité complette, il nous fit le récit suivant, que je reproduis presque textuellement, servi par une mémoire assez heureuse.

« Voilà-t-y pas, dit-il, que nous étions à Livourne avec le brick l'*Abeille*, qui en avait déjà vu des grises et qui n'était pas au bout, comme vous allez voir. Nous étions commandés par M. Bonafoux-Murat, propre neveu, ni plus ni moins, de Sa Majesté le roi de Naples, autre gaillard qui n'est pas manchot pour allonger un coup de sabre, et qui en a plus administré dans un jour aux Prussiens et aux *Russiens*, qu'il n'a récité de chapelets dans toute sa vie.

« Voilà que M. Bonafoux-Murat, neveu de Sa Majesté le roi de Naples, comme j'ai eu l'honneur de vous le détailler, reçut l'ordre d'aller commander la corvette la *Victorieuse*, qu'était pour le quart-d'heure à Marseille, et laissa le commandement du brick, en attendant, à M. Mackau. Vous ne le connaissez pas, mais moi je le connais, et je m'en va conter ça en attendant le reste : c'était comme qui dirait un enseigne de vaisseau, c'est-à-dire qu'il ne l'était pas encore tout-à-fait, mais que l'amiral Gantheaume, qui le connaissait pour un luron et un bon petit loup de mer, lui avait donné une commission provisoire, en attendant le brevet du ministre.

« Nous recevons l'ordre d'aller à Bastia, pour je ne sais quoi, ça ne me regarde pas ; ni vous non plus. Nous partons par un bon vent, et le lendemain, entre l'île d'Elbe et la Corse, v'la-t-y pas que nous découvrons au large, un beau brick anglais sous toutes ses voiles. M. Mackau avait pour officiers, sous ses ordres, deux aspirants de première classe, Français jusqu'au bout des ongles, et fameux marins, je vous en donne mon billet. Eh bien ! leur dit-il, mes camarades, attaquons et prenons ce b......-là ; ça y est, qu'ils répondent, et crânement nous gouvernons sur le brick, qui venait aussi sur nous, de sorte que nous étions d'accord.

« Le capitaine anglais avait par hazard à son bord trois prisonniers français, qu'il avait pris je ne sais où, et qu'il portait aux satanés pontons que vous connaissez, pour votre malheur, tout aussi bien que moi. — Vous voyez bien ce brick, qui vient là, qu'il leur dit : Eh bien! dans demi-heure il portera pavillon anglais. C'est ce que nous verrons, dirent les prisonniers, mais tout de même ils n'étaient pas trop rassurés, car l'ennemi était plus fort que nous, et le capitaine semblait un dur à cuire.

« De temps en temps il nous présentait le travers et nous envoyait ses volées. Nous voulions lui répondre, mais M. Mackau, qui connaissait son affaire, nous disait : pas encore. Quand nous le vîmes à portée de pistolet, feu, dit-il, et nous leur envoyâmes une ration de melons et de prunes, qu'ils ne trouvèrent pas trop mûrs, je vous en réponds. De cette première bordée, le capitaine eut une aile avariée, le lieutenant fut coupé en deux, dix hommes furent escoffiés, et le grand mât de hune tombant sur le pont, y fit un tel tremblement, avec ses voiles et ses cordages, qu'on ne put manœuvrer les pièces. Le troisième officier, qui prit le commandement, perdit la boule et ne sut plus ce qu'il avait à faire. Mais M. Mackau le savait, lui. Il commanda une manœuvre qui mit notre travers droit sur l'arrière de l'ennemi. Dans cette position, nous lui en fournîmes tant, qu'au bout d'un petit quart-d'heure, il dit : c'est assez comme ça, et amena son pavillon.

« C'est bien beau, tout de même, vous le savez comme moi, mes amis, de voir descendre un pavillon anglais, On ne pense plus à rien, ni aux camarades qui sont étendus morts sur le pont, ni à ceux qu'on a portés dans la câle avec un membre de moins ; on ne pense qu'à crier : *Vive l'Empereur !* *Vive l'Empereur !* et nous le criâmes si fort, qu'on nous entendit, je crois, de l'île d'Elbe, à trois lieues de nous.

« On envoya un canot amariner le brick et amener le capitaine, qui vint à bord avec sa patte cassée. Quand il monta, M. Mackau, qui savait qu'un jour Sa Majesté l'Empereur avait dit, en ôtant son chapeau, Honneur au courage malheureux ! le reçut avec politesse et lui donna une poignée de main. Où est votre commandant? demanda l'Anglais ; c'est moi, dit M. Mackau. Et le second ? Le voilà, qu'il répondit, en montrant M. Fortoul, plus jeune que lui, et qui n'avait pas plus de barbe que sur la paume de ma main. Il paraît, remarqua l'Anglais, qu'on est jeune dans votre marine. Oui, dit M. Mackau, c'est comme ça que cela se pratique chez nous, à vous rendre mes devoirs, si j'en suis capable. Puis il le fit descendre à la chambre, ordonna qu'on en eut soin, ainsi que des autres prisonniers, et nous appareillâmes pour Bastia avec notre prise.

« C'est pour le coup qu'on nous fit des fêtes; le général, les officiers, la musique, toute la boutique, enfin, vint nous voir, et nous reçut comme de véritables vainqueurs que nous étions. L'équipage, pour sa part, eut double ration de vin.

« Mais ce fut bien autre chose quand nous revînmes à Livourne. La princesse Pauline, sœur de Sa Majesté l'Empereur, s'y trouvait par hasard, et vint à bord avec un état-major de dames qui avaient des robes si longues, si longues, que leurs queues étaient presque comme une bonette basse. En montant sur le pont, la princesse leur dit : vous savez que quand on vient sur un navire de Sa Majesté mon frère, on embrasse l'officier de quart, c'est le règlement ; mais ici il y a double ration, parce que, voyez-vous, c'est des braves, et en avant. Alors elle embrassa M. Mackau ; les autres embrassèrent les officiers, et les aspirants en eurent leur part.

« Puis vint l'avancement, et il fut soigné, je vous en réponds. M. Mackau fut nommé d'emblée lieutenant de vaisseau, chevalier de la légion-d'honneur, et commandant du brick que nous avions pris. Les officiers eurent la croix, le maître d'équipage eut la croix, un sergent d'artillerie, capitaine d'armes, fut nommé sous-lieutenant, et moi qui vous parle, et qui n'étais que matelot sur le pont, je devins du coup gabier de grande hune.

« Le capitaine anglais eut aussi de l'avancement. Il eut tant de chagrin de s'être laissé mettre dedans comme ça par un officier français, qui n'avait pas tant seulement vingt ans, qu'il ne pouvait le croire ni s'en consoler. Un peu la douleur de sa patte cassée, un peu la bisque, qui lui ôtait le manger et le dormir, il passa l'arme à gauche et fut enterré à Livourne. »

Ici se termina le récit du gabier de grande hune, à qui ce brillant avancement devint funeste, car, pour le lui donner, on fut obligé de le faire passer sur la gabarre le *Mérinos*, qui se trouvait alors à Livourne, et fut capturée quelques mois après par la frégate anglaise *Appollo*, que commandait un nommé Taylor. C'est ce qui nous valut la connaissance du gabier et la narration qu'on vient de lire.

La nuit n'était pas assez avancée encore quand ce conteur eut cessé de parler, pour que les prisonniers fussent disposés à dormir, et un autre habitant du lieu nous donna un récit qui n'était ni aussi glorieux ni aussi intéressant que celui qui avait précédé. Je dois, toutefois, en rapporter les principales circonstances, parce qu'elles font partie inséparable de mon œuvre, et que j'aurais à les donner ailleurs si elles ne trouvaient ici tout naturellement leur place. Le fait avait eu lieu sur un ponton voisin, d'où le narrateur avait été transféré sur le nôtre, je ne sais trop pour quel motif.

« Je vais vous raconter, dit-il, comment, à bord de notre ponton, on se conduisait envers les traîtres, sans qu'ils eussent à se plaindre ni à réclamer. Plusieurs tentatives d'évasion avaient été vendues aux Anglais, et on avait de forts soupçons sur un Belge nommé Van-Daels. On le suivit si bien, on l'épia avec tant de soin, que les soupçons se tournèrent en certitude, et qu'on voulut en finir, mais d'une manière légale, avec toutes les formes de la jurisprudence, pour que le châtiment produisît plus d'effet sur ceux qui seraient tentés de trahir leurs camarades, et pour en faire un acte, non de vengeance irréfléchie, mais d'impartiale justice.

« Quand, le soir, nous fûmes descendus dans la batterie, quand les panneaux furent fermés sur nous, les prisonniers se réunirent et nommèrent, à la majorité des voix, douze jurés, une cour composée de deux juges et un président, un organe de la communauté lésée, ou si vous voulez un procureur des prisonniers, et enfin on laissa à l'accusé la faculté de se choisir un défenseur. Il pria un sous-officier du 16ᵉ de ligne de se charger de ces fonctions.

« Ce tribunal improvisé prit séance au centre de la batterie, en présence de tous les autres prisonniers, groupés autour des membres, et silencieux. Je vous assure que malgré l'aspect misérable du lieu et des acteurs de cette scène, il y avait quelque chose de grave et de solennel dans la manière dont l'affaire fut débattue et jugée. De nombreux témoins furent entendus, prêtèrent serment de ne dire que la vérité, et il n'y eut pas un seul mot de leurs dépositions qui exprimât la haine ou la crainte, mais toutes ces dépositions établissaient d'une manière évidente la culpabilité de l'accusé.

« Le défenseur fut ensuite entendu. Il avait compris son rôle, et ne chercha pas à combattre et à détruire les charges, mais il s'étendit longuement sur ce qu'il y avait d'illégal et d'odieux à se faire justice soi-même. Il s'appesantit sur la misère des prisonniers et demanda qu'on ne cherchât pas à l'accroître par des cruautés inutiles, ajoutant que l'accusé, fût-il coupable, serait assez puni par l'éloignement et le mépris de ses camarades.

« Le prisonnier qui remplissait les fonctions du ministère public, avait beau jeu pour rétorquer ces arguments. Après avoir établi, jusqu'à la dernière évidence, la culpabilité de l'accusé, il démontra qu'une réunion d'individus isolés, et ne pouvant avoir recours à la justice ordinaire, avaient autant de droit de juger et de punir les crimes qui se commettaient au milieu d'eux, qu'une société plus nombreuse et plus régulièrement organisée. Il dit que tout était légal dans ce qui se faisait, et que les conseils de guerre nommés accidentellement pour juger un accusé, n'agissaient pas autrement.

« Après une courte réplique du défenseur, les membres du jury allèrent aux voix, non en secret, comme dans les Cours d'Assise, mais hautement et en présence de tous les prisonniers. Sur la question qui leur fut soumise : l'accusé est-il coupable d'avoir trahi et vendu ses camarades, dix, sur les douze, répondirent : oui.

« Le président, après avoir conféré un instant avec les deux juges, se leva, prononça la peine de mort, et au milieu de cette foule silencieuse et émue, ordonna que le condamné fut immédiatement pendu par ceux qui voudraient se charger de l'exécution. Le malheureux, lâche comme tous les délateurs, poussa alors des cris lamentables, voulut encore nier son crime, mais l'arrêt était définitif, irrévocable, et il y avait là, un assez grand nombre de ces êtres dépravés, pour qui les souffrances sont un passe-temps, et l'agonie d'un supplicié une fête.

« On leur livra le patient. Tandis que la plupart des prisonniers s'éloignaient, ils fixèrent un fort crochet et une corde au-dessous du grand panneau, et y suspendirent le condamné, dont les derniers râlements se firent longtemps entendre dans l'enceinte de la batterie, et assombrirent le repos de la plupart de nos camarades.

« Le lendemain, quand les soldats Anglais nous ouvrirent le grand panneau, ils le trouvèrent plus lourd qu'à l'ordinaire, et l'ayant enfin soulevé, ils enlevèrent en même temps le cadavre du supplicié, qui retomba inerte et comme un fardeau sur le pont. Le capitaine vint, cria, fit des recherches; mais à quoi pouvaient-elles le conduire? qui pouvait-il punir? l'acte de justice qu'on venait d'exercer était trop récent et trop terrible pour faire craindre de nouvelles délations. Aussi, la chose en resta là, et n'eut d'autre résultat que d'inspirer une terreur salutaire à ceux qui auraient eu quelque propension au crime que nous venions de punir. »

Après ce récit, nous n'en demandâmes pas d'autres. Ils nous avait glacés de dégoût et d'horreur, il avait détruit les douces idées de gloire et de patriotisme, produites par le récit précédent, et jusqu'au lendemain, je gardai, pour ma part, la funeste impression que j'en avais ressentie.

C'est ainsi que, chaque soir, des individus, pour la plupart sans instruction, rendaient moins pénibles les longues heures de la réclusion, et je puis assurer que s'il était possible de faire le recueil de ces récits, en conservant toute l'originalité du sujet et de l'expression, il ne serait pas lu sans intérêt et obtiendrait peut-être un succès de vogue. On y trouverait de tout, et de quoi satisfaire tous les goûts, mais, par exemple plus souvent du grotesque que du pathétique. Ne fallait-il pas, en effet, sortir des règles du goût et du vrai, pour fixer l'attention de ces hommes qui, privés depuis longtemps de toutes relations avec la société, ne pouvaient espérer un terme à leurs souffrances que par des moyens exceptionnels et extraordinaires ?

CHAPITRE III.

Travaux préparatoires d'une évasion. — Quatre prisonniers échappés du ponton. — Trois succombent. — Le quatrième arrive en France. — Une évasion manquée. — Un officier dans une malle.

That is too good for French dogs.
C'est trop bon pour des chiens de Français.
(Les marchands et fournisseurs Anglais.)

J'ai parlé de la construction des pontons, de la garde qui veillait constamment sur les prisonniers ; j'ai quelques mots à ajouter pour donner une idée de l'audace, de la persévérance, et de l'amour de la liberté de ceux qui cherchaient à s'échapper de ces lieux de réclusion. Ils étaient nombreux, cependant, bien qu'ils eussent quatre-vingt-dix-neuf chances d'insuccès et de mort, contre une seule de salut. Ils le savaient, et ne se laissaient pas décourager par les difficultés, par les impossibilités, j'oserai dire, dont voici un aperçu.

Pour s'échapper, il fallait, avant tout, faire un trou au ponton.

Attendre une nuit sombre et la coïncidence d'un temps affreux, avec la haute-marée.

Se rendre à la côte à la nage, en échappant à la surveillance, souvent aux coups de fusil des soldats de garde; éviter l'attention des autres pontons, tous mouillés à la file et à petite distance les uns des autres.

A terre, enlever un embarcation, sans bruit, pour ne pas exciter l'attention des bourgeois et des paysans, toujours prêts à courir sus aux Français et à les arrêter.

Traverser la rade, couverte de bâtiments de guerre, qui hélaient tous les canots passant près de leur bord; leur donner en anglais une réponse plausible et sans hésiter.

Puis enfin, dans cette frêle embarcation, souvent sans voiles, sans boussole, sans vivres, faire, selon l'endroit d'où l'on était parti, une traversée de vingt à trente lieues, dans la Manche, constamment sillonnée par des bâtiments Anglais.

La moindre de ces difficultés aurait paru insurmontable à d'autres hommes qu'à des prisonniers; mais des prisonniers bravent tout, et d'ailleurs, qu'avaient-ils à craindre? la mort. Sur le ponton, une mort inévitable, lente et cruelle ne les attendait-elle pas aussi? Ne valait-il pas mieux aller au-devant de celle que, du moins, l'espérance accompagnait jusqu'au dernier moment?

Déterminé à tenter l'entreprise, il fallait s'associer trois ou quatre ensemble et commencer un trou, percer par conséquent, les flancs d'un vaisseau qui, dans la batterie-basse, n'ont pas moins de deux pieds d'épaisseur. Ce n'eut été rien pour des marins en liberté et munis de tous les outils nécessaires. Mais dénués de tout, obligés d'éviter constamment l'attention des Anglais et souvent celle de leurs camarades, forcés d'interrompre fréquemment leur travail, les prisonniers ne mettaient pas moins de trois ou quatre mois à pratiquer une ouverture par où le corps d'un homme pût passer, et voici comment ils opéraient :

Avec une vrille ordinaire ils commençaient à pratiquer un trou dans le doublage intérieur. A côté de ce trou, ils en faisaient un autre, un troisième à côté de celui-ci, et ainsi de manière à tracer un carré d'un pied et plus sur chaque côté. Cela fait, avec un couteau, ils repassaient dans les intervalles qui pouvaient être restés entre les trous, qu'ils prolongeaient, si la vrille n'avait pas traversé toute l'épaisseur du doublage : au moyen d'un tire-fond fixé au milieu du carré, ils l'enlevaient, en donnant la plus grande attention à le retirer entier, sans le briser, sans en rien détacher.

On attaquait alors la membrure, formée, comme on sait, de fortes et dures pièces de bois de chêne. La vrille, le couteau, les ciseaux, les rasoirs, tous les instruments qui pouvaient tomber sous la main, servaient à cet usage. Tout cela, le plus souvent, ne pouvait se faire que la nuit.

Avant de suspendre le travail, on remettait soigneusement la plaque enlevée du doublage. On mastiquait les fentes, on rétablissait les éclats de bois qui auraient pu être faits pendant l'opération, on passait sur le tout une teinte préparée d'avance, exactement semblable à celle de la muraille du ponton, et il n'y paraissait plus. Les Anglais, dans leur visite journalière et répétée, inspectaient l'intérieur et l'extérieur avec la plus grande attention, frappaient à coups de barre sur les grillages en fer des sabords, sur les flancs du navire; mais les mesures étaient toujours si bien prises, les travaux, quelque avancés qu'ils fussent, si bien dissimulés que rien ne paraissait, et il fallait qu'un trou fut désigné d'une manière positive, que sa place fut indiquée par les délateurs, pour qu'on parvint à le découvrir. Le fait suivant en est une preuve.

Trois trous étaient à la fois en voie d'exécution à bord du ponton le *Bienfaisant* en rade de Plymouth. Ils allaient être achevés, et il n'y avait presque plus que le doublage extérieur en cuivre à faire sauter, lorsqu'un misérable révéla le tout aux Anglais.

On fit évacuer le faux-pont par les prisonniers qu'on retint sur le pont; le capitaine descendit avec un autre officier et plusieurs soldats. Ils cherchèrent longtemps, avec soin, et inutilement. Vainement ils sondèrent, ils frappèrent partout, vainement ils examinèrent à plusieurs reprises, avec la plus minutieuse attention, les deux murailles du ponton, de l'avant à l'arrière; aucune fente, aucun indice, ne leur décéla l'existence des trous qu'on leur avait dénoncés. Ils crurent que le délateur leur avait fait un faux rapport, et menacèrent de le mettre au cachot. Il affirma alors avec tant de persistance et de fermeté, qu'on le crut, et qu'on fit venir de Plymouth, des calfats, des charpentiers employés à la construction des vaisseaux, hommes du métier, qui devaient infailliblement reconnaître l'endroit où existaient les trous. Ils ne furent pas plus heureux, et y renoncèrent.

Sur de nouvelles menaces faites au délateur, il fut obligé de se joindre à ceux qui faisaient ces recherches, et se dirigea sans hésiter vers les points où étaient les trois trous, découverts à l'instant, à la grande stupéfaction des Anglais émerveillés de l'adresse et de la perfection avec lesquelles ils avaient été dissimulés.

Mettons maintenant en scène un de ces hommes si industrieux et si patients. J'espère que quelques-uns de mes lecteurs le reconnaîtront, et peut-être lui-même, s'il existe encore, en lisant mon récit, y trouvera les détails fidèles de sa périlleuse entreprise.

Mervin, capitaine au long cours, capturé sur un bâtiment du commerce et prisonnier au ponton, résolut de tout tenter pour en sortir. En société avec trois camarades il pratiqua au faux-pont où il était logé, avec les peines, les précautions et la patience dont j'ai cherché à donner une idée ci-dessus, un trou, qui fut complètement achevé au bout de quatre mois, et on n'eut plus qu'à attendre le beau temps pour tenter l'évasion.

Le beau temps vint. C'était par une nuit de décembre, une nuit des plus âpres, des plus froides de ce triste climat d'Angleterre. La pluie tombait à torrents, le vent mugissait avec rage, la mer grondait au loin et le ponton roulait sur son embossage de chaînes en fer. C'était un temps superbe ; on ne pouvait espérer mieux.

Après un court conciliabule, les quatre braves marins se décidèrent à tenter immédiatement leur aventureuse entreprise. Ils placèrent chacun dans un petit sac, de forme allongée, en toile cirée très-fine, et qu'ils s'étaient procuré d'avance, une chemise, un pantalon de toile, un gilet de flanelle, deux mouchoirs, un fort couteau, une petite fiole de rhum, deux ou trois galettes, et quelques autres objets de vêtement ou d'indispensable nécessité. Tout cela, fortement serré, était arrimé de manière à tenir le moins de place possible, avec cette intelligence et cet ordre dont les marins ont l'habitude. Ce sac était recouvert à son extrémité supérieure par une calotte, aussi en toile cirée, serrée par une gaine, et qui empêchait l'eau d'y pénétrer.

Ces préliminaires achevés, nus comme la main, ils se frottèrent tout le corps d'un épais enduit de suif, puis ils enlevèrent avec précaution les divers fragments qui masquaient le trou, détachèrent le doublage en cuivre et se glissèrent à l'eau, tout près du factionnaire, dont ils entendaient, à un pied tout au plus au-dessus de leur tête, les pas que le froid excessif de la nuit rendait plus lourds et plus rapides. Bonne chance, pauvres camarades ! puissiez-vous échapper aux balles des Anglais, aux dangers de la mer et à l'inclémence des éléments.

Il n'en fut point ainsi. Malgré la tourmente, malgré

le bruit des vents, des flots, de la pluie, et le grondement de la marée montante, quelque bruit inusité fut entendu, l'alarme fut donnée, et vingt coups de fusil partirent à la fois des passavants, de l'arrière et de la petite plate-forme du ponton, dans la direction où l'on avait cru remarquer du mouvement. Un des fugitifs fut atteint, et son cadavre, roulé par les vagues, s'arrêta aux chaînes d'un ponton, où les Anglais le trouvèrent le lendemain.

Échappés à ce premier danger, les autres continuèrent à nager dans la direction où ils supposaient qu'était le rivage, car l'obscurité ne leur permettait pas de le distinguer, et la pluie qui tombait toujours, épaisse et glacée, leur laissait à peine distinguer derrière eux la terne lumière des fanaux des pontons. C'était le seul indice qui pût les guider. En laissant ces lumières derrière eux, ils devaient se rapprocher de la terre. Mais bientôt ils cessèrent de les distinguer, et ils furent en proie à l'incertitude. Ils nageaient aussi rapprochés que possible les uns des autres, non pour se donner du secours, la chose était impossible, mais du moins pour courir jusqu'au bout la même chance, et savoir à quoi s'en tenir sur le sort les uns des autres.

Tout-à-coup l'un d'eux rallentit ses mouvements, s'arrêta immobile, dit d'une voix mourante : Adieu, mes amis, c'est fini. Puis on le vit plonger et disparaître. Son cadavre n'a pas été retrouvé.

Mervin et le seul compagnon qui lui restait furent jetés plutôt qu'ils n'arrivèrent à la côte. Mais ils étaient mourants, leurs membres étaient tellement engourdis qu'il leur fut impossible de faire aucun mouvement, de se lever debout, de saisir le sac dont j'ai parlé, et qu'en partant ils avaient fixé sur leur dos. S'ils avaient pu du moins l'ouvrir, avaler une goutte de rhum, ce reconfortant leur aurait donné peut-être assez de force pour se vêtir, pour tenter et surmonter de nouveaux périls. Mais impossible, ils étaient inertes et glacés sur le sol, ils ne tenaient à la vie que par le sentiment, par le désespoir de leur impuissance. Et cependant la marée montait, montait toujours, et après les avoir déposés sur la terre, allait les ressaisir et leur faire partager le sort des deux camarades qu'ils avaient perdus.

Mervin le comprit, et le désespoir, l'horreur du sort qui l'attendait, en redoublant son énergie morale, lui donnèrent quelques forces physiques. Enfonçant ses pieds dans le sol, dont il se fit un point d'appui, s'affermissant sur ses coudes, il parvint à se hisser insensiblement, à ramper sur le dos, à sortir de l'eau, qui déjà commençait à le gagner. Ces efforts désespérés en amenèrent d'autres; il put soulever assez la tête pour saisir avec les dents le cordon qui liait son sac sur le dos, il amena l'ouverture de ce sac près de sa bouche, la saisit, toujours avec les dents, la secoua et la faisant glisser jusqu'à la portée de sa main, il parvint à saisir le petit flacon de rhum,

Ces divers mouvements, l'agitation désespérée qui les avait pour ainsi dire forcés à se produire, rendirent quelque chaleur au corps de Mervin, quelque circulation à son sang, quelque élasticité à ses membres. Ces facultés s'accrurent assez pour lui permettre de porter à sa bouche la fiole de rhum et d'en avaler une gorgée. Alors il se leva, vida son sac, se couvrit des hardes qui y étaient renfermées, et songea à son camarade.

Celui-ci était dans un état plus déplorable encore que celui auquel Mervin venait d'échapper d'une manière aussi inespérée. Il était glacé, sa respiration était presque éteinte, et il se trouvait dans l'eau jusqu'au-dessus de la ceinture. Mervin n'était pas bien fort encore ; cependant il saisit le malheureux par les aisselles et le traîna, non sans peine, hors de l'atteinte de la marée. Là, il commença à le frotter avec son gilet de flanelle, qu'il retira du sac et qu'il humecta d'un peu de rhum. Il lui fit ensuite avaler quelques gouttes de ce spiritueux, et eut la satisfaction de le voir revenir insensiblement à la vie, tandis que lui-même retrouvait par l'activité à laquelle il venait de se livrer, toutes ses forces et toute son énergie.

Quand ils furent complètement vêtus et dispos, ils ne durent pas songer à parcourir la côte pour s'emparer d'une embarcation. La nuit était déjà trop avancée, et ils auraient été infailliblement découverts. Tout ce qu'ils purent faire fut de s'enfoncer dans l'intérieur, en évitant un petit amas de maisons qu'ils aperçurent à quelque distance sur la plage.

Malheureusement la campagne, aux environs, était découverte et nue, et la neige qui commença bientôt à tomber et à couvrir le sol d'une teinte uniforme, accrut la difficulté qu'ils avaient à trouver un abri où ils pussent se cacher. Ils parvinrent cependant à se blottir dans une touffe de hautes bruyères et y passèrent, non pas une journée, mais un siècle, transis de froid et osant à peine toucher à leur faible provision de galettes et de rhum, car cette provision était faible, et ils ne pouvaient prévoir le terme de leur entreprise.

Quand la nuit fut venue, toujours bien froide et bien sombre, ils se rapprochèrent de la côte et cherchèrent sur la plage une embarcation, s'éloignant autant que possible des lumières qu'ils apercevaient à quelque distance, se couchant sur le sol au moindre bruit qu'ils entendaient, au moindre aboiement de chiens.

Leurs courses furent inutiles pendant cette nuit, et bien avant les premières teintes du crépuscule, ils retournèrent aux bruyères qui leur avaient servi d'asile. Un champ qu'ils traversèrent avait été semé de navets et quelques-unes de ces racines oubliées, étaient restées sur le sol. Ce fut pour les malheureux une précieuse ressource.

Pendant trois jours et trois nuits ils menèrent cette vie, toujours dans les transes, toujours souffrants, toujours n'ayant d'autre nourriture pour soutenir leurs forces épuisées par tant de travaux et de privations, que quelques navets gelés, et qu'on avait laissés sur le sol, comme rebut, après les avoir arrachés. La troisième nuit enfin, ayant prolongé leur course plus loin, ils aperçurent un petit bateau sur la plage, assez éloigné de toute habitation. Mais il était amarré à un poteau avec une forte chaîne, fermée par un cadenas et embrassant un des bancs de l'embarcation. Il n'y avait pas d'autre parti à prendre que de couper ce banc, et ils l'entreprirent aussitôt. Mais il est inutile de dire combien le travail fut long et pénible.

Il s'acheva cependant, et avant que le jour parût, les fugitifs avaient poussé au large. Le bateau, sans mâts ni voiles, n'avait qu'une paire de rames, et il n'y avait pas moins de vingt-cinq à trente lieues à faire avant d'apercevoir les côtes de France. Le courage de Mervin n'était point abattu, cependant, par le souvenir de tout ce qu'il avait fait, de tout ce qu'il avait souffert, par l'aspect de ce qui lui restait à faire et à souffrir encore. Mais son compagnon de misère et de travaux ne possédait pas au même degré les forces physiques et l'énergie morale. Vainement Mervin cherchait à relever son courage en lui disant que le plus fort et le plus difficile de leur entreprise était désormais accompli, en lui montrant, dans une perspective prochaine et presque certaine, leur arrivée en France, au sein de leurs familles ; le malheureux, exténué par des fatigues presque surhumaines, s'affaiblissait à chaque minute, touchait à ses derniers instants, et expira dans la matinée malgré les soins que lui prodiguait son ami.

Voilà donc Mervin, seul avec un cadavre, dans une frêle barque, au milieu des flots, sans boussole, presque sans vivres, et incertain du point sur lequel il doit gouverner pour atterrer sur nos côtes. Placé dans une position aussi désespérée, tout autre homme qu'un marin, n'eût pas longtemps lutté contre tant d'obstacles. En se précipitant dans les flots, il eut bientôt mis un terme à son embarras et à ses craintes !..

Loin de se laisser abattre, loin de céder au désespoir, Mervin se promit de résister au sort, de braver les difficultés tant qu'il lui resterait un souffle de vie et assez de force pour faire un mouvement. Il rama longtemps, se dirigeant vers le sud, autant qu'il pouvait en juger, du moins, par le cours du soleil, qui se montrait à de rares intervalles. Il dut céder cependant à la fatigue et à l'épuisement ; vers le soir il s'étendit au fond du bateau, qu'il laissa flotter à l'aventure, et dormit pendant quelques heures.

Après des fatigues inouies, après avoir craint plusieurs fois d'être découvert par des bâtiments anglais qu'il aperçut, et à l'attention desquels il fut dérobé par la petitesse de son embarcation, la terre lui apparut enfin à petite distance, le troisième jour de son départ, et peu d'heures après le bateau atterra près d'un hameau de pêcheurs, à quelques lieues de Morlaix. Il était temps ; les forces et le courage commençaient en même temps à abandonner Mervin, et cependant quelques membres de l'administration française furent sur le point d'achever ce que la vie du ponton et la fatigue excessive et récente n'avaient pu faire. Les préposés de la douane, les gardes de la santé, ne voulurent pas permettre à Mervin de mettre pied à terre avant que certaines formalités fussent accomplies. Ils obéissaient sans doute au réglement ; mais n'est-il pas des circonstances tellement exceptionnelles et impérieuses qu'elles prescrivent d'enfreindre toutes les dispositions ordinaires.

Ainsi, sur quatre prisonniers évadés du ponton, trois succombèrent, un seul eut le bonheur de revoir la France, et eut aussi infailliblement péri si ses fatigues et ses privations se fussent prolongées pendant quelques heures encore.

Au reste, les chances auxquelles ces trois individus s'exposèrent furent en leur faveur, car sur le nombre total des évasions qui ont été tentées pendant la guerre, on peut évaluer qu'il y eut à peu près deux succès complets sur cent tentatives. C'était fait pour décourager, et cependant on ne songeait à autre chose, tous les esprits étaient constamment tendus vers ces sortes d'entreprises, et chaque jour on cherchait de nouveaux moyens pour les rendre plus fréquentes, plus faciles et moins périlleuses

Le lecteur comprendra aisément que de tous les détails qu'il vient de lire, ceux qui sont postérieurs à la sortie du ponton, ne sont parvenus à ma connaissance que longtemps après l'évènement. Mais ils m'avaient inspiré trop de curiosité et d'intérêt pour que je ne cherchasse pas à me les procurer. Je les ai obtenus et reproduits dans toute leur exactitude.

Pendant que se passait tout ce qu'on vient de lire, un autre complot d'évasion avait lieu sous mes yeux, à la demi-prison. Depuis plusieurs mois on y avait commencé un trou, mais là, on n'avait pas besoin de s'entourer d'autant de précautions que dans les batteries et au faux-pont. On travaillait sans crainte et sans entraves, en plein jour, et devant les habitants de la demi-prison qui, tous étaient incapables de commettre une trahison.

Nous désirions, mes trois camarades et moi, que les cinq individus qui travaillaient au trou, ne missent leur projet à exécution qu'après notre départ que nous attendions chaque jour, car quel que fût le résultat de leur tentative, il pouvait prolonger indéfiniment notre résidence au ponton, par la supposition que nous y avions pris part. Les cinq camarades à qui nous communiquâmes nos craintes, eurent la générosité d'attendre notre sortie, bien que le trou fût prêt à leur livrer passage, et qu'à plusieurs reprises, le ciel, la mer et les vents se montrassent aussi favorables qu'on pouvait le désirer.

Ce ne fut donc que longtemps après notre arrivée au cautionnement, que, par un superbe temps de tourmente et d'orage, ils se décidèrent au départ. Mais ils auraient tout aussi bien fait d'y renoncer et ne prévoyaient guère d'être arrêtés dès les premiers pas, et la déconvenue qui les attendait.

Quand tout fut prêt, quand les cinq associés de travaux et de périls eurent enlevé les dernières lames de cuivre qui les séparaient de la mer, ils se mirent dans le costume de rigueur, nus de la tête aux pieds, se frottèrent de suif, attachèrent derrière leur cou, le sac qui était préparé depuis plusieurs jours et se disposèrent au départ, ou pour l'autre monde ou pour la liberté.

Mais ici, qui pourrait le croire, une dispute s'éleva pour la préséance. Ce fut à qui passerait le premier, et après une courte discussion, on s'en remit à la décision de deux dez, et celui qui apporta le numéro le plus fort obtint l'honneur de précéder les autres. Il passa donc avec précaution la tête par l'ouverture, et se laissa glisser à l'eau. Mais à peine l'eut-il touchée, qu'il poussa des cris étouffés et plaintifs, et s'accrocha avec les mains à la platte-forme où se promenaient les sentinelles, et où il demeura suspendu.

Il en fallait bien moins pour donner l'éveil et détruire en un instant des espérances pendant si longtemps conservées, et le fruit de longs et pénibles labeurs. Aussitôt la garnison fut sur pied, le capitaine accourut, et le pauvre fugitif fut saisi sur le marche-pied auquel il s'accrochait avec des efforts convulsifs; on ouvrit la demi-prison et on y trouva les partants, encore dans leur costume de voyage. Ils furent saisis, mis au cachot pour quinze jours, et les autres habitants de la demi-prison eurent à subir quelques rigueurs pour une tentative à laquelle ils n'avaient pris aucune part, mais qu'ils avaient, disait-on, favorisée par leur silence, car les Anglais faisaient un devoir de la délation.

Si l'on demande maintenant à quoi étaient dus un échec aussi immédiat et l'irrésolution de celui qui avait précédemment montré tant d'ardeur à passer le premier, nous dirons que ce pauvre diable, dans l'idée de liberté qui dominait toutes ses facultés, pendant cinq ou six mois d'un travail pénible et continu, n'avait oublié qu'une chose, c'est qu'il fallait commencer par se rendre à terre à la nage et qu'il ne savait pas nager. Il s'en souvint seulement en entrant dans l'eau, et on vient de voir quel fut le résultat de ce singulier oubli.

Depuis que je connais les Anglais, la voix d'un individu de cette nation a toujours produit sur moi le désagréable effet d'une scie dont le grincement agace les dents et les nerfs. Celle du capitaine du ponton me parut cependant harmonieuse et douce, quand il vint annoncer à la demi-prison, que les quatre officiers récemment arrivés, seraient le lendemain conduits à Forton, où on leur délivrerait des passeports pour se rendre dans un cautionnement. Nous avions attendu cette décision assez longtemps, pour croire qu'elle n'arriverait jamais, et ce qu'on nous avait dit de quelques officiers qui, malgré leur bon droit et leurs réclamations, étaient demeurés pendant des années entières au ponton, n'était pas fait pour diminuer nos craintes et notre anxiété, car enfin nous étions au pouvoir des Anglais, nous pouvions nous attendre à tout l'arbitraire, à tous les dénis de justice, à tous les traitements iniques dont ils usaient envers leurs prisonniers.

Cependant nous allions quitter cette prison flottante que nous avions habitée pendant quatre mois, bien que nous n'eussions pas dû y entrer, puisque, en arrivant en Angleterre, nous étions porteurs du certificat de parole-d'honneur qui nous avait été délivré à Malte. En mettant mes effets en ordre, je m'aperçus que ce certificat me manquait, et après avoir fait de longues et inutiles recherches, fort inquiet, je fis venir un crieur public, car il y avait aussi des crieurs au ponton, et pour deux pences (quatre sous), j'obtins ses bons offices. Un instant après, dans les batteries, le faux-pont et les gaillards du ponton, on entendit une voix forte et roque, faire retentir ces mots : un commissaire a perdu sa parole d'honneur ; celui qui la trouvée, n'a qu'à la lui porter à la demi-prison, il recevra une magnifique récompense. Un romain avait trouvé ma parole-d'honneur, tombée de ma poche, je ne sais comment, il me la remit, et je lui donnai la magnifique récompense, encore quatre sous.

Avant de quitter le ponton dont j'ai encore beaucoup à dire, et que je retrouverai plus tard, j'ajouterai quelques mots aux détails que j'ai déjà donnés.

Nous avions rarement goûté le triste ordinaire du *cook* (cuisinier) du ponton. Ce cuisinier était un matelot désigné par le capitaine, et ses fonctions le rendaient un des gros bonnets de la prison, et lui donnaient une immense considération. Il faisait de son mieux, le brave homme, mais que pouvait-il faire avec ses sept onces de viande par individu, barbottant dans une immense chaudière? Quand la distribution était faite, quand chaque plat avait reçu sa ration de l'eau chaude, que, pour se faire illusion, on persistait à appeler du bouillon, le cuisinier criait à voix haute : personne n'en veut plus ? Ne recevant pas de réponse, il criait plus fort encore : gare aux jambes, et lançait le résidu de sa marmite, qui servait à laver le pont.

Grâce aux faibles ressources que nous avions, il nous avait été possible d'acheter quelques vivres, et de faire confectionner nos chétifs repas par un matelot, moyennant quelques sous par jour. Mais malgré cette tolérance qui nous était accordée par le capitaine, il était difficile de se procurer quelque chose, non pas de bon, mais seulement de mangeable, même à des prix exhorbitants.

Deux canots, appartenant à des spéculateurs, avaient obtenu le privilège de parcourir chaque jour la ligne des pontons et de vendre quelques provisions, consistant en pommes-de-terre, légumes verts, tabac, thé, sucre, etc. Mais ces denrées étaient ordinairement de rebut, détériorées, et n'étaient vendues aux prisonniers que parce que aucun Anglais n'aurait voulu les acheter. Nous ne les obtenions cependant à un très haut prix, que par une faveur spéciale. Nous faisions aussi quelquefois acheter des provisions par les femmes des soldats de la garnison qui allaient journellement à terre. Mais ces mégères nous apportaient aussi des vivres avariés, qu'elles obtenaient presque pour rien et nous vendaient au poids de l'or. C'était à prendre ou à laisser ; toute plainte, toute réclamation étaient inutiles, et pour ces vivres achetés, comme pour ceux qui étaient distribués aux prisonniers, les observations sur leurs mauvaises qualités, ne recevaient jamais d'autre réponse que l'épigraphe que j'ai mise en tête de ce chapitre : cela est trop bon pour des chiens de Français. L'indignation ne pouvait pas toujours se contenir, et plus d'une fois il en est résulté des scènes sanglantes. J'en citerai plus tard quelques-unes.

Au surplus, cette tolérance a été plusieurs fois suspendue, dans certaines circonstances, et pour le prouver, pour corroborer mon récit par l'autorité d'une voix plus puissante que la mienne, je crois devoir reproduire le passage suivant, extrait de l'ouvrage intitulé : l'*Angleterre vue à Londres et dans ses provinces, pendant un séjour de dix ans, dont six comme prisonnier de guerre*, par le maréchal-de-camp Pillet, ouvrage publié à Paris, en 1815. *

« Le système d'assassinat et de cruauté, dit le général Pillet, a été suivi, dans les deux dernières guerres, par le *Transport-Office*, qui a toujours à sa tête les mêmes hommes, avec un acharnement et une méthode qu'il serait presque impossible de croire. Dans la première guerre, trente mille hommes sont morts d'inanition en cinq mois. J'ai vu, à *Norman-Cross*, un coin de terre où quatre mille hommes, sur sept que contenait cette prison, ont été enfouis. Les vivres étaient alors chers en Angleterre, et notre gouvernement, dit-on, avait refusé de payer un solde de compte dont on le prétendait redevable pour ses prisonniers.

« Pour acquitter ce solde, tous les prisonniers furent mis à la demi-ration ; et pour être bien sûrs qu'ils périraient, on défendit sévèrement l'introduction de vivres

* Le général Pillet mourut dans l'année qui suivit la publication de son ouvrage, de la même maladie que Joséphine, la reine d'Angleterre, et Napoléon II.

à vendre, comme cela était d'usage. Au défaut de quantité on joignit la qualité détériorée et malfaisante des vivres qu'on distribuait. On donnait, quatre fois la semaine, du biscuit rongé des vers, du poisson, des viandes salées; trois fois, un pain noir, mal cuit, confectionné avec des farines gâtées ou du blé noir. On était saisi, aussitôt après l'avoir mangé, d'une espèce d'ivresse suivie d'un violent mal de tête, de fièvres, de diarrhée, avec rougeur au visage. Beaucoup mouraient attaqués d'une sorte de vertige. On distribuait pour légumes des haricots qui ne cuisaient pas du tout ; enfin, des centaines d'hommes tombaient chaque jour, morts de faim ou empoisonnés par la qualité des vivres. Ceux qui immédiatement ne mouraient pas devenaient graduellement si faibles, qu'ils ne digéraient plus, et, ce qui est horrible à redire, et pourtant de la plus exacte vérité, c'est que des malheureux affamés, d'un tempérament un peu plus robuste, allaient chercher dans les excréments de leurs compagnons de souffrance des haricots non digérés, et les mangeaient, après les avoir soumis à un léger lavage. D'autres attendaient l'instant où, après avoir mangé, les estomacs affaiblis, qui ne pouvaient plus supporter aucune nourriture, rendaient ce qu'ils avaient pris, pour s'en nourrir à leur tour. La faim ne connaissait point de bornes ; on gardait des cadavres cinq ou six jours de suite sans les déclarer, pour obtenir leurs rations. Les voisins appelaient cela *vivre de son mort*.

« Milord *Cordower*, colonel du régiment de *Carmar-*

then, de garde à la prison de *Porchester*, étant un jour entré dans l'intérieur avec son cheval, qu'il attacha à une des barrières, en dix minutes son cheval fut dépécé et mangé. Lorsque milord revint pour le reprendre, après quelques recherches, on l'informa du fait. Il refusa de le croire et dit qu'il n'y ajouterait foi que quand on lui aurait fait voir les débris de son cheval. Il fut facile de le satisfaire ; on le conduisit où étaient la peau et les entrailles, et un misérable affamé acheva, en sa présence, la dernière pièce de viande crue. Un énorme chien de boucher, ou plutôt tous les chiens qui entraient dans la prison, avaient le même sort.

« Une foule de témoins, parmi lesquels plusieurs officiers des marines de Brest et de Lorient, peuvent attester la vérité de ces faits. C'est par eux que je me les suis fait répéter mille et mille fois, pour me former à l'habitude de les entendre, et à la possibilité de les croire. »

Marins et soldats qui avez lu ce qui précède, voilà ce que vous réservent nos fidèles alliés, si jamais les chances de la guerre vous font tomber en leurs mains. Ce récit n'est pas fait par un homme obscur, par un pamphlétaire. C'est un homme d'honneur, c'est un général, qui a été témoin de tout ce qu'il rapporte. Quant à moi, en retraçant les infâmies qui se sont passées sous mes yeux, je crains toujours d'être taxé d'exagération, toujours j'ai besoin de me dire que mes souvenirs sont bien fidèles, de consulter mes anciens camarades de captivité, de parcourir les récits de ceux qui ont écrit avant moi sur le même sujet, pour me convaincre que je ne dis rien de trop, que je ne sors pas de la vérité.

Le dernier jour de ma résidence au ponton je fus témoin d'un fait assez singulier pour mériter de ne pas être oublié. Un prisonnier avait été mis au *black hole* (le cachot), pour je ne sais qu'elle faute. Il en était toujours sorti sans qu'on pût savoir comment. Cette fois, on l'enchaîna dans son cachot par les pieds et le milieu du corps. Une heure après il parut sur le pont et affecta de se promener auprès du capitaine, à qui il dit : Vous pouvez m'entourer de chaînes de la tête aux pieds, je saurai toujours m'en débarrasser. Le capitaine ébahi, le regarda un instant, la bouche ouverte, puis lui dit : *Go to hell, since thou art a devil*; Va-t-en au diable, puisque tu es un démon. Il n'alla pas au diable, mais il resta au ponton, ce qui revient à peu près au même.

J'ignore ce que faisait cet homme pour s'affranchir ainsi de ses fers, pour ouvrir la porte fermée aux verroux et cadenassée de son cachot, mais à toutes les incrédulités que je pourrais rencontrer, à toutes les questions qu'on pourrait me faire, je n'ai qu'une chose à répondre : je l'ai vu, et certainement je ne suis pas le seul.

Le jour de mon arrivée au ponton j'y avais trouvé un enseigne de vaisseau, déserteur d'un cautionnement, qu'on avait arrêté dans sa fuite et enfermé à bord du *Guilford*, pour le laisser réfléchir sur les inconvénients de la désertion. Je n'avais pas sitôt paru dans la demi-prison, qu'il était venu au devant de moi, me donner une poignée de main, me faire des offres de service, et m'inviter à souper, ainsi que mes trois camarades. Il nous traita de son mieux, et le lendemain ce furent de nouvelles invitations, de nouvelles politesses, toujours plus affectueuses, plus empessées, mais qui, maintenant, ne s'adressaient qu'à moi seul. Pendant quatre mois, ses démonstration de sympathie et d'amitié à mon égard, furent incessantes et sans bornes. J'attribuais tout cela à mon mérite, lorsqu'enfin j'en eus une autre explication.

Le soir où l'on nous annonça que nous partirions le lendemain, Albertin, c'est ainsi que s'appelait cet officier, fit faire un punch, m'attira dans un coin de la demi-prison pour le prendre avec lui, et me dit, après maints et maints détours : « Demain, mon cher camarade, vous me rendrez un service signalé, vous m'emporterez dans votre malle.

— Dans ma malle ! lui fis-je stupéfait ; mais, d'abord, pourriez-vous y entrer ?

— Oui, j'en ai bien examiné les dimensions ; c'est comme si on m'avait pris mesure quand on l'a faite.

— C'est quelque chose ; mais si on s'en aperçoit, je reste au ponton, moi, jusqu'à la fin de la guerre ; et qui sait quand elle finira !

— Impossible qu'on le sache. Vous allez voyager dans l'intérieur. Vos effets, qui ont été visités en arrivant ici, ne le seront plus. Vous m'ouvrez au premier endroit convenable, à la première auberge où vous vous arrêtez, et je vais à Londres, et de là, en France, aux États-Unis, où je pourrai, enfin. Ainsi, mon bon ami, tirez-moi d'ici, je n'y puis plus rester, et si vous me refusez, demain, quand je vous verrai partir, je me précipite du haut de l'échelle, et je me noie. Mais vous ne me refuserez pas, j'en suis sûr. »

J'étais jeune, et bien que je fusse ex-agent-comptable d'un beau vaisseau, j'avais l'âge, l'insouciance et l'étourderie d'un véritable aspirant de marine. On voit que l'ami Albertin me connaissait et avait pris la mesure de mon caractère, aussi bien que celle de ma malle. Je consentis donc, sans faire d'autres objections.

Le lendemain, avant qu'on vînt nous prendre, je mis mes effets dans deux petites malles qu'Albertin m'avait données, et lui, s'allongea dans la mienne, muni d'un pain, d'une bouteille de rhum et d'une vrille, pour faire des trous au couvercle, dans le cas où l'air viendrait à lui manquer. Je fermai la malle, mis la clé à la poche et nous attendîmes. Tout cela se fit en présence des habitants de la demi-prison, qui n'y trouvaient rien d'extraordinaire, car pareilles choses, à peu près, avaient déjà eu lieu plusieurs fois et se sont reproduites postérieurement, avec des circonstances analogues.

Un officier anglais vint nous appeler, des matelots prirent nos malles, les attachèrent à un cartahut, les descendirent et les entassèrent dans la chaloupe, où nous prîmes place à côté de notre conducteur. Par je ne sais quel caprice, il quitta la place où il était près de moi, sur le banc à tribord de l'arrière, et s'assit, jambe deçà, jambe delà, sur la malle où Albertin était renfermé. J'eus un moment d'inquiétude, mais j'en fus quitte pour la peur, et nous arrivâmes à Forton sans encombre.

Là, nous trouvâmes un officier des milices, à qui nous confia notre officier de marine, et qui nous conduisit à la prison, où des soldats chargés de nos malles les déposèrent dans la cour. Bientôt arriva M. Woodriff, commandant de la prison et des pontons de la rade. M. Woodriff avait été prisonnier en France, étant tombé, par malheur pour lui, avec le vaisseau le *Calcutta*, qu'il commandait alors, devant l'escadre de l'amiral Allemand. Il avait été bien traité, s'en souvenait, et nos prisonniers n'avaient pas trop à se plaindre de lui. On voit que je rends justice à qui de droit.

Il nous aborda d'un air riant, nous fit quelques excuses sur notre long séjour au ponton, l'attribuant à des mal-entendus, à ses nombreuses occupations, et à ce je ne sais quoi encore. Il nous dit que pour nous dédommager il allait nous envoyer dans un pays superbe, puis il ajouta :

« Vous avez vos malles ?

— Oui, monsieur, les voilà.

— C'est bien, mais il faut les laisser ici. La voiture qui va partir et où vous prendrez place ne porte pas de malles. Vous n'allez qu'à soixante lieues d'ici, je vous les enverrai par un wagon et vous les recevrez au plus tard, trois jours après votre arrivée. Mettez par précaution une chemise dans vos poches, et déjeunez pendant que je vais expédier vos passeports ; et il entra dans son bureau, nous laissant là tous les quatre assez mécontents, mais moi surtout, fort embarrassé de la malle et de son contenu.

Vous savez ce que c'est que les gens qui se piquent d'avoir du bon sens et qui ne manquent pas d'en faire montre quand ils en trouvent l'occasion. Mes trois compagnons en avaient plus que moi, ce qui, du reste, à cette époque, ne prouvait pas qu'ils en fussent bien chargés. Ils en firent l'étalage avec ostentation, me reprochant mon étourderie, ma légéreté, et m'adressant pour consolations des quolibets auxquels je ne répondais guère, tout occupé que j'étais des moyens à prendre pour escamoter la malle ou pour en faire sortir Albertin.

Pendant qu'ils s'escrimaient ainsi contre moi et que je ne les écoutais guère, un individu que nous reconnûmes bientôt pour un prisonnier français nous accosta. Eh! messieurs, nous dit-il, ne vous disputez pas, félicitez-vous plutôt d'être à peu près libres, d'aller respirer le grand air, et surtout ne quittez pas le cautionnement; j'étais aussi sur parole, j'ai fait la sottise de déserter et de me laisser prendre, et me voici. Ensuite, s'adressant à moi et jettant un coup-d'œil sur l'uniforme que je portais : « Je crois, monsieur le commissaire, me dit-il, que c'est à vous qu'on en veut; de quoi s'agit-il donc et de quoi se plaignent vos camarades ?

— De ce que j'ai là un officier dans ma malle, qui m'embarrasse fort, et dont je ne sais que faire.

— Un officier dans votre malle! Mais pourquoi l'avoir mis là?

— Hélas ! il s'y est mis tout seul, presque contre mon gré, et moi je vais retourner au ponton, où je mourrai bientôt, car il me faut l'air et la liberté qui n'y sont pas.

— Pauvre garçon, mais aussi pourquoi mettre un officier dans votre malle ?

— Encore un coup, je vous dis que c'est lui qui l'a voulu.

— Est-il bien mis, votre officier ?

— Comme un vrai gentleman. S'il avait l'air un peu plus bête on le prendrait pour un Anglais pur sang.

— Parle-t-il anglais ?

— Très bien.

— A-t-il de l'argent ?

— Environ trois mille francs en billets de banque.

— Vous êtes sauvé. Depuis que je suis ici j'ai gagné la bienveillance de M. Woodriff; il me laisse dans la cour de la prison ; il me permet de sortir quelquefois dans la ville, accompagné par un de ses secrétaires ; il m'a donné la garde d'un magasin des vêtements qu'on jette aux prisonniers quand ils sont tout-à-fait nus, et c'est moi qui suis chargé de recevoir et d'expédier les effets des officiers qui passent par ici pour aller sur parole. Je vais faire porter les malles dans mon magasin. A midi, mais pas avant, je pourrai ouvrir la vôtre. Alors, l'accès de la prison est accordé aux Anglais de la ville, qui viennent communiquer avec les prisonniers à travers les barrières, et acheter les divers objets qu'ils confectionnent. L'individu que vous avez emballé pourra se mêler avec eux et sortir sans crainte d'être reconnu.

Ce fut une montagne que cet excellent camarade enleva de dessus mes épaules. Son nom, son grade et ses traits sont restés gravés dans ma mémoire depuis plus de trente ans qu'il me les fit connaître à la hâte ; c'était Drouet, enseigne de vaisseau, du port de Toulon ; il ne connaissait pas Albertin, bien qu'ils fussent du même grade, mais dans la triste position où nous étions placés, chacun obéissait à ses penchants, et allait même au-delà. Les êtres vicieux, les égoïstes, atteignaient le dernier degré de la dépravation, les bonnes natures s'élevaient au-dessus d'elles-mêmes en accomplissant des actes de courage et de dévouement dont elles n'auraient pas été capables peut-être dans une situation plus ordinaire et plus tranquille.

Je donnai la clé de la malle à Drouet ; on nous remit nos passeports, nous déjeunâmes et nous partîmes. On comprendra sans peine l'aise que nous éprouvions à nous voir libres comme des oiseaux, dans une bonne voiture, sans surveillants, sans ordres à recevoir, nous qui, pendant près de huit mois, n'avions vu que la mer et la sombre enceinte d'une frégate ou d'un ponton. Que le Devonshire me parut beau, quand nous le traversâmes ! J'avais fait la paix avec tout le monde, je n'en voulais plus aux Anglais ; toutes les figures avaient à mes yeux un air de bonhomie, la plus chétive chaumière me semblait un palais, toutes les paysannes qui passaient sur la route étaient de jeunes et sémillantes ladies ; je respirais un air pur ; je voyais, enfin, la campagne !

Ma joie, cependant, était de temps en temps troublée par le souvenir de ma malle et des chances qu'elle courait, toujours enfermée dans une prison. Souvent je regardais en arrière pour voir si par hasard on ne nous poursuivait pas.

Mais ce fut bien pis quand nous nous arrêtâmes à Winchester pour souper. Tandis que dans un élégant petit salon nous faisions de rudes attaques à un roast-beef flanqué de pommes-de-terre, qu'on nous avait servi, entra un officier de milices, dont la mine ne me parut pas trop avenante, mal disposé que j'étais contre tout ce qui portait un uniforme anglais. Il fit quelques tours dans la salle, puis s'assit à une table à côté de la nôtre, et demanda une bouteille de bière. L'appétit commençait à me passer, car cet homme nous regardait sans mot dire, et semblait nous interroger du regard.

Il jugea à propos d'entrer en conversation. « Je crois que ces messieurs sont Français, dit-il.

— Français et prisonniers de guerre, répondit un de mes camarades.

— Vous venez du dépôt de Portsmouth et allez dans un cautionnement.

— Comme vous le dites.

— Savez-vous ce qui est arrivé ce matin, avant mon départ de Forton?

— Quoi donc? la nouvelle d'une victoire remportée par l'armée française, peut-être.

— Du tout; les Français ne remportent plus de victoires. Un officier qui avait déjà déserté d'un cautionnement, s'est échappé, on ne sait comment, du ponton le *Guilford*. On le cherche partout, et comme on n'a trouvé aucun trou au ponton, on soupçonne qu'il a été aidé ou par un soldat de la garnison ou par quelques camarades qui l'auront fait cacher dans une embarcation. On le saura sans doute ; si c'est un soldat, il sera fusillé ; si c'est un camarade, il restera au ponton jusqu'à ce que *Buony* [5] soit prisonnier des Anglais ou enterré.

Pendant ce sot discours, je coupais lentement mon roast-beef et mes pommes-de-terre, j'essayais de manger, mais les morceaux s'arrêtaient à mon gosier. Le milicien promenait sur nous ses yeux verdâtres, surmontés de sourcils épais couleur d'étoupe, et il me semblait que ces yeux de basilic s'arrêtaient plus souvent et plus fixement sur moi que sur mes camarades. J'avais, hélas ! ma malle sur la conscience, et je me voyais déjà réinstallé dans la demi-prison du *Guilford*, que quelques heures de liberté me rendraient plus sombre et plus affreuse.

Le bourreau semblait prendre plaisir à prolonger mes craintes et mon anxiété. Il nous raconta diverses évasions qui, toutes avaient grand rapport à celle que j'avais favorisée, nous parla longuement du génie inventif des prisonniers français pour quitter leurs lieux de détention, et des moyens de surveillance qu'on était en mesure de prendre pour s'y opposer.

Tout-à-coup la voix du conducteur se fit entendre à la porte, et nous invita à remonter en voiture. Le milicien, d'une main lui fit signe d'attendre, de l'autre nous engagea à ne pas bouger encore. M'y voilà, me dis-je, il a sans doute des soldats qui l'attendent au-dehors, il va m'arrêter et me conduire au ponton.

Au lieu de celà, il frappa sur la table, fit apporter du rhum et cinq verres, les remplit, nous pria assez poliment de nous en armer, en prit un lui-même, et nous dit, *your health, gentlemen, and a good journey :* à votre santé, messieurs, et bon voyage. Je ne fus cependant complètement rassuré, que, quand remonté en voiture, j'entendis le fouet du postillon et le bruit des roues. Le surlendemain nous arrivâmes à *Abergavenny*, comté de Montmouth, qui nous avait été donné pour résidence, jusqu'à ce qu'il plût au ciel de nous faire revoir la France.

On sera peut-être curieux de connaître le dénouement de l'histoire de la malle et d'Albertin. Je n'en ai su moi-même qu'une partie, six mois après l'évènement, car Drouet ne pouvait me l'écrire, les lettres qui nous étaient adressées et celles que nous écrivions, étant lues par des agents Anglais. Voici ce qu'il me fit dire par un officier Français venant de l'armée d'Espagne, et dirigé par M. Woodriff sur notre cautionnement.

La malle fut ouverte à midi, ainsi qu'il l'avait dit, et Albertin sortant la tête, ne fut pas médiocrement surpris, et ne parut pas très enchanté de se trouver en présence d'un individu assez mal vêtu, qu'il voyait pour la première fois, et dans une salle passablement sombre et triste, encombrée de vêtements jaunes, à l'usage des prisonniers. Cependant le sourire que lui adressa Drouet, et la main qu'il lui tendit, le rassurèrent bientôt. Deux mots d'explication suffirent pour le mettre au courant. Il sortit, se mêla aux Anglais qui étaient en assez grand nombre dans la cour, et un instant après, à la porte même de la prison, en présence du factionnaire, prit place dans une voiture publique qui allait à Londres.

C'est tout ce que j'en ai su. Depuis le moment où il est entré dans ma malle, je n'ai pas revu Albertin ; depuis le moment où je suis monté en voiture à Forton, je n'ai pas revu Drouet. La paix de 1814, qui fut pour la plupart de nous, une calamité personnelle, en nous enlevant nos grades et nos emplois, nous donna trop de préoccupation, pour ne pas effacer momentanément, du moins, la trace des évènements de notre captivité.

Ce n'était pas la première fois, au surplus, et ce ne fut pas la dernière que des malles furent employées pour le passage de prisonniers ou pour le transport de lettres et d'objets prohibés. Mais ce moyen qui, dans les commencements trompait assez facilement la surveillance des Anglais, finit par être usé, et ne put plus être employé sans exposer à de grands risques. Il fallut en chercher d'autres, et on en trouva. Je les ferai connaître par la suite.

CHAPITRE III.

Le Cautionnement. — Précautions du Gouvernement Anglais pour rendre les Français odieux. — Dispositions haineuses des basses classes. — Combat entre les charbonniers d'Abergavenny et les officiers Français. — Anecdotes diverses. — Moyens d'évasion.

> Soldats, interrogez ceux de vos camarades qui ont habité les pontons ; ils vous diront comment les Anglais que vous allez combattre traitent leurs prisonniers.
> NAPOLÉON, *à Waterloo*.

Nous étions environ six mille individus prisonniers sur parole, et repartis dans divers cautionnements. Mais tous n'appartenaient pas à la marine ou à l'armée. Les Anglais pour qui, tout était de bonne prise, gardaient comme prisonniers, contre les conventions faites au commencement de la guerre, non-seulement les officiers non combattants, tels que chirurgiens, agents-comptables, employés aux vivres, mais encore des passagers, des ouvriers et des bourgeois qu'ils avaient saisis à bord de nos bâtiments marchands ou dans des villes d'Espagne pendant la guerre de la Péninsule. Ils traitaient ces individus, toujours assez arbitrairement, soit comme officiers, soit comme soldats, selon le rang qu'ils occupaient dans la société.

Ainsi, j'ai vu au ponton des cuisiniers, des tailleurs, et un marmiton de la maison du roi Joseph; j'ai vu au cautionnement, un notaire, pris en allant aux colonies, un valet de chambre du roi d'Espagne, et plusieurs banquiers ou agents d'affaires. Ceux-ci conservaient les habitudes de leur ancien métier, et, par de petites spéculations, cherchaient à s'approprier le peu d'argent qui restait à leurs camarades.

Les Anglais avaient divisé ces prisonniers en deux classes. L'une recevait un shelling trois pences (trente sous) par jour, l'autre un shelling six pences (trente-six sous). C'était, pour les uns et les autres, tout juste assez pour ne pas mourir de faim. Les aspirants de marine et les bourgeois, de quelque rang qu'ils fussent, composaient la première classe; les officiers civils et militaires, depuis le sous-lieutenant, l'enseigne ou le commis de marine, jusqu'à l'ordonnateur en chef ou le maréchal de France, appartenaient à la seconde. Le prince Lucien Bonaparte, qui avait été pris sur une frégate Américaine, se rendant de Civitta-Vecchia aux États-Unis, avait voulu être traité en prisonnier de guerre, et par conséquent recevait ses trente-six sous par jour, ni plus ni moins que le plus modeste officier.

La vie des prisonniers sur parole était loin d'être accablée des mêmes misères, des mêmes souffrances morales et physiques, que celle des malheureux renfermés dans les flancs d'un ponton, ou entre les quatre murs d'une prison, mais elle était assez originale et assez excentrique pour mériter d'être décrite, et je dois la faire connaître avec quelques détails. Là aussi, se concertaient et s'exécutaient des évasions qui n'étaient ni moins accidentées ni moins périlleuses que celles dont j'ai parlé ; là le dénuement qui n'était pas aussi apparent, n'en était peut-être que plus poignant et mieux senti, parce qu'il fallait le cacher avec plus de soin.

On choisissait pour cautionnement des villes peu importantes et peu populeuses, afin que la surveillance de l'agent chargé du soin des prisonniers, put s'exercer plus aisément, aussi éloignées de la mer que faire se pouvait, pour que les désertions fussent moins aisées. Il pouvait y avoir de cent cinquante à trois cents individus dans un cautionnement. Nous étions environ deux cent cinquante à Abergavenny.

On nous faisait prêter serment de ne pas déserter, de ne pas porter d'armes et de nous conformer aux règlements de police du pays que nous habitions. Très souvent, cette formalité de prestation de serment n'était pas observée, mais le prisonnier n'en avait pas moins pris l'engagement tacite de se conformer à sa teneur, dès l'instant qu'il était sur parole.

Les limites de notre prison s'étendaient, outre l'enceinte de la petite ville, à un mille aux environs, mais sur les routes seulement. Cependant cette dernière prescription n'était pas observée, et nous nous promenions assez librement dans la campagne ; mais nous nous exposions en dépassant les limites à être condamnés à une amende de demi-guinée, ce qui était la solde de la semaine. Il suffisait qu'un Anglais jurât sur l'évangile, devant notre commissaire, nous avoir vus en-dehors de ces limites, pour qu'il reçût, comme prime d'encouragement, la demi-guinée qu'on nous retranchait.

Nous devions être rentrés chez nous une heure après le coucher du soleil, et ne pas sortir le matin avant son lever. A cet effet, on sonnait, le soir et le matin, la cloche des prisonniers.

Le gouvernement anglais employait tous les moyens possibles pour rendre les Français odieux à la population. Tout était bon pour arriver à ce but ; on usait du mensonge et de la calomnie ; on se servait des pamphlets. Aussi, quand des officiers arrivaient dans un nouveau cautionnement, ils y éprouvaient une répulsion qui, comme s'ils étaient pestiférés, les éloignait de toute société, de tout commerce avec les habitants. Voici un exemple de ces odieuses et ridicules préventions. Deux officiers français, nouvellement arrivés, avaient pris logement dans une maison où régnaient, adoptées sans examen et sans réflexion, les idées dont je viens de parler. Le premier soir, comme ils montaient l'escalier pour se rendre à leur chambre, située au second étage, une dame qui habitait le premier, les entendant venir, ouvrit sa fenêtre, et, dans son épouvante, s'assit les jambes en dehors, prête à se précipiter dans la rue, si par malheur les monstres qu'on lui avait peints si féroces, se présentaient à sa vue. Heureusement ils ne pensaient qu'à aller se coucher.

Le lendemain cette dame, à travers ses volets entr'ouverts, jeta un coup-d'œil à la dérobée sur les deux monstres qui passaient dans la rue, et leur trouva, pour des êtres aussi terribles, un air assez doux. Quelques jours après elle se hasarda à les regarder en face, puis en les rencontrant, elle leur rendit leur salut, et finit par s'apprivoiser si bien avec eux, qu'elle leur avoua en riant ses ridicules idées, et les pria de les lui pardonner.

Il en était toujours et partout ainsi ; on rencontrait d'abord un éloignement qui semblait invincible ; bientôt après on était souffert, et enfin recherché. Mais ce retour, auquel on devait naturellement s'attendre, n'avait lieu que chez les classes aisées et qui avaient reçu quelque éducation. Les ouvriers, le peuple conservaient obstinément contre nous, dans toute leur apreté, les préventions, les haines qu'on leur avait inspirées et nous le prouvaient en toute occasion. A l'aversion tout à la fois instinctive et de commande qu'ils avaient pour nous se joignaient des motifs d'intérêt et d'amour-propre. Ils disaient, et ce n'était pas sans raison que notre nombre faisait renchérir les vivres dans les petites villes qu'on nous donnait pour résidence. Ils s'apercevaient de plus que les jeunes filles de leur classe, les négligeaient pour écouter les propos galants et les protestations d'amour plus élégantes et plus flatteuses des officiers français.

C'était assez pour expliquer la haine que ces hommes nous portaient, mais cela ne justifiait pas les insultes et les provocations dont ils nous accablaient à chaque instant, et dont j'eus un échantillon le second jour de mon arrivée à Abergavenny.

Il y avait aux environs de cette petite ville des mines de houille exploitées par de nombreux ouvriers, qui tous étaient nos ennemis déclarés. Dans l'après-midi du jour en question, un de ces charbonniers, tout noir et tout poudreux, se jeta à dessein sur un officier français portant un pantalon blanc et le rendit presque aussi noir que lui. L'officier le repoussa; une lutte s'engagea entr'eux; bientôt d'autres Français accoururent d'un côté, d'autres charbonniers de l'autre, et dix minutes ne s'étaient pas écoulées que deux cents prisonniers environ étaient aux prises avec trois ou quatre cents misérables, dont le nombre s'accroissait à chaque instant. On n'avait pour armes que des cannes et des bâtons, mais on s'en servit si bien qu'il y eut de part et d'autre des blessures nombreuses et graves, des têtes fêlées, des membres contusionnés et démis. Heureusement il n'y eut pas de morts à déplorer.

La cloche des prisonniers sonna. C'était l'ordre de nous retirer dans nos logements. Nous le fîmes en aussi bon ordre que possible, poursuivis par les huées, les pierres et les bâtons. Plusieurs d'entre nous, éloignés de leur domicile, ne purent s'y rendre à travers la horde ennemie, entrèrent où ils trouvèrent une porte ouverte et passèrent la nuit ou chez des camarades ou chez quelques bourgeois qui voulurent bien les recevoir.

Le lendemain, dès le matin, se firent des préparatifs pour le combat qu'on se proposait de livrer dans l'après-midi. Les ouvriers de la ville et les charbonniers faisaient aiguiser en pleine rue des sabres et des couteaux, et les Français, de leur côté, cherchaient à se procurer des armes. Mais un avis, rédigé par notre commissaire, et aussi sage qu'on pouvait l'attendre d'un homme mal disposé contre nous, fut affiché partout. Il disait que les prisonniers français étant sous la protection de l'autorité, ceux qui les insulteraient seraient passibles de peines correctionnelles et arrêtés. Il engageait les Français à montrer de leur côté la plus grande modération et à éviter tout sujet de dispute. En même temps on fit venir de Montmouth une compagnie de milice, qui patrouilla toute la journée et dispersa les rassemblements.

Par ces mesures le calme fut rétabli ; mais nous n'en fûmes pas moins en butte aux insultes de la canaille, et ces insultes prenaient surtout un nouveau degré d'acrimonie et de gravité pendant les dernières années de notre captivité, et à mesure que la France éprouvait des revers. Chaque fois qu'on soupçonnait des nouvelles défavorables pour nous, une troupe de vagabonds, d'hommes de la lie du peuple, allait attendre le courrier hors de la ville, s'y attelait en place des chevaux, et le journal qui apportait la sinistre annonce d'un progrès des alliés était lu à la lueur des flambeaux et aux joyeuses acclamations de la foule.

La nuit entière se passait alors en réjouissances et en

hurlements, que les Anglais appelaient des cris de joie. On nous connaissait tous par nos noms et nos grades, et la foule immonde, parcourant les rues, stationnant sous nos fenêtres, nous donnait des sérénades avec d'aigres instruments, avec des cornets à bouquin, et nous criait à haute voix, les noms des officiers-généraux qui avaient succombé dans les dernières affaires, et la marche de nos ennemis sur Paris. Il faut avoir été prisonnier, il faut avoir éprouvé pour la patrie tout l'amour, tout le dévouement qui animent un prisonnier, pour se faire une idée de la douleur dans laquelle nous plongeaient ces cruelles démonstrations.

Le lendemain, il nous était difficile de traverser les rues sans que nous fussions exposés à de nouvelles avanies, sans qu'on se plût à retourner cent fois le poignard dans une plaie qui saignait encore.

J'ai dit la solde que le gouvernement anglais accordait aux prisonniers sur parole, trente sous pour les uns, trente-six sous pour les autres. Il était impossible avec cela de vivre en Angleterre sans s'imposer les plus dures privations. Les moins malheureux étaient les officiers militaires et d'administration de la marine, à qui le gouvernement français accordait leur demi-solde. Il fallait des formalités longues et nombreuses et un laps de temps souvent considérable pour la faire arriver, mais enfin il n'y avait pas impossibilité absolue, et de temps à autre ces officiers recevaient de légères sommes, qui venaient fort à propos pour alléger la pénurie où les laissait la demi-guinée hebdomadaire que leur donnaient les Anglais. D'ailleurs, malgré les longueurs interminables qu'éprouvaient ces envois d'argent, la presque certitude qu'ils arriveraient enfin à une époque plus ou moins rapprochée, donnait à ces officiers un crédit dont ils usaient largement.

La position n'était pas la même pour tout ce qui appartenait à l'armée de terre. Le ministre de la guerre, malgré de nombreuses réclamations, n'accordait rien aux individus prisonniers de guerre qui étaient sous sa direction. Aussi le sort de ceux qui n'avaient pas des ressources personnelles était en général beaucoup plus malheureux que le nôtre, et ce n'est pas peu dire.

J'ai vu de jeunes officiers, appartenant à des familles aisées, ayant reçu une éducation distinguée, dans l'impossibilité presque absolue de faire venir de l'argent de chez eux, se réunir quatre ou cinq ensemble, s'entasser dans un réduit étroit et à peine meublé, y coucher sur la paille, et trouver encore moyen, à force de privations, d'y faire des économies sur leur solde de trente-six sous. Ils n'avaient, pour la communauté, qu'un habit, un pantalon, une paire de bottes, le tout assez propre pour être montré au-dehors, et ne faisant pas trop mauvaise figure, bien que ces vêtements fussent peut-être un peu courts et étriqués pour les uns, un peu longs et amples pour les autres. Ainsi, chacun allait se promener à son tour, tandis que les camarades gardaient le logis.

Ne croyez-pas, au reste, que tous ces prisonniers sur parole, dont je vous peins la pénurie si grande, fissent honte à la France, par leur mise et leur manière de vivre ostensible. Oh! vraiment non, s'ils se nourrissaient chez eux de pommes-de-terre et buvaient de l'eau, on ne les voyait sur les promenades qu'en habits noirs, beau linge, bottes cirées et gants. Les Anglais étaient pour une bonne part dans cette mise fashionable, de ceux qu'ils appelaient alors de véritables gentlemen, car ils leur accordaient aisément un assez grand crédit, et je m'étonne encore d'une confiance qui reposait sur de bien faibles fondements. Je ne crois pas exagérer en disant qu'à la paix, il était dû par les officiers sur parole, plus d'un million aux marchands de drap, tailleurs, bottiers, et autres fournisseurs Anglais. Des engagements furent pris, des billets furent faits; combien y en a-t-il eu de payés? je l'ignore, mais certainement ce qui reste dû constituerait encore une jolie fortune.

En consentant à ces engagements, les officiers avaient à coup-sûr l'intention d'y satisfaire, mais la plupart d'entr'eux furent dans l'impossibilité de le faire, puisqu'en rentrant en France, ils perdirent leurs grades ou leurs emplois qui étaient toute leur fortune.

Cependant, de ce côté là encore, nous ne devons rien aux Anglais. Les individus de cette nation qui étaient prisonniers à Verdun, avaient aussi contracté des dettes énormes, et partirent sans les payer. Ils sont d'autant moins pardonnables, qu'ils appartenaient presque tous à des familles opulentes. Il y a peu d'années encore que les créanciers de Verdun ont renouvelé pour être payés, des démarches qu'ils avaient déjà faites à plusieurs reprises. Les créanciers Anglais en ont fait autant pour leurs débiteurs Français. Ni les uns ni les autres n'ont été écoutés, et ils feront bien de s'en tenir là; il doit y avoir prescription. Espérons que quelque jour le solde se réglera entre les deux nations à coups de canon.

Verdun, dont je viens de parler, me rappelle une particularité que je rapporte en passant, de crainte de l'oublier.

Plusieurs officiers Anglais qui étaient prisonniers dans cette ville, écrivirent à leurs amis, que l'officier Français qui était chargé de leur surveillance, venait de mourir, et qu'ils le regrettaient vivement; nous avions lieu de craindre, disaient-ils, que celui qui lui succéderait n'eut pas pour nous les mêmes bontés. Nos craintes ne se sont point réalisées, et le nouveau gouverneur a pour nous plus de bienveillance encore que son prédécesseur. Nous ne saurions trop nous louer de la manière dont nous sommes traités de la part des officiers qui sont chargés de notre surveillance, et des habitants de la ville en général.

On eut, en Angleterre, la maladresse, ou plutôt l'impudence, d'insérer cette lettre dans plusieurs journaux. A Abergavenny, nous la fîmes imprimer à notre tour et afficher dans toute la ville, pour établir le contraste qui existait entre le traitement que nous recevions et celui des prisonniers Anglais en France. Dans plusieurs cautionnements on eut la même idée, et on en fit autant. Les Anglais répondaient à cela que les égards dont leurs compatriotes jouissaient en France, n'étaient dûs qu'à la peur que l'Angleterre inspirait à notre gouvernement. Ainsi, la jactance, la haine et l'ineptie avaient toujours le dernier mot.

A la même époque, quelques midshipmen se trouvant au spectacle à Verdun, y firent du tapage, furent arrêtés par la police et mis en prison, tout comme l'auraient été des Français, coupables des mêmes contraventions. Notez que ces messieurs allaient au spectacle, et que nous ne pouvions nous montrer dans les rues, après le coucher du soleil, sans nous exposer à payer un demi-guinée, et en cas de récidive à aller au ponton.

La chose ne fut pas plutôt connue en Angleterre, que tous les aspirants qui se trouvaient dans les divers cautionnements furent saisis et conduits sous escorte dans diverses prisons, où ils restèrent fort longtemps, jusqu'à ce que raisons fussent entendues, et que les midshipmen ou aspirants Anglais eussent obtenu leur mise en liberté. Une chose aussi simple exigea un nombreux échange de lettres et de notes entre les ministres des deux gouvernements.

Nous ne pouvions pas sortir, ai-je dit, sans nous exposer à payer une demi-guinée ; peu casanier de ma nature, j'ai eu plus d'une fois à souffrir de cette disposition. Un soir entr'autres, nous étions deux camarades et moi, dans une salle reculée d'un café, à noyer notre ennui dans un bowl de punch, en compagnie de trois officiers Anglais. Dix heures sonnèrent sans que nous eussions songé que la cloche qui nous avertissait de rentrer chez nous, s'était fait entendre depuis longtemps, et il n'était plus temps de parer aux inconvénients qui menaçaient notre présence dans les rues à pareille heure. On vint charitablement nous avertir que plusieurs ouvriers attendaient notre sortie pour nous arrêter. Nous nous décidions à passer la nuit au café, si on voulait le souffrir, quand les trois officiers Anglais nous rassurèrent et nous promirent de nous accompagner, et de ne pas permettre qu'on nous molestât d'aucune manière.

Nous sortîmes, en effet, chacun sous le bras d'un officier Anglais, mais cette sauve-garde ne nous servit de rien. Les misérables qui nous attendaient nous connaissaient personnellement, et n'avaient pas besoin de nous arrêter pour gagner leur demi-guinée. Ils allèrent, le lendemain, jurer devant le commissaire qu'ils nous avaient vus dans la rue à dix heures du soir, et nous en fûmes pour notre semaine de solde. Le serment, en Angleterre, suffisait alors pour cela, comme il suffit encore pour des choses bien plus importantes.

Il faut remarquer que le premier qui jure sur l'évangile est le seul dont la déposition soit admise. Tous les serments du monde que pourrait prêter ensuite la partie adverse sont regardés comme non avenus. Il en était du moins ainsi pour nous, et plusieurs de nos camarades ont été victimes de cette foi exclusive donnée au premier serment prêté. Si un manant avait besoin d'une demi-guinée, il lui suffisait pour se la procurer d'aller jurer devant le commissaire qu'il avait vu tel ou tel Français soit hors des limites, soit dans les rues, après qu'on avait sonné la cloche. Il recevait à l'instant sa prime de parjure, aux dépens du pauvre prisonnier.

On pouvait se consoler de la perte d'une demi-guinée, bien qu'il en résultât souvent de rudes privations pour celui qui en était victime. Mais la religion du serment avait quelquefois des inconvénients plus graves ; on en peut juger par le fait suivant :

Une servante de cabaret, espèce de Maritorne de quarante à cinquante ans, contrefaite, laide et mal propre, devint enceinte on ne sait comment, ni par le fait de quel goujat. Elle alla effrontément déclarer devant un magistrat qu'un de nos camarades, nommé Bourgon, était le père de la créature qu'elle portait, et jura tant qu'on voulut. Bourgon était un officier de cavalerie, sortant des pages de l'empereur, tout jeune, fort joli garçon, fort aimable, et appartenant à une famille opulente. Appelé devant le magistrat, il fut sommé d'épouser la Maritorne, ou de lui payer une assez forte somme, ou enfin d'aller en prison. Le dernier était pour lui le moins désagréable et le moins difficile dans le moment ; il alla donc en prison.

Une fois par semaine le magistrat allait le voir et lui renouvelait l'invitation d'épouser ou de payer. A cela Bourgon répondait toujours que pour remplir la dernière condition il n'avait pas d'argent, que quant à l'autre il préférait rester en prison toute sa vie.

Cependant il commença à s'ennuyer de la prison quand il y eut passé six mois, sans que l'homme de la justice et la servante renonçassent en rien à leurs prétentions. Il reçut de l'argent de chez lui, marchanda, et finit par donner cinquante livres sterling, environ douze cents francs.

Je dois ajouter que de pareilles infamies n'étaient pas fréquentes, et n'ont été commises que par la boue de la populace anglaise, boue qui est là plus intense et plus hideuse qu'en aucun pays du monde.

Ce qu'on vient de lire n'étonnera pas ceux qui connaissent le fait suivant, étranger à mon récit, mais que je rapporte parce qu'il corrobore ce que j'ai dit relativement à l'importance du serment en Angleterre.

Une malheureuse dans le genre de celle dont je viens d'esquisser le portrait alla se plaindre à un juge d'avoir été séduite par un jeune homme. Voilà l'évangile, dit le magistrat, nommez votre séducteur, et jurez que c'est de lui que vous avez à vous plaindre. Il sera condamné à vous épouser ou à vous payer une forte indemnité, selon les prescriptions de la loi. Eh bien! je jure sur l'évangile, répondit la misérable, que c'est vous, monsieur, qui êtes le père de l'enfant dont j'accoucherai bientôt, épousez-moi. Or, le juge avait soixante-quinze ans, et n'était pas riche. Il fut donc obligé d'épouser. C'est ainsi, comme il l'avait dit, que le veulent en Angleterre la loi et la religion du serment.

Notre vie eût été par trop monotone s'il ne se fût présenté assez fréquemment des incidents tantôt tragiques, tantôt bizarres, qui venaient en rompre l'uniformité. Quelquefois nous n'en étions que simples spectateurs, plus souvent nous en étions victimes. Je vais en choisir quelques-uns, parmi ceux qui se rapportent plus particulièrement à notre position, ou qui contribuent à donner une idée exacte du caractère de nos ennemis et de la nature de nos rapports avec eux.

La *press gang* fit un jour une expédition à Abergavenny. C'est une troupe de soldats commandée par un officier, qui arrive à l'improviste dans une ville, cerne les rues, les parcourt, et saisit indistinctement, pour le service de la marine, tout ce qui se rencontre sous ses pas. Ouvriers et bourgeois, pauvres et riches, enfants et vieillards, tout, sans qu'on écoute un seul mot de réclamation, est traîné dans un port, à bord du vaisseau qu'on se propose d'armer par ce mode de recrutement expéditif. Là, on fait un choix ; les individus appartenant aux classes aisées, les hommes incapables de servir, soit par vieillesse, soit par des infirmités, sont renvoyés ; tout le reste devient marin, quels que soient les antécédents, les goûts et les habitudes. Et c'est avec de tels matelots que les Anglais nous ont battus, toutes les fois qu'ils ont été trois vaisseaux contre un.

Dans l'expédition dont je parle, parmi une foule d'Anglais de tout âge et de toutes conditions, on ramassa un jeune Français, de dix-sept ans, fils du chef de bataillon de Vaxoncourt, et prisonnier sur parole avec son père à Abargavenny. Il fut conduit à bord d'un vaisseau qui devait appareiller quelques jours après pour l'Inde, et gardé comme de bonne prise. Vainement il fit connaître sa qualité de Français et de prisonnier, vainement le père s'empressa d'écrire au Transport-Office, de faire les plus vives réclamations, rien ne fut écouté, le vaisseau partit, et la paix de 1814 eut lieu, sans que M. de Vaxoncourt eût reçu aucune nouvelle de son fils. J'ignore quel a été son sort ultérieur, tout ce que je sais, c'est qu'il courait la chance d'être fusillé, si par hasard, après un combat, le bâtiment où ce guet-à-pens l'avait jeté, eût été pris par un vaisseau français. Après avoir vu des traits semblables, on s'étonne que la langue anglaise ait des expressions qui répondent à notre mot loyauté.

Dans quelques cautionnements on a joué la comédie, le drame et le vaudeville, où les Anglais tenaient à grand plaisir d'être invités. A Abergavenny nous avions chaque lundi un concert vocal et instrumental, donné par des amateurs prisonniers de guerre, où les Français n'étaient admis qu'en payant une légère rétribution pour le loyer de la salle et le luminaire, mais où les gentlemen et les ladies du pays avaient accès par une carte d'invitation qu'on leur transmettait, et dont la faveur était vivement sollicitée. Ces auditeurs applaudissaient de toutes leurs forces les exécutants, ne pouvaient assez louer l'exquise politesse et les talents des Français, et plus d'une fois, en sortant de ces réunions, qui finissaient toujours à une heure avancée de la soirée, amateurs et spectateurs français étaient arrêtés à la porte par des vagabonds qui avaient besoin d'une demi guinée.

Les Anglais, sur ce point, n'étaient pas en reste avec

nous. Si nous leur donnions quelquefois le spectacle, ils nous le rendaient bien par l'exhibition de leurs mœurs barbares et de quelques coutumes ignobles et dégradantes. Ainsi, j'ai eu le plaisir, pendant les premiers mois de mon séjour à Abergavenny, de voir, en plein marché, la vente d'une femme.

Le mari était un fermier nommé Nostrils. Il conduisait en même temps au marché, une vache, deux cochons et sa femme, qui, seule parmi le reste du bétail, chassé devant avec une houssine, avait la corde au cou et était tenue en lesse. Aux barrières de l'octroi, Nostrils paya pour sa femme, le même droit d'entrée que pour sa vache. Au marché, il attacha ses quatre bêtes à un poteau, et commença par annoncer à haute voix la vente de la femme.

Bientôt des cris, des huées couvrirent cette voix. Mais ils cessèrent quand se présenta un acheteur qui mit l'enchère à six pences (douze sous). Elle augmenta graduellement, et cependant le premier enchérisseur finit par rester maître de la marchandise, pour trente-six sous, tout juste la journée de solde d'un officier français prisonnier de guerre; plus un gallon de bière qui devait être consommé entre le vendeur, l'acheteur et la femme vendue.

Le marché terminé et le prix remis, le mari détacha la corde du poteau, en donna le bout à l'acheteur qui, pendant deux fois et à pas lents, fit faire le tour de la place à sa nouvelle acquisition, au milieu des huées, des lazzis et des quolibets de la foule; puis on alla au plus proche cabaret, consommer le gallon de bière, et on se quitta, de part et d'autre, comme si de rien n'était, et les meilleurs amis du monde.

La femme vendue avait environ vingt-quatre à vingt-cinq ans et était une brune fort piquante, ce qui est très-rare en Angleterre. J'ignore les raisons qu'avait eues Nostrils pour prendre cette détermination, mais je sais que la volonté, la satiété et le caprice d'un mari suffisent pour motiver cette odieuse exhibition.

La vente n'est, au surplus, qu'une circonstance de pure forme, pour ajouter à la honte et à l'avilissement de la femme, ainsi qu'à la turpitude du mari, et sans doute aussi, pour attester le dévergondage et la dépravation des mœurs anglaises. Presque toujours le marché est conclu, la vente est faite d'avance et tout est convenu entre le vendeur et l'acheteur, mais le contrat ne serait pas valable s'il n'était revêtu des délicates formalités qu'on vient de lire. Ces ventes sont qualifiées du nom de *horns market*, marché aux cornes.

Quelquefois des magistrats ont voulu s'y opposer, mais le peuple s'est ameuté pour maintenir un usage qui a reçu force de loi, et qu'il regarde comme une de ses franchises.

Le serment qu'on nous faisait prêter ou que nous étions censés avoir prêté, était-il bien obligatoire, et ne pouvait-on le violer sans forfaire à l'honneur ? Je ne le pense pas, car il était pour ainsi dire conditionnel et devenait nul dès l'instant que les fonctionnaires qui l'exigeaient, loin de nous faire respecter comme ils le devaient, nous laissaient en butte aux outrages de la plus vile populace. La plupart des prisonniers sur parole pensaient comme moi à cet égard, et dans tous les cautionnements comme sur tous les pontons, il y avait de nombreuses tentatives d'évasion qui, pour être un peu moins pénibles que celles dont j'ai parlé, présentaient une foule de chances et ne réussissaient que très-rarement. Elles ne s'effectuaient d'ailleurs jamais que par deux moyens.

Des *smugglers* (contrebandiers), avaient fondé une spéculation sur le transport en France des officiers prisonniers de guerre. Ils se rendaient avec précaution dans les cautionnements, déguisés en colporteurs ou de toute autre manière, cherchaient à entrer en conversation avec les Français, les sondaient, et pour peu qu'ils trouvassent des dispositions favorables à leurs vues, abordaient directement la question. Celui avec qui ils étaient entrés en pourparler faisait le marché pour lui et plusieurs camarades, car un seul n'aurait pas offert assez de bénéfice à ceux qui couraient cette entreprise.

Quand tout était convenu, les smugglers s'éloignaient, pour revenir avec une voiture dans la soirée, au jour à l'heure indiquée, à un lieu désigné d'avance, hors la ville, et où les déserteurs allaient les rejoindre. On se rendait de là, en évitant autant que possible les routes trop fréquentées, à la côte, où une barque montée par d'autres contrebandiers, attendait la caravane. Si la distance était considérable et qu'il fallût plusieurs jours pour la franchir, on s'arrêtait pour prendre les repas et se reposer, dans de chétives auberges, isolées et presque toujours tenues par des affidés.

Comme les Anglais voyagent sans passeports, il fallait que le hasard, une étourderie ou une trahison, fissent reconnaître les fugitifs comme Français, pour qu'ils fussent arrêtés avant d'arriver au lieu d'embarquement. Dans ce cas et dans celui où ils étaient pris en mer par un bâtiment anglais, ils allaient au ponton, et les smugglers étaient condamnés pour vingt ans à la déportation.

Si le voyage s'effectuait heureusement, le gouvernement français payait aux smugglers, pour chaque individu ainsi délivré, la somme de quinze cents francs, à retenir, chaque mois, par cinquième, sur la solde de l'officier. C'était un commerce assez avantageux, mais on a vu qu'il n'était pas sans difficultés et que tout n'était pas roses dans le métier de smugglers.

Les Français qui s'abandonnaient à la foi des smugglers, tous gens de sac et de corde, avaient de leur côté, pour aller au ponton, d'autres chances que celles dont je viens de parler. Le gouvernement anglais se donnait quelquefois le passe-temps d'envoyer aux cautionnements de faux smugglers, agents provocateurs, qui promettaient merveilles, prétendaient avoir pour arriver en France, des moyens sûrs, infaillibles et prompts, et quand on s'était fié à leurs promesses, ils venaient vous prendre en voiture, et à un quart de lieue de la route tombaient, comme par accident, au milieu d'un détachement qui attendait là, apposté pour cette expédition. Les Français prenaient la route du ponton et les faux contrebandiers qu'on faisait semblant d'arrêter aussi, mis en liberté un instant après, recevaient le prix de ce loyal service, et allaient au cabaret le plus voisin s'enivrer à la santé des prisonniers.

Bien que les smugglers comptassent sur les quinze cents francs que le gouvernement impérial leur donnait pour chaque officier, il fallait, en partant, leur faire une avance de cent cinquante à deux cents francs, au moins. Cette somme était indispensable pour les frais du voyage, qui pouvait quelquefois éprouver des contrariétés et du retard, surtout au moment de l'embarquement, par suite du mauvais temps, des vents contraires, ou de l'apparition au large de quelque bâtiment de guerre anglais.

Si l'on avait eu à faire à de faux smugglers, la somme qu'on leur avait avancée, ajoutée à la prime donnée par le gouvernement Anglais, était pour eux un surcroît de bénéfice, et les prisonniers se seraient fait moquer d'eux, si l'idée avait pu leur venir d'en demander le remboursement. Je dois ajouter, à la louange des prisonniers, que jamais aucune dénonciation de smugglers n'a été faite par eux, bien que, comme on vient de le voir, ils fussent souvent exposés à de lâches trahisons.

Peu de désertions, au surplus, se sont effectuées de cette manière, soit par suite des dangers que couraient les contrebandiers, soit par la difficulté qu'ils éprouvaient à se mettre en rapport avec les Français, soit enfin, et c'était là le principal obstacle, la péurie où ces derniers se trouvaient presque toujours.

Le second moyen d'évasion, quoique plus ordinaire, était bien plus pénible et beaucoup moins sûr. Quelques officiers partaient ensemble du cautionnement où ils étaient détenus; et ne marchant que la nuit, se dirigeaient vers les côtes. Ce voyage qui, dans des circonstances ordinaires, eut souvent demandé plusieurs journées, ne pouvait être que beaucoup plus long, pour des hommes qui devaient s'entourer de précautions, éviter les grandes routes, et qui ordinairement, ne connaissant pas les localités, se dirigeaient au hasard et s'éloignaient souvent à leur insu du but de leur course aventureuse. Il était indispensable qu'ils parlassent l'anglais avec facilité, bien qu'ils dussent éviter avec soin, toute communication, tout entretien avec les habitants. A cet effet, ils avaient dû se munir en partant de quelques provisions qui n'étaient jamais bien considérables, et dont l'insuffisance les exposait à de cruelles privations. Obligés, pendant le jour, de se cacher comme ils pouvaient dans les champs, ils s'exposaient à être reconnus et arrêtés, s'ils se hasardaient à entrer dans une auberge. Pour voyager ostensiblement, il fallait beaucoup de hardiesse, parler la langue du pays, de manière à être pris pour Anglais, ne pas marchander dans les auberges, agir grandement, et par conséquent être muni d'une assez bonne somme. Ceux qui étaient favorisés par cette dernière circonstance qui n'existait pas souvent, préféraient la voie des smugglers.

Arrivés au bord de la mer, sur un point qu'ils ne

connaissaient pas, nos aventuriers étaient presque toujours obligés de le longer pendant un long espace de temps, pour trouver une embarcation quelconque et s'en emparer, ce qui ne pouvait avoir lieu que dans le voisinage d'un lieu habité, et les mettait par conséquent encore dans la nécessité de n'agir que la nuit, de s'entourer plus que jamais de mystère et de précautions.

Si l'on était parti du nord de l'Angleterre, de la principauté de Galles, par exemple, on arrivait ou sur les côtes de la mer d'Irlande, ou sur celles de la mer du nord, car il eut été trop long et trop périlleux de se diriger vers la Manche. Dans ce cas, on n'avait fait encore que la partie la plus aisée de l'entreprise. La longue traversée qui restait à faire en mer, dans une embarcation non pontée, et souvent comme celle où nous avons vu Mervin, dépourvue de mats et de voiles, présentait des dangers de toute espèce. Souvent on n'avait ni le temps, ni la facilité d'embarquer de l'eau et des vivres, et on se livrait ainsi aux chances du hasard et à la merci des vents et des flots.

Le nombre des évasions qui ont été ainsi entreprises est infini, ainsi que celui des malheureux prisonniers qui se sont noyés ou qui ont été repris, soit en mer, soit avant l'embarquement. N'oublions pas d'ajouter que quelques-uns ont été égorgés par des paysans Anglais pendant le voyage.

CHAPITRE IV.

Désertion par les Smugglers — Début malheureux. — Trahison. — Arrestation. — Condamnation des Smugglers. — Généreuse conduite des Officiers Français. — Désertion par les moyens ordinaires. — Incidents divers.

> L'histoire d'Angleterre devrait être écrite avec du sang et par la main du bourreau,
> MIRABEAU.

Il me reste maintenant, comme je l'ai fait pour les prisonniers du ponton, à mettre en scène les acteurs du drame dont je viens d'indiquer les principales péripéties, et pour celà, je vais raconter les incidents de deux tentatives d'évasion. Témoin de la première, je jouai dans la seconde, un rôle actif, et dont je n'eus pas à me féliciter.

Il vint un jour à Abergavenny, une ménagerie ambulante, conduite par trois hommes qui avaient toute la mine et le costume de leur métier. Figure rébarbative comme celle d'un vieux lion édenté qu'ils montraient, casaque à long poils, comme la fourrure des deux ours qu'ils faisaient danser. Tandis qu'un des trois associés donnait des explications aux badauds et faisait un cours d'histoire naturelle, les deux autres, mêlés à la foule, recueillaient la rétribution, parlant à tous, et s'adressant de préférence aux Français qui, chaque jour, étaient là en grand nombre, parce que le spectacle n'était pas cher. Ils firent si bien, que l'on comprit ce qu'ils étaient et ce qu'ils voulaient, c'étaient des smugglers qui venaient voir s'il y avait là quelques officiers Français disposés à courir les chances d'une évasion, et il y en avait toujours ; ce n'était que l'occasion qui manquait.

Quelques demi-mots, quelques signes suffirent pour indiquer un rendez-vous dans un cabaret assez écarté de la ville, entre deux officiers de marine et les contrebandiers. En vidant quelques pots de bière, le marché fut conclu, et toutes les clauses en parurent tellement avantageuses aux Français, tellement accompagnées de toutes les probabilités de succès, qu'ils consentirent à tout. Seulement les smugglers exigèrent que les déserteurs fussent au moins au nombre de six, et en effet, ils ne pouvaient s'exposer aux chances qu'ils allaient courir, sans compter sur un bénéfice que ne leur eut point offert un nombre moins considérable.

Les smugglers partirent avec leurs bêtes, et les deux

officiers se mirent à chercher quatre camarades disposés à courir les dangers de l'entreprise et munis de la somme suffisante pour les premiers frais. La chose fut bientôt faite, mais malheureusement, parmi les quatre individus à qui ils firent cette confidence, ils s'adressèrent à un nommé Maggiori, Napolitain, officier de santé dans l'armée française, et qui avait été fait prisonnier de guerre en Espagne. On verra bientôt ce que leur coûta cette aveugle confiance.

A huit jours de là, ainsi qu'on en était convenu, une voiture attendait les six déserteurs dans un chemin détourné, à un mille d'Abergavenny. Ils y trouvèrent un des smugglers qui s'était chargé de les conduire à New-Port où étaient déjà ses associés, avec une forte chaloupe pontée, abondamment approvisionnée. C'était le moment où la cloche des prisonniers allait sonner. De nombreux cautionnés se promenaient sur la route et dans la campagne. Ils virent les fugitifs monter en voiture et s'éloigner au trot de deux bons chevaux. Mais il n'y avait pas d'indiscrétion à craindre de leur part, et je crois pouvoir affirmer que, pendant tout le temps de la guerre, il ne s'est pas trouvé un seul dénonciateur parmi tous les prisonniers Français sur parole.

On n'avait fait encore que quelques lieues, et la nuit était déjà venue bien sombre, quand un incident de sinistre présage vint suspendre le voyage et tout compromettre. Le smuggler, plus habitué sans doute à diriger une embarcation qu'une voiture, versa la sienne dans un fossé, cassa une roue et estropia un des chevaux. Les prisonniers sortirent comme d'une trappe par la portière qui était restée en dessus. Ils étaient heureusement sains et saufs, hors un seul qui s'était démis le poignet droit et étouffait à grand peine les gémissements que lui arrachait la douleur.

On s'écarta, à quelque distance dans un champ, et l'on tint conseil sur ce qu'il y avait à faire. Trois, au nombre desquels était l'Italien, voulaient retourner à Abergavenny, au risque d'être surpris hors des limites, ce qui ne les exposait qu'à l'amende d'une demi-guinée. Les autres tenaient ferme pour continuer le voyage, dut-on aller à pied sous la conduite du smuggler, en évitant les grandes routes et les lieux habités. Le smuggler, dont l'autorité, en pareille circonstance, ne pouvait être méconnue, insista fortement pour ce dernier parti, et décida la question.

En conséquence, on s'éloigna encore de la route, on trouva au bord d'un ruisseau, un bosquet de saules et de peupliers où les prisonniers se tapirent. Le smuggler retourna à la voiture, en rapporta quelques provisions, qu'il remit à ses clients, en leur recommandant beaucoup de patience et beaucoup de prudence; il leur dit, que probablement il ne pourrait venir les reprendre que le lendemain dans la soirée, et partit pour aviser aux moyens de faire réparer sa voiture et de remplacer son cheval hors de service.

Il tint parole, et le lendemain il reparut, fort avant dans la nuit, quand déjà les prisonniers se croyaient abandonnés, et commençaient à perdre la patience qu'il leur avait tant recommandée. Ils avaient passé environ trente heures sans oser sortir du bosquet qui leur servait d'asile, couchés sur un sol humide, et occupés à calmer les douleurs du blessé qui souffrait horriblement, bien qu'on eut enveloppé son poignet de compresses imbibées de rhum. Ils avaient aussi à répondre à la mauvaise humeur de Maggiori, qui se répentait de s'être mis dans cette entreprise, maudissait celui qui l'y avait engagé, et persistait à vouloir retourner seul à Abergavenny. On fut obligé d'user de violence pour l'en empêcher.

On se remit en route au milieu des ténèbres, et l'on put s'apercevoir que le conducteur, obligé de prendre souvent des chemins de traverse, ne connaissait qu'imparfaitement la direction qu'il avait à suivre. Sans s'arrêter, on prenait de légers repas dans la voiture, à l'aide des provisions dont cet homme s'était pourvu, et tant de contrariétés, tant de retards, commençaient à faire craindre que cet individu fut un agent du gouvernement, conduisant les fugitifs, non aux côtes de France, comme il l'avait promis, mais à un dépôt de prisonniers. Ces craintes ne se réalisèrent pas, et nos camarades eurent à rencontrer d'autres dangers que ceux qu'ils redoutaient de la perfidie d'un Anglais.

Le smuggler, en effet, après un voyage qui ne fut pas trop long, mais qui le parut aux prisonniers, arrêta sa voiture à la porte d'une chétive maison, isolée sur la plage, à quelque distance de New-Port. Il frappa d'une manière particulière, une vieille femme vint ouvrir, et les prisonniers entrèrent, sur l'invitation de leur conducteur. On les attendait, car ils trouvèrent une table proprement et abondamment servie, et d'assez bons lits, dont ils avaient grand besoin, après un voyage fatigant, des nuits sans sommeil, des repas pris, comme on dit sur le pouce, et les inquiétudes qui les avaient poursuivis.

Le smuggler les quitta, et revint une heure après leur dire que tout était prêt pour le départ, mais qu'un vent contraire, un temps affreux et une grosse mer ne permettaient pas de prendre le large. Il calma leur impatience, les rassura, leur recommanda de ne pas se montrer au-dehors, et promit de venir les prendre pour les débarquer en France, aussitôt qu'il serait possible de mettre en mer.

Il revint le lendemain matin, et le temps étant plus mauvais et plus contraire encore que la veille, il dut se borner à renouveler les mêmes recommandations et les mêmes promesses. Il fallut donc se résigner et attendre encore. Mais ce troisième jour, la taciturnité de Maggiori, la mauvaise humeur qu'il n'avait cessé de montrer depuis le premier échec qu'on avait éprouvé, prirent un caractère d'hostilité manifeste, contre lequel ses camarades se déclarèrent avec force. Il voulut absolument aller se promener au-dehors, et il sortit, malgré toutes les instances, toutes les admonitions qu'on lui fit.

La journée se passa sans qu'on vit reparaître ni le smuggler, ni Maggiori, et le soir, quand on attendait depuis longtemps l'un et l'autre dans les transes, des coups violents, et qui semblaient annoncer une catastrophe, ébranlèrent la porte. On entendit en même temps une rumeur de voix confuses, et le bruit de crosses de fusils qui tombaient pesamment sur les dalles de la petite cour.

Après un moment d'indécision, la vieille ouvrit, car elle comprit que c'était ce qu'elle avait de mieux à faire, de quoi il était question, et que la porte eut été bientôt enfoncée en cas de refus. Aussitôt entrèrent dans la salle une vingtaine de soldats et un officier que précédait Maggiori, et au milieu desquels étaient les trois smugglers que nous avons vus à Abergavenny avec un ours et un lion, et un quatrième individu que les prisonniers ne connaissaient pas. Les pauvres fugitifs furent saisis et enfermés provisoirement à la prison civile de New-Port d'où on les transféra le lendemain, sous bonne escorte, et par une assez longue traversée, qui sur un ponton, qui dans un dépôt, mais tous les cinq séparément. On voulait ainsi les empêcher de se concerter pour le témoignage qu'ils auraient à rendre plus tard, dans l'accusation portée contre les smugglers.

Trois ou quatre mois après ils se revirent sans pouvoir se parler, aux assises d'Exeter, où de leurs différents lieux de détention, des soldats les avaient conduits, pour témoigner dans l'affaire des malheureux qui avaient favorisé leur évasion. Depuis le jour où on les avait séparés, ils n'avaient pu communiquer ensemble, et cependant leurs réponses devant le jury furent identiques, non-seulement pour la pensée, mais presque pour l'expression. Ils déclarèrent tous qu'ils avaient déserté seuls, qu'ils n'avaient été aidés par personne, qu'ils voyaient pour la première fois les individus qu'on leur présentait, et que, quant à la vieille femme qui était aussi en jugement, ils s'étaient réfugiés dans sa maison, ne pouvant, à cause du mauvais temps, enlever une embarcation, et l'avaient forcée à leur donner asile.

Cette noble et généreuse unanimité de sentiments ne sauva pas les smugglers : l'infâme Maggiori était là aussi comme témoin, et sa déposition fut la seule admise et valable aux yeux du jury. Il raconta tous les détails de la désertion, depuis le départ d'Abergavenny jusqu'au moment où le misérable, laissant ses camarades, était allé à New-Port, les dénoncer à un agent de l'autorité.

Il portait alors une cocarde anglaise, ayant obtenu, pour prix de son infâmie, du service comme officier de santé dans un régiment d'infanterie qui allait partir pour l'Espagne. En présence de la cour, du jury et du public, ses anciens camarades lui jetèrent quelques paroles d'indignation et de mépris qui ne pénétrèrent pas sans doute dans son âme de boue, mais dont on apprécia la justesse et la valeur, puisqu'elles ne furent ni arrêtées ni censurées par le président.

Les smugglers furent condamnés à vingt ans de déportation à Botany-Bay, la vieille femme en eut pour six ans de prison, et fut réduite à la mendicité, par la confiscation de la maison qui était tout son avoir. Les prisonniers retournèrent à leurs pontons, mais la tête haute et la conscience nette, et plus estimés, sans doute, des militaires qui les conduisaient, des juges et du public, que le malheureux qui les avait vendus.

Le lecteur éprouverait une impression défavorable, si je lui laissais la pensée que Maggiori put être heureux après sa trahison. Il faut le détromper, et pour celà, je dois faire une courte digression.

Les Anglais, dont les ressources en hommes et en argent, étaient alors épuisées par la guerre d'Espagne, par la lutte qu'ils soutenaient contre la France, cherchaient à se procurer des auxiliaires parmi les prisonniers. Ils en trouvaient chez les individus appartenant aux nations qui, naguère, combattant sous nos aigles, étaient devenues nos ennemies, depuis que le sort, les éléments et la trahison s'étaient coalisés contre nous. Des agents Anglais se rendaient fréquemment sur les pontons et dans les prisons, et cherchaient à recruter parmi les Italiens, les Belges, les Bavarois et les autres étrangers qui avaient appartenu à l'armée française. De nombreux soldats se rendaient facilement à cet appel, et l'on vient de voir que, parmi ceux qui avaient le rang d'officier, chez qui la voix de l'honneur aurait dû parler plus haut, il y avait quelquefois des hommes allant au-devant des offres sans les attendre, et donnant à leurs nouveaux maîtres une lâche trahison pour garantie de fidélité.

Ces transfuges avaient tôt ou tard à se repentir d'avoir acheté la liberté en abandonnant la cause de la France. Les Anglais qui livrent à la misère les soldats de leur nation, quand la vieillesse ou des membres perdus à la guerre les mettent hors de service, les Anglais coupables de cette froide indifférence pour des compatriotes, montrent une cruauté révoltante pour les militaires étrangers dont ils se procurent le secours temporaire. Je crois, à cet égard, devoir emprunter encore quelques mots au général Pillet. Il a vu ce que j'ai vu, il en a conçu la même indignation, il a écrit dans le même but, avec les mêmes intentions que moi ; pourquoi chercherais-je d'autres termes pour peindre les mêmes faits et exprimer les mêmes sensations ?

« Aucune récompense honorable, dit le brave général, aucune consolation n'attend le soldat anglais à la fin de sa carrière ; celle-ci n'a d'autre terme que l'impuissance absolue de servir : vieux, un brevet de mendiant est tout ce qu'on lui accorde. Un hôpital militaire, connu sous le nom de *Chelsea hospital*, qui peut contenir environ douze cents hommes, sert d'asile à ce nombre d'estropiés favorisés ; mais, le surplus de cette classe jouit d'une très médiocre pension et mendie. Le vieux soldat se prête d'autant plus volontiers à cette abjection, que toute sa vie militaire a été un état d'avilissement perpétuel.

« La conduite du gouvernement envers les soldats étrangers qu'il a enrôlés ou séduits, est plus cruelle encore ; lorsqu'ils sont estropiés, hors d'état de servir, on les embarque, on les jette nus, sans secours, sur une plage du continent, à la merci des flots, au moment de la marée montante ou descendante. Il est arrivé à quelques-uns de ces malheureux, nantis d'un peu d'argent, de se voir dépouillés par les officiers même de la marine, au moment où ils les vomissaient sur la côte. Beaucoup ont péri sur les côtes de Hollande; ils ont été gagnés par la marée et submergés *. Lors de l'expédition de Flessingue, on enrôla tout ce qu'on put trouver de Flamands dans les dépôts des prisonniers de guerre; plusieurs de ces malheureux, mutilés dans l'expédition, amputés, furent rejetés dans les pontons pour toute récompense, à leur retour en Angleterre !!

« Il y avait dans la rade du château trois prisonniers de cette espèce, un Flamand, un Lorrain et un Suisse; ce dernier était du quatrième régiment, en garnison à Elvas, lors de la convention de Cintra; les Anglais enrôlèrent plus de cent cinquante hommes de ce régiment; le soldat suisse dont il est ici question, fut placé dans le régiment des Marines, fit avec eux trois campagnes; et lorsqu'il fut mis, *par ses blessures*, hors d'état de servir, on le jeta au ponton le *Canada*. Ce Suisse se nomme Louis Ferendich, du canton de Lucerne. Lorsqu'il fut enterré dans le ponton, on lui devait deux ans de solde; mais les marins et les matelots n'étant payés qu'au débarquement, le malheureux n'a jamais touché un sou de cette solde.

« Louis Loup, des environs de Bruges, faisait partie de la garnison de Saint-Domingue; il a été enrôlé à

---

* Cet usage de jeter ainsi sur la côte tous les vieux soldats qui ne sont pas nés sujets anglais, qui sont *usés* ou mutilés, a été publié dans tous les papiers-nouvelles. Des bateaux hollandais ont sauvé beaucoup de ces infortunés au moment où les flots allaient les engloutir.

Norman Cross ; conduit à Flessingue, il y a perdu un bras ; au retour de l'expédition, il a été rejeté dans les pontons ; on ne l'a même pas renvoyé avec la capitulation. On attribue la cause de cette dernière injustice à la crainte où était le gouvernement que cet infortuné n'allât publier l'horrible traitement dont il était victime.

« Joseph Tiffer, de la Lorraine, appartenant au quatorzième léger, fait prisonnier en Calabre, enrôlé dans la légion allemande, où il a servi cinq ans, blessé grièvement, a été jeté au ponton le *Samson*. Je ne parle que de ces trois hommes, parce qu'ils ont été avec moi à Chatam, mais j'affirme qu'il y en a une quantité prodigieuse qui ont subi le même sort à Plymouth et à Portsmouth, après avoir été mutilés en Espagne. » [5]

Je n'avais pas passé six mois à Abergavenny que le séjour m'en devint insupportable. En vain je voulais m'étourdir, en vain je cherchais des distractions, la pensée de la France était toujours là qui me poursuivait, qui m'accompagnait dans mes promenades, dans mes repas, dans mon sommeil. Une lente et sombre nostalgie me dévorait, et j'eusse préféré des périls à la triste et monotone existence du cautionnement.

J'aurais sans doute succombé sous cette atonie, si un évènement fortuit ne fut venu me secouer, et donner un autre cours à mes sensations et à mon existence. Le sort voulut que je fusse témoin d'un duel. Le duel est sévèrement interdit en Angleterre, et les lois punissent de mort, non-seulement celui des deux antagonistes qui blesse ou tue son adversaire, mais encore les spectateurs. Si les dispositions pénales sont d'une aussi grande sévérité pour les régnicoles, quelle ne devait pas être la rigueur de leur exécution pour nous qui, soumis aux lois du pays, étions de plus sensés ne pouvoir toucher aucune arme.

Cependant le désœuvrement, le contact perpétuel entre des individus, jeunes pour la plupart, et appartenant à des corps différents, plus que tout cela encore, le mécontentement, l'aigreur qui résultaient de notre triste position, des injures que nous recevions de la part des Anglais, débordaient les caractères les plus heureux, s'en prenaient aux camarades comme aux ennemis et occasionnaient de fréquentes disputes. Aussi, nonobstant les sévères prescriptions de la loi, des affaires d'honneur avaient lieu assez fréquemment, et deux épées et une paire de pistolets qu'avaient conservés un des nôtres et qui composaient tout notre arsenal, étaient souvent mis en usage. Il est arrivé plus d'une fois aussi, que pour une dispute grave, et ne voulant pas s'exposer aux dangers d'une condamnation, des officiers ont signé et ont fait signer à des témoins, des conventions par lesquelles ils s'engageaient mutuellement à se battre aussitôt leur arrivée en France, dans un lieu et au jour désigné où ils se rendraient aussitôt leur débarquement. Je ne pense pas que beaucoup de ces promesses aient reçu leur exécution. Les évènements politiques, quand nous rentrâmes en France, ébranlaient trop fortement les esprits, avaient un intérêt trop général et trop majeur, et surtout excitaient trop de haine et d'indignation contre les auteurs de tant de maux, pour laisser place à des idées de vengeance particulière.

Le duel auquel j'assistai comme témoin, sans avoir de bien graves motifs, n'en eut pas moins de funestes conséquences. L'un des deux adversaires est mort à Marseille depuis quelques années. C'était de Croze, enseigne de vaisseau. L'autre, alors aspirant de première classe, existe encore, et je crois devoir ne pas le nommer. Placés à cinquante pas de distance, ils devaient marcher l'un sur l'autre et faire feu à volonté. A peine avions-nous donné le signal convenu, que l'adversaire de de Croze lâcha son coup et manqua. L'autre l'attendit à six pas et l'atteignit entre les deux sourcils. Le malheureux tomba, ne donnant aucun signe de vie ; nous le crûmes mort ; et comme il y allait de la corde, pour avoir assisté à pareille affaire, chacun de nous tira de son côté et se sauva aussi vite qu'il put. Cependant le témoin de l'aspirant, qui était officier de santé, resta quelques instants de plus, s'assura que la balle, ayant brisé l'os frontal, avait pénétré dans la tête, et que par conséquent une mort immédiate avait dû s'en suivre. Il fit comme nous ; et s'éloigna de ce lieu aussi dangereux pour nous que pour celui qui venait de succomber d'une manière aussi malheureuse.

Je vais rapporter un fait, qui peut paraître incroyable, mais qui n'est pas moins réel, et que plusieurs personnes dignes de foi, peuvent affirmer encore. L'aspirant fut, peu d'instants après l'évènement, trouvé sur le terrain, froid et inanimé, par des Anglais qui le portèrent à son domicile. On se disposait à l'ensevelir, quand on s'aperçut que son cœur battait faiblement, et qu'une respiration, à peine sensible, donnait encore quelques signes d'existence. Il reçut les soins attentifs et intelligents de plusieurs officiers de santé français, et revint à la vie. Comment ce prodige put-il s'opérer? je l'ignore, mais il est certain que le chirurgien qui lui avait servi de témoin, était convaincu que la balle était dans la tête, et plusieurs hommes de l'art, après avoir examiné la blessure, ont été du même avis.

Mais l'existence de l'aspirant parut tellement incertaine et compromise, qu'il fut renvoyé en France, comme désormais incapable de servir, bien que les Anglais, ainsi qu'on le verra bientôt, montrassent sur ce point, une réserve qui approchait de la barbarie. Que devint-il ultérieurement? le voici : quand son rétablissement fut à peu près complet, chose à laquelle personne ne s'était attendu, il obtint en échange de son grade d'aspirant, un brevet de sous-lieutenant d'artillerie, fit la campagne de Russie, et en revint capitaine et chevalier de la Légion-d'Honneur. Ce qu'il y a de plus singulier, c'est que ses facultés intellectuelles, qui n'avaient jamais été très remarquables, s'étaient développées depuis son duel, et en avaient fait un sujet distingué. Il rencontra, en 1814, de Croze au café Montansier à Paris, lui raconta ce qui précède, et lui dit que c'était à lui qu'il devait son grade de capitaine et une position honorable. Je m'en félicite, répondit l'autre, mais j'avoue que je ne m'en serais pas douté, et que la providence prend quelquefois, pour faire le bonheur des gens, des moyens bien détournés.

Pendant qu'à Abergavenny il revenait lentement et insensiblement à la vie, nous étions nous, acteurs et spectateurs de la catastrophe, plus malades que lui ; si nous eussions été connus, notre maladie n'eut duré que le temps nécessaire d'instruire notre procès, et d'aviser le gouvernement Français qu'on allait pendre trois de ses officiers pour avoir figuré dans un duel. La chose avait fait trop de bruit, parmi les prisonniers et les Anglais, notre nom avait été trop souvent cité par les premiers, pour que nous n'eussions pas à craindre d'être décelés par quelque indiscrétion.

Le plutôt que nous pourrions quitter le cautionnement était donc le mieux ; mais où aller ? c'était là la question, et ce qui la rendait presque insoluble, c'est que nous étions à peu près sans argent. Songer à emprunter parmi des prisonniers de guerre, c'était vouloir trouver la quadrature du cercle ou la pierre philosophale, et l'idée ne nous en vint pas.

Le temps pressait ; nous tînmes conseil à la hâte, et nous prîmes un parti tout différent de celui qu'avaient suivi ceux qui avaient voulu, avant nous, se soustraire à la captivité. Nous pensâmes qu'il y aurait moins de danger à nous rendre directement à Londres, où nous pourrions rester cachés quelque temps, au milieu de l'immense population de cette capitale, qu'à chercher, comme l'avaient fait tant d'autres à gagner les côtes, enlever une embarcation et nous hasarder en mer. Ces genres de désertion avaient rarement réussi, et le moindre péril qu'elles présentassent, était le séjour indéfini du ponton.

Nous avions de soixante et dix à quatre-vingts lieues à faire, et la prudence et nos finances nous prescrivaient de faire ce trajet à pied, en évitant, autant que possible les grandes villes. Nous imaginâmes, pour mieux nous déguiser, un moyen qui nous parut offrir de grandes garanties de succès et qui nous réussit en effet.

Il existe à Londres une société qui fait annuellement imprimer quelques milliers d'exemplaires de la Bible protestante, et les distribue gratuitement dans les villages et les campagnes. Des agents de cette association venus à Abergavenny, avaient répandu le saint livre avec une grande prodigalité, et plusieurs de nos camarades s'en étaient fait donner. Nous nous procurâmes autant d'exemplaires qu'il nous fut possible, environ quarante, nous les partageâmes et chargés chacun d'un ballot de livres et d'un petit paquet de linge, nous partîmes un soir, au moment où la cloche allait sonner, comme des agents de la société biblique.

Nous étions quatre : de Croze ; Meynard, officier de santé ; Guillet, sergent-major d'artillerie de marine, qui avait eu le bonheur d'obtenir le cautionnement au moyen d'un brevet d'officier qu'on lui avait prêté, et moi. Guillet, ayant su nos projets, nous avait fait pour les partager, des instances auxquelles nous n'avions pu nous refuser. Nous étions, au surplus, fort proprement et même élégamment vêtus, en habits et pantalons noirs, mais nous avions mis par dessus des blouses bleues, pouvant ainsi, nous donner, selon les circonstances, pour des gentlmens ou pour des ouvriers. Nous parlions assez bien l'Anglais tous les quatre, et de Croze surtout, avec beaucoup de facilité.

Nous avions la certitude que peu de jours après notre escapade, nos noms et signalements seraient envoyés, par notre commissaire d'Abergavenny, au Transport-Office et à tous les agents de prisonniers du royaume. Il ne manqua pas de le faire, ainsi que je l'ai su plus tard, mais heureusement il ne nous désigna que comme déserteurs, sans parler de la circonstance du duel, soit par humanité, ce qui m'étonnerait de sa part, soit qu'il ne se doutât pas de la part que nous avions prise à ce malheureux évènement, ce qui est beaucoup plus probable.

Grâce à nos bibles dont nous n'étions pas avares, nous traversâmes incognito, sans qu'on nous cherchât noise, et assez heureusement, la distance qui sépare Abergavenny de Londres, faisant fort maigre chère, couchant fort souvent, dans les champs, à la belle étoile, quelquefois dans des granges, et une seule fois, par extraordinaire, dans un lit. Il nous fallut huit jours bien long et bien pénibles, pour ce voyage que l'on peut faire en moins de deux jours dans une bonne chaise de poste.

Nous possédions en tout deux shellings, quarante-huit sous, quand nous entrâmes à Londres, où le bruit et l'animation de la foule, l'aspect de l'industrie, du luxe, des équipages, nous firent faire un triste retour sur notre pénurie, notre isolément, et l'incertitude de notre avenir. C'était cependant le matin, et la ville s'éveillait à peine; sans nous communiquer nos réflexions, nous convînmes de chercher un quartier solitaire et écarté. A cet effet, nous errâmes longtemps d'une rue à l'autre, sans trouver ce qu'il nous fallait. Il semblait que le luxe et le confortable nous suivissent pour narguer notre misère. Enfin nous vîmes une entrée de rue étroite et sombre, comme celles de la cité à Paris, où Eugène Sue a placé son tapis franc, comme celles de la ville-vieille de Marseille. Nous y pénétrâmes, et excédés de fatigue et de besoin, nous entrâmes dans une *ale house*, espèce de cabaret, ayant pour enseigne : *Fox and Goose*, le Renard et l'Oie. Le dieu des bonnes gens nous y avait conduits et vint nous y rejoindre.

Dans une salle vaste, obscure, humide, et pavée en planches mal jointes, non équarries et déjetées, étaient une douzaine de tables mal propres, qu'entouraient des bancs de bois. Nous prîmes place à la plus reculée dans le fond, et nous demandâmes un pain et un pot de bière. C'était un triste repas, et plus triste encore, était notre perspective. Ne croyez pas pourtant que nous fussions abattus et découragés. Ma foi non ; si l'aspect des heureux de la terre nous avait un moment assombris en entrant dans la Babylone moderne, notre gaîté, notre confiance dans l'avenir avaient bientôt repris le dessus, et nous avions pour nous, un bien qui remplace tous les autres, que rien ne peut remplacer, et que l'espérance accompagne toujours : la jeunesse.

Nous procédions lentement à notre repas extra frugal, parlant assez bas pour n'être pas entendus de quelques Anglais qui étaient dans la salle, mais riant assez haut des mauvais quolibets que nous inspirait notre position, pour exciter l'étonnement de gens qui ne sont pas rieurs de leur naturel, lorsqu'un étranger assez bien vêtu entra, et après avoir fait quelques tours, comme un homme connaissant les lieux et connu des habitués, demanda un gallon de bière et se plaça à une table qui touchait la nôtre. Nous ne pûmes parler si bas qu'il ne nous entendit. Tout en buvant sa bière, il portait sur nous des regards interrogateurs et curieux, se détournait pour sourire, puis nous regardait encore.

Nous avions cessé de parler et de rire, et nous ne savions trop comment cela finirait, quand l'étranger, passant de son banc sur un de ceux où nous étions assis, nous dit avec l'accent et le juron du pays : mais *tron de Diou*, je ne me trompe pas, vous êtes provençaux ? — Tous les quatre, lui dis-je. — Et de quel endroit encore ? — De Pertuis, de Toulon, d'Ollioules, de La Seyne, répondîmes-nous tous presque à l'unisson. — Et moi je suis de Ceyreste. Mais comment vous trouvez-vous ici tous les quatre ? vous m'avez bien l'air de prisonniers de guerre, échappés de quelque ponton. Contez-moi votre affaire, mes pays, et n'ayez pas peur, il y a de bons enfants partout. Et pour commencer, attendez un peu, nous allons déjeûner ensemble.

En disant ces mots, il frappa de son gros poing sur la table, et dit à la servante qui se présenta : servez-nous l'oie que j'ai apportée tout à l'heure. Bientôt apparut une oie dodue, dorée, cuite à point, flanquée de pommes-de-terre rôties, et qu'escortaient deux gallons de bière. Je vous laisse à penser si nous y fîmes honneur. Pendant un bon quart-d'heure, le profond et religieux silence que nous observions, ne fut interrompu que par le bruit continu de nos fourchettes, et de temps à autre, par le choc de nos verres.

Ce fut en faisant la digestion avec quelques verres de gin, que je fus chargé par mes camarades de conter notre piteux cas au nouvel ami que la Providence nous avait envoyé. Je lui déroulai notre odyssée et ne lui cachai rien de notre pénurie et de notre embarras.

Quand j'eus fini, il réfléchit pendant quelques instants, les coudes sur la table et le menton dans ses deux mains. Puis, s'adressant tour-à-tour à chacun de nous, il nous demanda : que savez-vous, que pouvez-vous faire ? Je fus le premier à répondre. Je fais des vers, lui dis-je, je sais un peu de latin, un peu de grec, un peu de mathématiques, et je dessine passablement. Tout cela ne vaut rien, dit-il, et il ne fut pas plus content de de Croze qui, outre ses connaissances en marine, n'en savait pas plus que moi sur tout le reste. Le chirurgien, en lui faisant connaître sa profession, obtint un petit sourire de satisfaction, mais notre homme frappa des mains et parut rayonnant, quand le sergent-major lui dit qu'il était maître d'armes et de danse.

Voilà précisément, dit-il, ce qu'il me faut et ce que je cherchais. Dans moins d'une heure j'espère bien pouvoir installer ce camarade dans une position qui fournira à tous ses besoins et aux vôtres, en attendant que je puisse utiliser aussi votre latin et vos mathématiques. Mais auparavant il est juste que je vous dise qui je suis, et comment un enfant de Ceyreste se trouve en Angleterre.

« Je fis la bêtise, en 1789, d'émigrer à la suite d'un noble dont j'étais l'homme d'affaires. Il avait eu le bon esprit d'emporter d'assez fortes sommes, et tant qu'elles durèrent, il mena grand train, à Londres, croyant toujours voir arriver le moment d'aller faire pendre les montagnards, d'envoyer les Girondins aux galères et de distribuer des coups de cravache aux généraux républicains qui avaient eu l'insolence de battre des troupes royales, et qui plus est l'armée du prince de Condé. Mais bientôt mon noble maître s'aperçut qu'il ne pouvait pas toujours vivre comme dans ses terres ou à Versailles, retrancha peu à peu, d'abord quelque chose de son luxe, puis de ses dépenses essentielles, et se vit enfin réduit au besoin. Au lieu de profiter des amnisties accordées par le premier Consul, il s'entêta, fit le fier, et fut enfin fort heureux de trouver du service, tantôt en Angleterre, tantôt en Prusse, tantôt en Allemagne, partout, en un mot, où on a voulu le recevoir et où il a trouvé des ennemis de la France. Je le crois maintenant avec les Cosaques, car depuis plusieurs années, je n'ai entendu parler de lui.

« Vous pensez bien que mon noble maître, dont les recettes et les dépenses n'exigeaient bientôt plus qu'une comptabilité des plus simples, ne tarda pas à n'avoir aucun besoin des services d'un homme d'affaires, et m'engagea à chercher fortune ailleurs. Je n'avais pas attendu ses conseils pour le faire. J'avais appris que mon frère, le seul proche parent que j'eusse au pays, avait été tué à l'armée d'Italie, et que ma petite propriété avait été confisquée et vendue au profit de la république. Je cherchai donc à vivre à Londres, où je m'étais fait des amis, et j'eus la bonne chance d'entrer comme cuisinier chez Sir Charles S.....s, pair d'Angleterre, immensément riche, et l'un des êtres les plus bizarres, les plus originaux des trois royaumes, où cependant, comme vous savez, ces êtres-là abondent et semblent rivaliser d'originalité. Mais il a les qualités qu'un cuisinier estime le plus; il est gastronome et gourmand. J'ai obtenu ses bonnes grâces, j'ai de bons émoluments, je fais plus que les doubler, par la vente de la desserte, à différentes petites auberges, et je venais précisément régler mon compte avec le maître de celle-ci, quand le hasard m'ayant fait jeter les yeux sur vous, je vous ai reconnus presque aussitôt pour Français, et qui mieux est pour Provençaux.

« Sa seigneurie m'a dit, il y a quelques jours, de chercher pour ses enfants, un maître d'armes et un maître de danse. Je vais lui présenter, en cette qualité, M. Guillet qui, je n'en doute pas, sera accepté, et dont les appointements suffiront à son entretien et au vôtre jusqu'à ce que nous trouvions mieux. Quant à vous trois, vous pouvez rester ici sans rien craindre ; l'hôte de l'auberge de Fox and Goose m'est tout dévoué, et connut-il votre qualité de prisonniers de guerre, à cause de moi il ne vous dénoncerait pas. Mais vous ferez bien de ne pas le lui dire et de ne pas trop vous produire au-dehors. Je vais vous faire donner une chambre et vous recommander. Vous n'aurez ici aucune dépense à faire. Cependant voilà une guinée, pour le cas où dans vos promenades vous auriez envie de prendre quelque chose. Quand elle sera finie, nous en trouverons d'autres, et je viendrai vous voir de temps en temps. Ainsi, mes pays, bon courage et bon espoir. »

Il nous conduisit alors dans une chambre plus propre que nous ne nous y attendions, et où Guillet, après avoir fait un bout de toilette, nous quitta, avec notre généreux compatriote, pour aller voir lord S.....s.

Nous ne le revîmes que quelques jours après, fort content de sa position, et disposé à s'en tenir là tant que la guerre durerait. Il nous raconta les détails de sa réception, de l'accueil du noble lord. Ils sont assez originaux pour que j'en dise quelques mots.

Quand notre camarade entra dans le cabinet où était son patron futur, à qui le cuisinier le présenta, il entendit un cliquetis continu qui lui sembla tenir à la personne de sa seigneurie, et sortir de son corps ou de ses habits. Il en connut bientôt la cause. Chaque bouton de l'habit du lord était une montre en or de dimension ordinaire. Il en avait douze aux revers, trois sur chaque parement, huit tant à la taille qu'aux poches, vingt-six en tout. On voit qu'il tenait à savoir l'heure.

Sans s'informer qui était Guillet, d'où il venait et comment il s'appelait, il se fit apporter un paire de fleurets par un domestique, se leva pesamment de son fauteuil, se mit en garde, et voulut faire assaut, pour essayer la force du professeur. Après avoir reçu vingt coups de bouton, sans en parer un, il en eut assez, et pria Guillet de faire quelques pas de danse, ce qui fut exécuté, toujours à sa grande satisfaction. Le pauvre sergent-major avait été plusieurs fois tenté de l'envoyer à tous les diables, et de prendre le chemin de la porte, mais c'était prendre aussi le chemin du ponton, dont le souvenir lui donna assez de patience pour subir jusqu'au bout cette espèce d'examen.

Enfin quand le lord fut complètement fixé sur les mérites du professeur, il lui dit : monsieur, vous apprendrez à tirer l'épée proprement à mes deux fils, et la danse à mes deux filles. L'aînée des deux miss a déjà commencé, et son légèreté est grand. L'aîné des deux gentlemen sait déjà aussi tenir un fleuret et se mettre en garde, mais son force * a besoin des leçons à vous. Vous commencerez aujourd'hui, et vous aurez dix gui-

---

* Il est aisé d'expliquer comment les Anglais se trompent si souvent dans l'emploi de nos pronoms possessifs. Dans leur langue, le genre du pronom se rapporte non à la chose possédée comme chez nous, mais à la personne qui possède; ainsi ils disent d'une femme sa bonnet, sa nez, sa menton, sa mari; et d'un homme, son femme, son langue, son bouche, etc.

nées par mois, et votre demeurement et votre nourrissement dans l'hôtel à moi. Vous commencerez directement, aujourd'hui même.

C'était une fortune pour le brave Guillet et pour nous trois, car tout, comme on le pense bien, était commun entre nous. Il fut bientôt, non pas le professeur, mais l'ami des quatre jeunes gens qui ne pouvaient plus se passer de lui, et le mettaient de moitié dans tous leurs amusements, dans toutes leurs parties. Entièrement libre une partie de la journée, il n'eut tenu qu'à lui d'accroître ses ressources, en donnant des leçons dans plusieurs maisons, ou ses talents avaient été prônés par ses élèves. Mais il n'y tenait pas, et préférait venir nous prendre pour aller faire de longues et joyeuses promenades dans la ville, où comme nous y avions compté d'avance, nous étions perdus au milieu de la foule.

Cet état de quiétude s'était prolongé pendant environ quatre mois, et eut duré peut-être jusqu'à ce que la paix vint nous permettre d'avouer fièrement notre qualité de Français et de prisonniers de guerre, et de rentrer dans notre patrie. Un évènement auquel nous étions loin de nous attendre, en décida autrement, et nous força de nouveau à lever le piquet, et à courir encore les chances de la désertion.

Un proverbe aussi faux, aussi bête que tous les proverbes, en général, prétend que la familiarité engendre le mépris. La familiarité entre Guillet et l'aînée des miss, démentit cette assertion, et engendra autre chose. En donnant leçon de danse à son élève, Guillet qui était jeune, aimable et beau garçon, ne parla pas toujours le langage aride d'un professeur. Il captiva d'abord la bienveillance, puis la plus tendre affection de son élève, et leur intimité devint telle que, quelque temps après, la jeune personne se plaignit de maux de cœur et de symptômes d'une maladie dont elle accusa Guillet d'être la cause. En effet, le vaurien en était bien capable.

Le lord n'était pas homme à plaisanter en pareille affaire. Guillet, dans toute autre position, Guillet libre, eût bravé sa colère et tout ce qui pouvait s'en suivre. Mais il se trouvait, pour ainsi dire, le libre arbitre et les bras liés, et à la disposition d'un homme tout-puissant par son rang, son crédit et sa fortune, et qui, d'un mot pouvait le faire enfermer pour des années dans le plus noir cachot du plus affreux ponton. La prudence conseillait de ne pas attendre un pareil résultat.

Après nous avoir fait part de son embarras et nous avoir préparés à une nouvelle fugue, il se confia au cuisinier, qui devait être encore notre providence, bien que sa bonne volonté et ses bons offices, dussent en cette occasion, aboutir à une triste fin.

Il fut d'avis que Guillet devait quitter Londres le plutôt possible, et il savait d'ailleurs, que de notre côté, l'eussions-nous pu, nous n'aurions pas voulu rester dans cette ville sans notre camarade. Mais cette fois il n'y avait pas de terme-moyen à espérer : nous allions jouer à croix ou pile, la liberté toute entière ou le ponton.

A quelques jours de là, notre ami de Ceyreste vint nous voir avec Guillet, complètement vêtu en marin, et portant pour nous, trois costumes de la même profession, assez propres, mais un peu usés ; nous les endossâmes, nous prîmes un sac militaire qu'on nous avait apporté aussi, pour contenir nos effets et quelques provisions, et nous partîmes sous la garde d'un individu vêtu comme nous, et chargé de nous conduire auprès d'un village, sur la côte de la Manche, à environ vingt-cinq ou trente lieues de Londres, et où il avait à se rendre lui-même. Il est inutile de dire que ce service qui n'était pas sans danger, n'était pas non plus gratuit, et que notre ami l'avait richement rétribué. Il nous le dit avant notre départ, non pour ajouter à la reconnaissance que nous inspirait toute sa conduite, si franche, si généreuse et si désintéressée, mais pour nous tranquilliser, en nous faisant connaître que nous devions avoir toute confiance dans notre guide.

En effet, nous nous abandonnâmes complètement à sa direction, et n'eûmes pas à nous en plaindre. Le quatrième jour après notre départ, un peu avant le crépuscule, nous arrivâmes au bord de la mer, près d'un village que nous avions à notre droite, et dont je n'ai jamais su le nom. Notre guide nous dit, cependant, qu'il se trouve à quelques lieues à l'ouest d'Hasting, et nous nous rappelâmes avec joie que ce fut jadis, après une victoire obtenue dans ces plaines, qu'un français, Guillaume le Conquérant, humilia l'Angleterre et détrôna la dynastie des rois Saxons, pour se mettre à sa place. Nous tirâmes d'heureux présages de ce souvenir et des lieux où avait abouti notre course.

Quand nous arrivâmes sur la plage, nous vîmes plusieurs bateaux qu'on mettait en mer, et des pêcheurs s'apprêtant à aller exercer leur industrie. Notre conducteur nous fit arrêter un instant, les regarda avec attention, sembla les compter, puis nous dit : tenez, voyez ce bateau qui est à terre, et demeuré seul sur la grève ; il appartient à un pêcheur que nous avons laissé à Londres pour des affaires intéressantes, et qui, probablement n'est pas revenu encore ; emparez-vous en, partez de conserve avec les autres bateaux qui vont à la pêche, et faites ensuite comme vous l'entendrez. Quant à moi, ce que j'avais promis de faire pour vous est terminé, et je n'ai plus rien à vous dire.

Nous profitâmes de l'avis, et prîmes possession du bateau, sans qu'on y fît attention, et navigâmes avec la petite flotille s'avançant au large. Un cutter de l'état, stationnaire sur la côte, nous héla ; nous répondîmes, comme les autres en bon Anglais, que nous allions à la pêche, et on nous laissa passer. Toutes les apparences nous protégeaient.

Quand les pêcheurs s'arrêtèrent, nous continuâmes à faire voile, et trop occupés de leur métier, indifférents à notre manœuvre, ils parurent ne pas seulement s'en apercevoir. Tout nous avait favorisés jusqu'alors, mais bientôt des contrariétés se manifestèrent. Une jolie brise dont nous avions profité, tomba tout d'un coup vers midi, et nous nous trouvâmes en calme plat. Nous amenâmes notre voile et prîmes les avirons. Il n'y en avait malheureusement que deux dans la petite embarcation, et nous les manœuvrâmes tour-à-tour avec toute l'ardeur que nous donnait l'amour de la liberté. Mais que pouvaient nos efforts avec aussi peu de ressources? C'est à peine si nous filions un mille à l'heure, et nous en avions près de cent à faire, avant d'apercevoir ces côtes de France que nous dévorions de la pensée. Nos regards interrogeaient le ciel et l'horison pour y découvrir quelque symptôme de vent; rien ne répondait à notre attente; toujours le calme, le calme plat qui nous clouait, pour ainsi dire, à la même place.

Cependant, bien que nous ne perdissions point courage, nos forces commençaient à s'épuiser. Nous avions, il est vrai, des provisions suffisantes, du rhum et un baril d'eau que nous avions trouvé dans le bateau, mais nous tombions de sommeil et ne pouvions dormir, tant était grande notre fiévreuse agitation.

Le quatrième jour au matin, juste le temps que nous avions mis à notre voyage par terre, nous crûmes voir la terre de l'avant à nous. Ce n'était point une erreur, la brume du matin se dissipa et nous aperçûmes distinctement la côte. C'était bien la France qui était là à quelques lieues de nous, et où un vent favorable aurait pu nous conduire en peu d'heures. Que d'espérances nous conçûmes, que d'efforts nous fîmes; nous craignions à chaque instant de briser les avirons.

Tout-à-coup, entre la côte et nous, nous apparut un bâtiment que nous reconnûmes sans peine pour un brick de guerre. A quelle nation appartenait-il ? nous nous le demandions, quand notre incertitude fit place au découragement et au désespoir. Aux premiers rayons du soleil un pavillon monta lentement jusqu'à la corne d'artimon, se déroula, et nous reconnûmes l'affreux yacht anglais. Notre sort était décidé. Plus d'espoir, plus de chance de salut ; le ponton, le hideux ponton était toute notre perspective. Immobiles, muets, abandonnant les avirons désormais inutiles, nous nous assîmes sur les bancs étroits du bateau, attendant avec une rage concentrée, un résultat qui ne tarda pas à se réaliser. Deux embarcations partirent du brick à force de rames, et furent bientôt assez près pour que nous pussions distinguer, dans la première un lieutenant, un midshipman et neuf hommes ; dans l'autre, un midshipman et sept hommes.

Ah ! si nous avions eu des armes, que nous eussions été heureux d'éventrer quelques anglais, de les fouler aux pieds avant de tomber sous les coups des autres. Mais nous avions à nous quatre un mauvais couteau. Il fallut donc se résigner, si toutefois on peut appeler résignation la torpeur où nous plongeait un désanchantement si prompt et si terrible.

Les embarcations nous abordèrent, et le lieutenant nous demanda, avec ce flegme britannique si plat, si disgracieux et si insultant, qui nous étions et où nous allions. Je ne pus retenir les expressions de la rage et de la haine qui débordaient mon cœur. Nous avons, lui répondis-je, l'honneur d'être officiers Français, et le malheur d'être prisonniers de guerre de la nation la plus lâche et la plus barbare qui soit au monde. Nous essayions de nous sauver, pour avoir le bonheur de nous battre avec des Anglais.

Croyez-vous qu'il fut ému de cette apostrophe que je lui adressais fort intelligiblement dans sa langue, les poings crispés et les yeux hors la tête ? pas le moins du monde, pas plus que si je lui avais dit : j'ai l'honneur de vous saluer. Il se contenta de nous dire, toujours avec le même sang-froid, avec le même ton de hauteur insolente qui semblait appeler les soufflets : *In that case you will be so good as to come in my boat, and from thence, on board his magesty's ship Spark.* En ce cas, vous aurez la bonté de venir dans mon canot, et de là à bord du bâtiment de Sa Majesté *l'Étincelle*. Que n'aurais-je pas donné pour colorer d'un coup de poing sa face blafarde. Mais j'en avais déjà trop fait, et je fus retenu par l'horrible idée d'être fusillé par la main des Anglais.

Je ne m'arrêterai pas sur la morgue et l'insolence avec lesquelles nous fûmes de nouveau interrogés par le commandant du brick, ni sur les avanies que nous eûmes à subir pendant notre court séjour à bord de ce bâtiment. Je l'ai déjà dit et je crois devoir le répéter : les officiers de marine étaient en général convenablement traités, après un engagement sur le bâtiment qu'ils avaient combattu. Mais s'ils avaient le malheur de passer sur un autre, on leur faisait chèrement payer ces égards, par les mépris et les insultes dont on les accablait. Je l'ai éprouvé à bord de la frégate le *Ménélas*, à bord de ce dernier brick, et il existe en France de nombreux individus qui peuvent articuler les mêmes plaintes et porter le même témoignage.

Après avoir croisé trois jours dans la Manche, le brick fit voile pour Plymouth. Il y resta vingt-quatre heures seulement, et appareilla de nouveau pour Portsmouth. C'est là que, pour la première fois, j'avais vu les côtes odieuses de l'Angleterre, c'est là que j'avais goûté les douceurs du ponton, que j'avais éprouvé les généreux traitements de nos ennemis. Je pouvais m'attendre à des épreuves plus cruelles encore, car j'étais coupable d'un crime énorme : j'avais tenté de recouvrer ma liberté, j'avais violé un engagement mutuel que les Anglais avaient été les premiers à enfreindre par leur conduite à mon égard. Mes prévisions ne manquèrent pas de se réaliser, et je puis dire même que la vengeance qu'on exerça sur moi et mes trois camarades dépassa tout ce que je me figurais, tout ce que j'avais vu jusques là, de la froide cruauté des Anglais. Nous fûmes traités, comme on le verra avec une distinction particulière, et cependant, à ce qu'il paraît, l'affaire du duel ne nous fut pas mise en ligne de compte. Il est à peu près certain que si l'on eut su la part que nous y avions prise, je n'écrirais pas en ce moment l'histoire des Pontons et Prisons d'Angleterre.

Nous n'eûmes pas plutôt mouillé en rade de Portsmouth, que le capitaine du brick nous fit embarquer dans un canot, sous bonne escorte, et nous envoya à bord du ponton-commandant, où depuis longtemps on avait nos noms et signalements. Il eut été fort inutile de nier notre identité, et nous la reconnûmes au premier mot d'interrogatoire. Sans nous adresser un mot, le commandant des pontons, nous laissant à la garde des soldats de marine qui nous avaient accompagnés, écrivit un bout de lettre, la remit à un officier, et l'on nous fit de nouveau embarquer dans un canot qui nous déposa à bord du ponton *San-Tomaso*.

CHAPITRE V.

Ponton le *San-Tomaso*. — Le *black hole*. — Les Romains. — Ponton le *Vétéran*. — Encore les Romains. — Un Capitaine Anglais prétend les dompter. — Il y renonce. — Les Corsaires. — Rebuffat.

> Vous allez raconter des choses auxquelles on n'ajoutera pas foi, car pour les croire, il faut les avoir vues.
>
> ALEXANDRE DUMAS.

Nous éprouvâmes les effets de la recommandation dont nous avions été sans doute favorisés de la part du capitaine du brick, et qu'avait transmise le commandant des pontons. A peine celui du *San-Tomaso* eut-il jeté un coup-d'œil sur la lettre qu'on lui avait apportée, qu'il ordonna de nous conduire au *black hole* (le trou noir). C'est à peu près ce que nous appelons à bord de nos bâtiments de guerre, la fosse aux lions, petit cachot, situé au faux-pont de l'avant, ne recevant, que par une étroite ouverture, le rayon du jour sombre et terne qui y arrive à regret, après avoir été assombri par son passage à travers les écoutilles de deux, quelquefois de trois batteries. On ferma cette porte sur nous, et nous cherchâmes à tâtons s'il y avait autre chose pour se reposer, que les planches goudronnées que nous avions sous les pieds. L'inspection fut bientôt faite, car c'est à peine si le cachot était assez grand pour nous contenir tous les quatre. Il ne nous fallut qu'un instant pour reconnaître que nous avions pour tout meubles, pour toute couche, les quatre parois et le plancher de notre prison. Brisés de fatigue, anéantis, pour ainsi dire, nous nous laissâmes tomber dans le fond, et nous passâmes de longues heures dans un état de torpeur et d'engourdissement. Nous ne pouvions d'ailleurs apprécier la durée du temps qui s'écoulait, aucun bruit du dehors, aucune lumière ne pénétrant dans l'espèce d'étui, où nous étions enchassés, et qui méritait si bien son nom.

Nous y étions entrés à une heure après-midi environ ; ce fut seulement le lendemain, à la même heure, qu'on vint nous ouvrir pour nous donner un hareng, un morceau d'un pain, auprès duquel celui de nos soldats aurait pu passer pour pain de luxe, et un gallon d'eau, car on nous la mesurait aussi. Nous étions à la demi-ration ; outre le châtiment exemplaire que nous avions mérité, il fallait trouver, par la retenue d'une partie de nos vivres, la somme destinée à payer celle qui était due à ceux qui nous avaient arrêtés. Ils l'avaient certes bien gagnée, et la prise avait été aussi pénible que glorieuse. Il est étonnant même que le ministère Anglais n'ait pas songé à les décorer de l'ordre du Bain ou de la Jarretière.

Huit jours s'écoulèrent ainsi pour moi, et vingt pour mes camarades. Voici la cause de cette différence. Je m'affaiblissais à vue d'œil, les tristes aliments qu'on nous apportait chaque jour, me donnaient un dégoût invincible, et j'y touchais à peine. Mais fatigué de la vie, ayant perdu tout courage, tout espoir, je n'avais pas même assez de force, assez de volonté pour me plaindre, pour parler à mes camarades de l'épuisement qui devait bientôt me délivrer d'une existence aussi cruelle. Ils s'en aperçurent cependant, et en firent part, à plusieurs reprises, aux soldats qui venaient chaque jour nous apporter notre triste demi-ration. Ceux-ci les écoutèrent à peine, et n'y pensèrent plus en remontant sur le pont. Les instances furent si souvent et si énergiquement répétées, qu'un des militaires voulut bien enfin parler au capitaine, et qu'un chirurgien descendit au black hole, pour s'assurer de mon état. J'eus à peine la force de lui répondre et de me tenir debout. Sur le rapport qu'il fit au capitaine, on vint me prendre, une heure après, pour me conduire à l'infirmerie.

Il y avait en rade un ponton-hôpital, qu'on aurait pu, à juste titre, appeler hôpital d'incurables, car ce n'était que par une protection spéciale du hasard et de la Providence qu'on en sortait en vie. L'infirmerie particulière de chaque ponton n'était qu'un dépôt provisoire, une antichambre pour ainsi dire, du charnier dont je viens de parler, et à l'entrée duquel on aurait pu inscrire, comme aux portes de l'enfer du Dante : laissez toute espérance en entrant en ce lieu. J'aurai bientôt à parler du traitement qu'on y recevait, des maladies qui affectaient plus particulièrement les malheureux prisonniers, et surtout des nombreuses infirmités simulées, dans l'espoir de se faire renvoyer en France.

Je frémissais à la pensée d'être transféré au ponton-hôpital. Il n'en fut rien heureusement ; le chirurgien parut prendre quelque intérêt à moi, et vit bientôt que ma faiblesse ne provenait que de la longue privation d'air et de nourriture, et que quelques jours d'un régime plus humain suffiraient pour me rendre les forces et la santé. Trois officiers de marine qui étaient au ponton et qui obtinrent la permission de venir me voir, ne contribuèrent pas peu à ma guérison en m'apportant des aliments sains et savoureux dont j'étais privé depuis si longtemps. Grâce à ces soins, je ne restai que peu de jours à l'infirmerie, mais si l'on me fit la grâce de ne pas me remettre au cachot, d'un autre côté je n'obtins pas la faveur de la demi-prison, et on me donna pour habitation une batterie, au milieu des matelots et des soldats.

Ce séjour, malgré son obscurité, son méphytisme, son bruit incessant et sa cohue, ce séjour me parut un lieu de bien-être, comparé au cachot où gémissaient encore les trois camarades que j'y avais laissés. Et ici, à propos de bruit et de cohue, je placerai une réflexion que m'inspirèrent les souvenirs du ponton, lors de la discussion aux chambres de nos lois pénitentiaires. On se recrie beaucoup contre la réclusion cellulaire et l'isolement. Ce doit être un affreux supplice sans doute ; mais qu'on ne s'y trompe pas : c'en est un aussi, et bien cruel, que cet amalgame d'une foule toujours mouvante, toujours bruyante, au milieu de laquelle on ne peut se recueillir un instant, être un instant seul avec sa pensée.

J'obtins des marques de bienveillance de la part des nouveaux commensaux que l'on m'avait donnés. Ces hommes pour la plupart, grossiers, sans éducation et qui n'étaient plus tenus à rien envers nous, conservaient encore des égards pour d'anciens supérieurs que le malheur avait maintenant rendus leurs égaux. On se gêna pour me faire une place aussi commode que possible, plusieurs marins s'offrirent pour organiser mon hamac dont on m'avait apporté la toile et les cordes, d'autres me présentèrent des livres, d'autres encore qui dessinaient, ou peignaient l'acquarelle, des crayons, des couleurs et des modèles. Je me rappelle encore, après plus de trente ans, avec plaisir et reconnaissance, ces marques d'intérêt données par des hommes qui n'étaient pas plus heureux que moi, et je puis dire que j'en fus plus ému que des protestations d'amitié et de services reçues dans le courant de ma vie, de la part d'un monde plus élégant et plus fortuné.

Cherchant partout des moyens pour m'étourdir et des

sujets de distraction, je descendis un jour au poste des romains dont j'ai promis de parler, et sur le compte desquels je reviendrai plus d'une fois. C'est à leur existence surtout, à leur genre de vie, que peut s'appliquer l'épigraphe de ce chapitre : on n'y peut croire que quand on les a vues. Les romains étaient, en général, ou des mauvais sujets, ou des hommes qui n'ayant pas assez d'énergie pour se roidir contre le malheur, avaient, comme on dit, jeté le manche après la coignée, étaient tombés dans une insouciance plus abjecte que celle de la brute, vivaient non pas au jour le jour, mais du quart-d'heure au quart-d'heure, passaient quelquefois trente-six et quarante-huit heures sans manger, et qui, cependant, accoutumés à leur sort, y retombaient bientôt, quand par hasard une main secourable venait les en tirer.

Je ne pus d'abord rien distinguer en arrivant au faux-pont, et ce ne fut que quand mes yeux se furent habitués au demi-jour qui l'éclairait à peine, que je vis une fourmillière de corps, les uns assis, d'autres debout, ceux-ci couchés sur les planches, ceux-là jouant, criant et chantant. Quand j'eus assez regardé la masse, je voulus examiner les détails. Ils étaient là environ deux cents, la plupart complètement nus. Quelques-uns avaient une espèce de tablier ou de pagne comme celle des sauvages de quelques îles de la mer du Sud. Ce vêtement de décence était un carré de toile, d'environ un pied tout au plus, en tous sens. J'en vis plusieurs avec un reste de pantalon dont on avait retranché par le bas, tout ce qui dépassait les hanches , par le haut la ceinture. Ce je ne sais quoi ressemblait un peu à nos caleçons de natation , et s'attachait par devant avec un bout de ficelle. D'autres enfin, avaient une couverture nouée au cou , avec laquelle ils se drapaient , et comme tous les romains étaient tondus de très près , il ne manquait à ceux-là qu'une touffe de cheveux et une plume au sommet de la tête, pour qu'on put les prendre pour les chefs d'une tribu Indienne, d'autant mieux qu'ils étaient tatoués en plusieurs endroits du corps.

On demandera sans doute d'où provenait cet état de délabrement. C'est que les romains , après avoir vendu les vêtements de marin ou de soldat qu'ils avaient sur le corps en entrant au ponton, en avaient fait autant de ceux qu'ils avaient reçus des Anglais ; c'est qu'ils vendaient leurs rations de vivres pendant plusieurs jours consécutifs, que j'en ai vus nouvellement admis dans la confrérie, vendre leurs cheveux pour faire des tresses, et qu'ils auraient, je crois, vendu une partie de leur peau, si quelqu'un avait voulu l'acheter. Et pourquoi cette fureur de vente ? pour jouer. Si par hasard ils étaient heureux, s'ils gagnaient quelques sous, ils gardaient la moitié de leur gain pour jouer encore ; avec l'autre, ils achetaient dix, vingt, trente livres de pommes-de-terre, les faisaient bouillir, et s'accroupissant avec quelques camarades autour du baquet qui les contenait, ils les dévoraient avec la peau, sans sel, et le plus souvent à moitié crues.

Je n'ai pas dit encore quel était le costume donné

par les Anglais aux prisonniers assez malheureux pour en avoir besoin. Le voici : Un petit chapeau en gros feutre, de forme ronde comme un melon, et emboitant parfaitement la tête, avec un rebord de deux doigts, relevé sur le devant et retenu par un gros bouton de cuivre.

Une veste et un pantalon jaune canari, en drap, dont le tissu était aussi lâche que celui de l'étamine la plus grossière. Sur le devant de la veste, et de chaque côté, sur les cuisses du pantalon, dans le haut, étaient imprimées en noir les majuscules T. O. C'est ce qui avait fait donner par les prisonniers, à cet élégant costume le nom de *toto*. Il faut y ajouter encore, un gilet, toujours jaune canari, une paire de bas et une paire de souliers. L'habillement complet aurait dû, d'après les règlements, être distribué tous les dix-huit mois, mais il n'en était rien, d'abord parce que les prisonniers qui avaient quelques ressources ne le demandaient pas, et surtout, parce que ceux qui étaient chargés de cette distribution, portaient en compte au gouvernement ce qu'ils auraient dû donner et qu'ils ne donnaient pas. Inutile d'ajouter que les réclamations que pouvaient faire les prisonniers n'étaient point écoutées. Ce n'était donc que quand les malheureux qui, sans être classés parmi les romains, n'avaient ni argent, ni industrie, se trouvaient complètement en guenilles, qu'on leur jetait le jaune canari. Comme il n'y avait ni ordre ni régularité dans la distribution, les plus hardis et les plus forts parvenaient à se pourvoir. Les faibles et les timides restaient nus s'ils étaient nus.

Quand des romains avaient la chance d'attraper un costume, la première chose qu'ils faisaient, c'était de le vendre. Ils en tiraient généralement trois ou quatre francs. Quelques-uns cependant, conservaient, comme on l'a vu, un échantillon du pantalon, et ne vendaient que la ceinture et les jambes. C'étaient les sages, les hommes rangés de la bande.

On aura deviné, sans que je le dise, que les hamacs des romains avaient eu depuis longtemps le sort des pantalons, des vestes et des chemises. Les romains se passaient aussi aisément de couche que de vêtements. C'étaient de véritables philosophes pratiques de l'école de Diogène, et le plus sensuel d'entr'eux en eut remontré à ce fameux cynique, sur le mépris des richesses et des commodités de la vie.

Ils avaient un capitaine, élu par eux-mêmes dans quelques prisons, qu'on leur avait imposé dans d'autres. Celui du *San-Tomaso* avait été choisi par le commandant du ponton, et là comme ailleurs, le capitaine des romains obtenait de ses subordonnés, autant d'obéissance et de discipline qu'on pouvait en attendre de pareils hommes, ce qui, en vérité n'est pas beaucoup dire. Celui-ci employait par fois le gourdin ou les coups de pied pour hâter l'exécution de ses ordres, et je ne sache pas que jamais ces traitements aient appelé une récrimination, ni même un murmure, tant ces malheureux s'étaient abrutis, avaient perdu tout sentiment de dignité personnelle dans le vice et la misère. Il est vrai que cette espèce de capitaine avait une taille et une force d'athlète, mais il y avait aussi parmi ceux qui se laissaient paisiblement morigéner par lui, des gaillards capables de lui résister, et qui, dans des circonstances ordinaires, s'ils n'eussent pas été ainsi courbés par de longues souffrances, si toute volonté n'eut pas été détruite en eux par le servage du malheur et des privations, eussent peut-être fait payer cher au colosse, des insultes bien moindre que celles qu'ils subissaient chaque jour, sans paraître, s'en apercevoir.

Comme les romains n'avaient ni hamacs ni couvertures, et que les plus fortunés d'entr'eux ne possédaient que quelques pièces de vêtements en lambeaux, ils couchaient sur le bois nu de leur faux-pont. Pour se réchauffer, ils se plaçaient tous sur le même côté, se serrant, s'emboitant aussi hermétiquement que possible, comme les pièces rapportées d'un jeu de patience, ou comme des douzaines de cueillers et de fourchettes, enchassées l'une dans l'autre. Il était sévèrement interdit de se retourner et même de se remuer individuellement, car le moindre mouvement partiel, se propageant comme l'étincelle électrique, eut amené une perturbation générale. On se retournait par un consentement unanime, et par une évolution exécutée simultanément.

A cet effet, quand le capitaine, qui planait dans un hamac au-dessus de ses subordonnés, jugeait à propos de les faire changer de position, il appelait d'abord leur attention par un coup de sifflet, et un instant après, donnait le commandement d'avertissement : *pare à virer!* auquel on répondait par un cri général. Au commandement d'exécution, *adieu vat* * *!* la manœuvre s'opérait, chacun se retournait avec autant d'ensemble que de prestesse. Puis on se tenait coi jusqu'à un nouveau signal du capitaine, et ces évolutions avaient lieu plusieurs fois, surtout pendant les longues nuits d'hiver.

Le lecteur ne doit point oublier que je raconte ce qui s'est passé sous mes yeux, et que d'un ponton à l'autre il pouvait y avoir dans l'existence des prisonniers, dans le traitement qu'ils subissaient et dans leur manière de vivre, des différences résultant de la volonté et du caprice des commandants qui avaient à peu près carte blanche pour tout ce qui regardait la discipline. Mais on doit concevoir aussi, qu'en particularisant, je donne une idée aussi exacte que possible de l'ensemble, et que du plus au moins, le portrait individuel que je trace, reproduit la physionomie de la généralité. Je reviendrai d'ailleurs plus tard sur mes pas, et grouperai les divers traits épars qui, méritant d'être mentionnés, n'auront pu entrer dans le cadre de mon tableau. Voici donc quelques circonstances de la vie des romains à bord du *San-Tomaso*.

Dès que le panneau s'ouvrait le matin, le capitaine criait : debout ! et la masse commençait à s'agiter, à

---

* Il est à présumer que le nombre des lecteurs que je puis espérer d'avoir, se composera en grande partie de marins. C'est ce qui me dispense de donner l'explication des termes du métier dont je suis quelquefois obligé de me servir.

grouiller, comme ces amas de matières corrompues où s'agitent des milliers de vers. La toilette n'était pas longue, on n'avait qu'à se lever, et tout était dit. Pas besoin non plus de réfléchir sur le costume qu'on mettrait ce jour-là ; c'était celui de la nuit, celui de la veille, celui des mois, des années qui s'étaient écoulées depuis l'admission à la confrérie des romains ; pour la plupart enfin, celui qu'ils avaient apporté en venant au monde.

Au signal du capitaine, on grimpait en grelottant, plié en deux, les mains serrées dans le giron, on grimpait la longue échelle conduisant sur le pont. De l'avant était une pompe ; chaque romain venait à son tour se placer sous le tuyau, tandis qu'on la faisait agir, et recevait une abondante douche. Il se mettait ensuite de côté pour faire place à un autre, et un camarade lui ratissait le corps avec un morceau de toile à voiles ou de drap grossier. Celui qui sortait de dessous la pompe était le frotté, celui qui en était sorti immédiatement avant lui était le frotteur, et ainsi de suite jusqu'au dernier. J'ai vu faire cette opération par les matinées les plus froides du mois de janvier, quand la glace de la rivière avait un pied d'épaisseur, quand l'intensité du froid semblait s'accroître de l'aspect d'un ciel noir qui couvrait le ponton, et l'enfermait dans un cercle étroit de sombres vapeurs. Et ces hommes qui avaient acquis, il faut le croire, l'insensibilité de la pierre, étaient mieux qu'impassibles pendant cette rude épreuve; ils en riaient, ou peut-être faisaient-ils semblant d'en rire, mais toujours est-il qu'ils se goguenardaient mutuellement, et s'adressaient des plaisanteries sur leur position et leur contenance pendant la douche. Il en mourait bien quelques-uns par ci par là, mais en moindre proportion que les autres prisonniers. Comment ne succombaient-ils pas tous après quelques jours, à tant de misère, tant de souffrances? qu'on ne me le demande pas ; j'ai souvent cherché à découvrir la cause de ce phénomène, sans pouvoir y parvenir, et plus d'une fois j'ai placé en idée, dans la même position, une centaine de jeunes dandys, si délicats, si accoutumés aux aises, aux voluptés de la vie. Je suis certain qu'au bout de quelques jours il n'en fut pas resté un seul debout.

Quand la toilette était terminée et que chacun avait passé à son tour sous la pompe, on se rendait sur le gaillard d'arrière. Le capitaine prenait une vieille gamelle en tôle, la pendait à son bras gauche comme un tambourin, tirait de son sifflet en os des sons aigus et stridents, qu'il accompagnait en mesure avec un bâton sur le fond de la gamelle, et toute la troupe nue, ou à moitié nue, sautait et frappait des mains pour se sécher. Quelques coups de pied distribués à droite et à gauche stimulaient les nonchalants et animaient la danse. Après un quart-d'heure de cet exercice, le capitaine criait : *en bas !* se tenait au panneau et faisait engouffrer sa troupe, gratifiant encore de caresses à coups de pied ceux qu'il affectionnait le plus ou qui ne disparaissaient pas assez vite.

Comparez les sauts ou plutôt les mouvements convulsifs de ces êtres souffreteux, transis de froid, grelottants, nus, blêmes et décharnés, comparez-les à ce que vous voudrez, quant à moi, je ne trouve rien qui y ressemble. La danse macabre inspire de l'horreur et non du dégoût ; une danse de singes exciterait peut-être le rire sans appeler la pitié ; une foule de sentiments divers s'éveillaient, se mêlaient à ce triste spectacle : l'horreur, le dédain, la compassion et le souvenir de ce qu'avaient été la plupart de ces êtres dégradés, avant d'en venir à ce point.

Car, qu'on ne s'y trompe pas, il y avait là des hommes dont le cœur avait palpité jadis aux mots d'honneur et de patrie, de braves marins, de valeureux soldats qui avaient vaillamment combattu, qui plus d'une fois avaient vu et affronté la mort de près et qui, sans doute aussi, avaient plus d'une fois gémi de ne l'avoir pas reçue sur un champ de bataille ou sur le pont d'un vaisseau ; mais maintenant il ne restait plus rien de ce qu'ils furent jadis ; tout souvenir, toute énergie, toute intelligence étaient éteints en eux ; leur moral était mort, leur corps n'était plus qu'une mécanique que faisait mouvoir un faible reste de pensée et de volonté. Voilà ce que les Anglais faisaient de nos braves.

Dans un coin du faux-pont étaient appendus quelques costumes jaune-canari, appartenant à la communauté, déchirés, en lambeaux, et qu'il n'était permis de toucher que pour le service de tous, dans une occasion particulière. Quand, le matin, on appelait pour la distribution des vivres, ceux des romains qui étaient de tour pour aller prendre la ration de leurs camarades, se couvraient d'un de ces costumes, plus ou moins complets, et se rendaient à la corvée. Dès leur retour au faux-pont, ils se déshabillaient, vestes et pantalons étaient pendus aux clous, pour revêtir, le lendemain, d'autres pourvoyeurs. Il n'était permis de les toucher que dans cette occasion, et malheur à celui qui s'en serait servi pour son usage particulier.

Pour l'ordinaire, un quart-d'heure après que les vivres étaient arrivés il n'en restait pas une miette, et les plus heureux ne restaient que vingt-quatre heures sans manger. Ces plus heureux étaient ceux qui avaient eu assez de prévoyance pour ne pas vendre leurs rations de plusieurs jours, et ils étaient en très-petit nombre. Les autres, en grande majorité, cherchaient leur vie dans les débris d'os, d'arêtes de poissons, d'épluchures de légumes, abandonnés par les prisonniers ou les soldats de garde, et dans des substances mentionnées dans un récit que j'ai eu soin d'emprunter à Pillet, pour m'éviter le dégoût de le faire moi-même.

Telle était, à peu de différences près, la vie des romains sur tous les pontons. Je reviendrai sur leur compte en parlant des prisons où leur existence avait peut-être quelque chose de plus original encore.

On crut un jour trouver moyen de les soumettre à une vie régulière et au régime des autres prisonniers. Un capitaine fameux par sa sévérité et la rigueur avec laquelle il faisait observer la discipline, celui du ponton le *Vétéran*, se chargea de la cure et prétendit qu'il dompterait les romains ou qu'il y perdrait son nom. La gageure fut acceptée. Au jour indiqué, le *Vétéran* fut évacué par les prisonniers, que l'on distribua sur les autres pontons, et peuplé exclusivement par tous les romains du dépôt.

On commença par distribuer à tous le chapeau à forme de melon, la veste et le pantalon jaune-canari, marqués T O, la chemise de toile à voiles et les souliers. Le premier jour tout se passa assez bien ; les romains se promenèrent sur le pont avec leur costume neuf et mangèrent tranquillement leur ration. Mais cela ne pouvait durer long-temps. Le lendemain quelques-uns n'avaient plus que la veste, d'autres le pantalon, plusieurs étaient en chemise et un assez grand nombre tout nus. Huit jours ne s'étaient pas écoulés que ces indisciplinés, qu'on avait cru réduire en les agglomérant, étaient plus romains que jamais. Ils n'avaient pu vendre leurs effets, puisque pas un d'eux n'avait un sou, mais ils les avaient joués contre des rations de vivres, ou les avaient déchirés par passe-temps, de sorte que les uns n'avaient rien à manger, et presque tous étaient en uniforme de romain ; on sait ce que cela veut dire.

Le capitaine, qui ne voulait pas perdre son nom, les mit tous à la demi-ration, soit pour les punir, soit pour le paiement des costumes par la retenue des vivres. J'ai dit ce qu'était la ration entière ; on sait donc ce que devait être moitié de ce triste morceau de pain noir, compacte et molasse ; qu'on donnait habituellement.

Figurez-vous la bonne humeur d'un homme qui, affaibli, épuisé par un jeûne de plusieurs années, doit passer vingt-quatre heures avec un morceau de pain et un hareng. Ils se fâchèrent, crièrent; on ne les écouta pas, mais ils trouvèrent bientôt moyen de se faire entendre.

Le capitaine avait un superbe chien de Terre-Neuve, qu'il appelait *Shark* (Requin). Le pauvre Shark vint flairer les romains, eut l'imprudence de s'aventurer parmi eux, et fut saisi et mangé. J'ignore si on le fit cuire, mais j'ai tout lieu de croire qu'il fut dévoré cru, comme le cheval dont Pillet nous a raconté la malheureuse fin.

Shark était chéri de son maître qui, se promit de le venger, redoubla de rigueur et de sévérité envers ses prisonniers, et leur fit dire qu'ils seraient à la demiration aussi longtemps que durerait la guerre et qu'ils seraient au ponton. Mais il ne savait pas encore ce que c'était que d'avoir à faire à des romains, et ne devait pas tarder à l'apprendre.

Ce qu'il aimait le plus, après le pauvre Shark, c'était son fils, jeune et joli enfant de cinq ans, sans défiance et sans malice, et curieux comme tous les enfants de son âge. La vue des romains l'amusait beaucoup, et c'était, en effet, un spectacle assez digne d'être vu, même par des personnes raisonnables. Mais un jour il s'aventura un peu trop, s'approcha d'eux, et un de la bande le happa et l'emmena dans une batterie. Jugez de la frayeur et des cris du petit malheureux. Mais rien n'y fit. Il s'adressait à des oreilles qui n'entendaient rien, à des cœurs que rien ne pouvait toucher.

L'enfant avait disparu. Il aurait fallu de longues recherches et plus de soldats que n'en avait la garnison, avant qu'on parvînt à le trouver. Les romains menacèrent de le manger, si on ne s'engageait à leur donner la ration entière, et si sur le champ, on ne leur distribuait celle du jour. L'auraient-ils fait ? je l'ignore, et ne veux ni le nier, ni l'affirmer. Ce que je puis dire, c'est qu'il y avait là des hommes capables de tout. Dans le nombre, étaient comme je l'ai dit, de bonnes et généreuses natures, de nobles cœurs qui, n'espérant plus rien de l'avenir, se croyant condamnés sans retour à traîner la misérable vie de prisonnier, étaient insensiblement descendus à cet état d'abjection, et étaient incapables de faire un effort pour en sortir. Mais il y avait aussi des bandits qui n'avaient été autre chose pendant toute leur vie.

Le capitaine le savait sans doute ; il céda et fit bien ; les vivres du jour furent distribués, la ration entière fut accordée par ses ordres, et on lui rendit son fils.

Mais après cette dernière épreuve, il ne fut pas disposé à en tenter de nouvelles, et comprit bien que s'il est possible de renverser, d'abattre un obstacle qui lutte avec la force, on ne peut rien contre une résistance dont l'inertie est l'unique principe. Il renonça donc à son projet, et les romains furent repartis de nouveau sur les pontons de la rade, ce qui leur était fort indifférent, car la vie était pour eux partout la même, partout ils savaient qu'ils devaient grelotter, coucher sur la planche et mourir de faim. Mais telle était la vie qu'ils s'étaient faite et qu'ils ne pouvaient quitter, semblables à ceux qui, plongés dans une demi-léthargie, déjà à moitié asphyxiés, ont la conscience de leur état, mais sont incapables de faire un mouvement pour en sortir.

Il y avait parmi les romains un grand nombre d'individus provenant des corsaires capturés par les Anglais. Habitués déjà à une vie dure et pénible, à la fatigue et aux dangers, ils étaient passés à leur nouvel état, par une transition presque insensible, et c'est à peine s'ils y avaient trouvé quelque changement avec leur position précédente. Il suffisait, d'ailleurs, qu'ils eussent appartenu à un corsaire, pour être traités avec une extrême rigueur, car de tous leurs prisonniers, c'étaient ceux-là que les Anglais détestaient le plus. Ainsi, tout se réunissait pour les maintenir dans l'abandon et la dégradation.

Les marins qui liront ce récit, souriront peut-être en me voyant expliquer ce que c'était que des corsaires, mais ils ne doivent pas oublier que plusieurs personnes de la génération actuelle s'en font une idée inexacte, et que, par conséquent, je ne puis me dispenser d'en dire quelques mots.

Les corsaires étaient des bâtiments de commerce, appartenant à des particuliers, mais armés en guerre, et auxquels il était accordé, par convention entre les deux gouvernemens, de courir sus aux bâtiments ennemis et de s'en emparer. A cet effet, les capitaines étaient porteurs de ce qu'on appelait une lettre de marque, brevet constatant la qualité du bâtiment. A défaut de cette pièce, le corsaire eut pu être considéré comme pirate, et les hommes qui le montaient, pendus aux vergues du bâtiment Anglais qui les aurait pris.

Pendant tout le temps de la guerre, les corsaires ont plus contribué, sans contredit, aux énormes pertes éprouvées par le commerce Anglais, que notre marine militaire ; ils ont livré, contre des forces supérieures, des combats désespérés, dont les détails sont ignorés et mériteraient d'être connus; ils ont fait des prises importantes qui ont enrichi les armateurs, les capitaines et les équipages ; leur audace et leur intrépidité rappèlent et l'audace et l'intrépidité des flibustiers, dont les exploits paraissent presque fabuleux. On conçoit, d'après cela, avec quel acharnement les Anglais devaient les poursuivre, et quand ils venaient à s'en emparer, combien ils leur faisaient payer cher, la peur qu'ils en avaient eue.

A bord du bâtiment capteur, pendant la traversée jusqu'en Angleterre, les hommes appartenant à un corsaire étaient beaucoup plus mal vus et plus mal traités que les marins de l'État, et ils trouvaient encore la même surabondance de rigueur sur les pontons ou dans les prisons. Cependant le capitaine, le second et le chirurgien d'un corsaire qui portait quatorze canons et au-dessus, étaient considérés comme officiers et comme tels, avaient droit au cautionnement. Tout le reste était renfermé.

Les noms de plusieurs capitaines de corsaires sont glorieusement inscrits dans les fastes de la marine. Les exploits, les succès de Surcouf, de Saint-Malo, ont reçu le tribut d'éloges qu'ils méritaient dans l'intéressante publication, intitulée : la *France Maritime*, et les ports de la Méditerranée conserveront longtemps le souvenir du brave Mordeille.

J'avais trouvé à bord du *San-Tomaso* un de ces intrépides marins, le capitaine Rebuffat, qui, après avoir fait de nombreuses et riches prises, eut le malheur de tomber au pouvoir des Anglais, non sans se défendre avec une opiniâtreté qui méritait un meilleur sort. Il commandait un brick portant seulement huit canons de petit calibre, et croisait dans la Méditerranée. Sa course avait d'abord été heureuse, et il se disposait à rentrer à Toulon pour se ravitailler, pour compléter son équipage, dont une partie avait été détachée pour amariner ses prises, quand un matin, au point du jour, il se trouva très près, et sous le vent d'une forte corvette ennemie. La fuite était impossible, et Rebuffat en savait assez sur la vie des pontons, pour ne pas tenter un coup désespéré avant d'en prendre le chemin.

Il fait distribuer une ample ration d'eau-de-vie à ses hommes, leur communique sa confiance, les fait armer, cargue ses voiles et attend. La corvette, après avoir tiré un coup de canon pour la forme, s'avance pour amariner le corsaire qu'elle croit rendu. Dès qu'elle arrive par le travers, Rebuffat se laisse culer, présente sa petite batterie de bâbord à l'arrière de l'ennemi, et fait feu, boulets et mitraille, avec tant de bonheur, que tout cet arrière vole en éclats, et qu'on peut découvrir tout le pont ennemi où les canonniers sont aux pièces. Le brave équipage du corsaire fait un feu de mousqueterie qui éclaircit les rangs. Mais les Anglais à leur tour, abandonnent les canons, se portent sur ce point, et le combat s'engage à coups de fusil, presque à bout portant.

Ce n'était pas ce que voulait Rebuffat; un coup d'audace pouvait seul lui donner la victoire. Ses bastingages touchaient au pont de la corvette. « A bord, camarades, s'écrie-t-il, à bord de l'Anglais », et le premier, il s'élance, le sabre à la main, quand un biscayen lui fracasse la cuisse droite et l'étend sur son pont. Les Anglais s'y précipitent, et leur masse a peu de peine à triompher du faible équipage du brick. La corvette avait cent cinquante hommes, le corsaire en avait vingt-cinq. Mais malgré cette disproportion, il est très possible que la chance eut autrement tourné, si Rebuffat, suivi de ses braves, eût pu arriver sur le pont ennemi.

Il était à bord de la corvette, entre les mains du chirurgien, quand le capitaine Anglais vint le voir, et lui dit : j'attends que vous soyez guéri pour vous faire pendre. Que prétendiez-vous faire avec votre brick et vos vingt-cinq hommes contre un bâtiment de la force du mien. — Je prétendais vous prendre et vous mener à Toulon, lui répondit l'intrépide corsaire, et je l'aurais fait si je n'avais pas été blessé.

A l'époque où se passait ce que je viens de raconter,

sur tous les points de l'Angleterre, où il y avait des prisonniers Français, ils étaient dans l'attente et l'anxiété. La lutte désespérée que soutenaient, et le génie de Napoléon et la valeur des braves qui lui restaient encore, annonçait un dénouement inévitable et prochain ; et de quelque manière que put se terminer cet immense drame politique et guerrier, pour nous la liberté était au bout. Mais je dois le répéter à l'honneur des prisonniers de guerre, nous en eussions tous fait le sacrifice, pour que la France triomphante exterminât sa rivale, dussions-nous être écrasés dans le choc, et nous l'aurions été indubitablement.

Ce n'était pas seulement l'intérêt excité par les évènements politiques et la certitude d'une délivrance prochaine qui suspendaient la plupart des travaux. Après avoir d'abord considéré comme sans importance le blocus continental et la destruction des marchandises coloniales, les Anglais reconnurent toute la portée de cette mesure, et c'est ce qui amena, comme on sait, la guerre de Russie. Les malheureux prisonniers auraient-ils pu s'attendre à subir les rigueurs d'une représaille aussi barbare que ridicule ? C'est ce qui eut lieu. Leurs travaux furent interdits, et les divers objets qui en étaient la matière ou le produit, furent saisis et brûlés, en même temps que défense était faite de se livrer à aucun genre d'industrie. C'est ainsi que les Anglais répondaient par de mesquines taqnineries qui n'avaient d'autre portée que d'agraver l'affreuse situation des prisonniers, à une attaque de géant.

Parmi les Français renfermés dans la prison de Porchester, il y en avait un grand nombre qui, fabricant de la dentelle en coton, la faisaient vendre au-dehors, et en faisaient un commerce étendu et lucratif, car leur produit était de beaucoup supérieur à celui des ouvriers Anglais. Un jour la prison fut entourée, on fit évacuer les salles, et tandis que les prisonniers, entassés dans une cour, y étaient gardés par une troupe nombreuse à laquelle on avait fait charger les armes devant eux, on saisit non-seulement les métiers et le coton qui servaient à la fabrication, les dentelles déjà confectionnées, mais encore une foule d'objets étrangers à tout commerce, tels que livres, gravures, cartes de géographie, dessins, et vêtements. Le tout, amoncelé devant la prison, y devint la proie des flammes, au milieu des rires des soldats et des grossières insultes qu'ils adressaient aux Français. Quand il n'y eut plus que des cendres, on permit à ceux-ci de rentrer dans leurs salles.

A cette époque aussi, les diverses batailles livrées en Espagne et les pertes que nous y éprouvions, accrurent considérablement le nombre des prisonniers Français. Il était d'usage que quand il en arrivait quelques détachements, on faisait évacuer en partie les pontons sur les prisons de terre, pour loger les nouveaux arrivants. Ce fut par suite de cette mesure que je fus, avec un assez grand nombre d'autres Français des divers pontons de la rade, envoyé à la prison de Dartmoor.

Le jour de notre départ, eut lieu une évasion, aussi heureuse que hardie. Le nommé Taron, sous-officier d'artillerie de marine, désigné pour être évacué sur Dartmoor, nous avait déjà fait ses adieux, nous assurant qu'il se considerait comme libre. Il parlait parfaitement l'anglais, et n'était pas au dépourvu d'argent et de vêtements propres et décents.

Un peu avant qu'on vint faire l'appel des partants, il s'était mis en costume de bourgeois aisé, et avait passé par-dessus une espèce de blouse, priant un de ses camarades de se tenir constamment à côté de lui, et de s'emparer de ce surtout quand il le lui donnerait.

Nous partîmes; à peine les chaloupes qui nous portaient eurent-elles touché la terre, qu'une foule compacte, attirée de tous les environs, se pressa autour de nous et de notre escorte, pour voir de près *the french dogs* (les chiens de Français). On nous fit prendre rang, entre deux haies de soldats, placés à peu de distance les uns des autres, et chargés d'empêcher la foule de traverser leurs rangs et de se mêler à nous. Pendant cette opération, Taron choisissant le moment où le soldat qui était le plus près de lui, était occupé d'autre chose que des prisonniers, quitta lestement sa blouse, la donna à son voisin et sortit des rangs.

Le soldat, le prenant pour un curieux qui avait franchi la ligne sans qu'on s'en aperçut, le saisit brutalement par le bras, et le poussa en arrière, en lui disant *get away* (allez-vous en). Taron ne se le fit pas dire deux fois et ne réclama pas. Pendant un instant, mêlé aux habitants, il nous regarda défiler, craignant sans doute que quelques signes d'intelligence et d'adieu de notre part, ne vinssent le trahir. Mais nous n'eûmes garde de commettre cette imprudence, et en partant, nous le vîmes s'éloigner.

Je n'ai plus rien appris sur son compte, et j'ignore si la suite de sa tentative a été aussi heureuse que le commencement. J'ai lieu de le croire, cependant, car, comme l'évasion ne fut pas immédiatement connue, il put probablement, quoique avec beaucoup de peine, passer en France. Il n'en eut point été ainsi, s'il eut été signalé sur le champ. Dans des cas semblables, les cloches sonnaient, les paysans accouraient de partout, armés de fusils et de fourches, et battaient la campagne, à la recherche du fugitif, absolument comme chez nous, quand un forçat s'échappe du bagne.

CHAPITRE VI.

Prison de Dartmoor. — Son Climat. — Sa Construction. — Le Gouverneur Cotgrave. — Supplice d'un délateur. — Hôpital. — Épidémie. — Maladies réelles et simulées. — Suicides réels et simulés.

> Il faut, monsieur, plus de patriotisme que d'humanité, et ne renvoyer les prisonniers malades que quand ils doivent mourir en arrivant en France ou peu de jours après.
>
> *Le docteur* Baird, *inspecteur des prisons, au docteur* Ashelby, *médecin du ponton le* Caton.

Si je n'avais pas vu et habité la prison de Dartmoor, je ne l'en choisirais pas moins pour en faire la description, pour la présenter comme le modèle et le type de tous les lieux de détention, où les Anglais exerçaient leur haineuse vengeance contre leurs prisonniers de guerre. C'était la plus vaste, la plus peuplée, et celle où se déployant avec le plus de luxe tous les moyens d'opression, a vu aussi au plus grand nombre d'évènements qui, par leur originalité, méritent d'être rappelés.

Dartmoor est un terrain de cinq à six lieues à peu près de circonférance, marécageux, inculte, et où l'industrie n'a jamais pu créer autre chose qu'une prison. Sa position et son atmosphère, lui donnent au milieu du climat humide et froid de l'Angleterre, un climat exceptionnel, plus humide et plus froid encore. Un brouillard épais s'élève du sol chaque matin, enveloppe tous les environs, pendant une partie de la journée, assombrit et concentre l'horison à quelques pas, et répand à son entour des germes de fièvres putrides. Dans cet espace circonscrit, les saisons ne suivent pas leur cours naturel; quelquefois, aux plus beaux jours de l'année, quand les champs et les jardins du reste de l'Angleterre sépanouissent, le triste périmètre de Dartmoor est couvert de neige. Quelquefois aussi, au milieu d'un hiver rigoureux partout ailleurs, un rayon de soleil vient sourire à cette malheureuse contrée et la consoler de la malédiction dont elle est frappée. Mais ces faveurs du ciel sont presque phénomenales.

Ce terrain, si maltraité par la nature, appartenait, au commencement de la guerre, au prince régent qui a régné sous le nom de Georges IV. Voulant en tirer parti, il y envoya un agent qui, l'ayant parcouru dans tous les sens, l'ayant bien étudié, décida qu'il n'y avait rien à en faire. Cependant, après mûr examen, on se décida à y construire une prison destinée à recevoir les individus condamnés à la déportation, pendant le temps qui devait s'écouler entre leur condamnation et leur embarquement pour Botany-Bay.

La prison n'était pas achevée encore, que les pontons et quelques autres lieux de détention à terre ne suffisant plus, on la détourna de sa première destination pour y loger des prisonniers français. Si ce changement n'eut point eu lieu, si elle eut dû recevoir des hommes coupables de vols ou d'assassinats, on eut pensé à son achèvement, on eut pourvu à tous les moyens de salubrité et d'assainissement que l'humanité commande, même envers des criminels. Mais pour des braves que le sort des armes avait trahis, on n'y regarda pas de si près ; on laissa la prison ébauchée, et il n'y eut d'autre luxe que la vaste étendue du bâtiment, le nombre des soldats commis à la garde des prisonniers, et le choix de l'homme nommé geôlier en chef de cette prison modèle. C'était Cotgrave, dont le nom réveillera le dégoût et l'indignation de tous ceux qui ont eu le malheur de l'approcher ou seulement de le voir. On se rappelle ce que j'ai dit de la tolérance et de l'espèce de bonhomie de Woodriff, commandant du dépôt de Forton. La justice que je lui ai rendue, me donne droit de flétrir autant que je le pourrai, l'ignoble caractère de Cotgrave ; je n'y manquerai pas, et pour le faire, des faits seuls me suffiront.

L'enceinte entière de la prison, de dimension circulaire, était partagée en sept subdivisions. Les murs extérieurs de dix-huit pouces à deux pieds d'épaisseur n'avaient pas été crépis, et le vent les pénétrait comme un grillage. Les fenêtres, outre leurs barreaux de fer, n'avaient d'autre clôture que de minces volets, la plupart dejétés, détraqués, qui ne joignaient pas, et livraient les prisonniers à toute l'inclémence des éléments. La toiture en ardoises placées sans intelligence et sans soin, donnait accès à la pluie qui, souvent, au milieu de la nuit, innondant les hamacs, enlevait aux maheureux le seul bien dont ils pussent jouir encore, le sommeil où ils trouvaient pour quelques instants, l'oubli de leurs maux. Contraints de se réfugier alors sous les hamacs de ceux que protégeait une partie moins détériorée de la toiture, ils s'y entassaient et s'y tenaient debout, n'ayant pas même la ressource de s'étendre sur le sol, bientôt couvert d'eau et de boue. Cette eau qu'on n'étanchait qu'avec peine, le vent chargé de brouillards, qui pénétrait, comme je l'ai dit, par les larges pores et les crevasses des murs, entretenaient dans l'intérieur des salles une odeur fétide, une humidité permanante, qui obligeaient d'exposer fréquemment audehors tous les objets enfermés dans des malles, pour prévenir leur dégradation par la moisissure. Il est inutile de dire quelle était sur la santé des hommes l'influence d'une pareille atmosphère. On en verra bientôt les effets.

Chaque subdivision avait un rez-de-chaussée et deux étages. C'était le second étage surtout, très bas et rétréci par l'inclinaison des toits, qui était exposé aux innondations dont j'ai parlé. Le premier et le rez-de-chaussée ne recevaient pas l'eau des toits, il est vrai, mais n'étaient guère plus à l'abri, car l'eau y pénétrait par les fenêtres et suintait à travers les murs.

Dans le principe, la prison n'avait que cinq divisions. L'affluence des prisonniers nécessita la création de deux autres, et ce furent les Français eux-mêmes qui, sous la direction d'ingénieurs Anglais, en exécutèrent la construction. On donnait à ces travailleurs six pences (douze sous) par jour, et quelque modique que fut cette rétribution, on regardait comme une faveur d'être désigné pour cette tâche, et il se présentait toujours un plus grand nombre de prisonniers qu'on ne pouvait en employer. Une petite ville qui commença alors à se peupler, a été construite aux environs de la prison, par les mêmes moyens et par les mêmes hommes, qui ne travaillaient, comme on le pense bien, qu'en présence d'une garde nombreuse.

Dans chaque salle, le gouvernement Anglais avait fait placer un poêle, mais on peut croire que c'était là une insulte de plus à la détresse des prisonniers, car ces poêles étaient sans tuyaux, et j'amais on n'a délivré ni bois, ni combustibles d'aucune espèce. Ces deux raisons me dispensent d'ajouter qu'ils n'ont jamais été allumés. D'ailleurs l'eussent-ils été, leur action eut été nulle, vu l'exiguité de leur taille lilliputienne, comparativement au vaste désert de la salle.

En dehors de l'enceinte réservée aux prisonniers, régnaient deux grilles séparées par environ huit mètres d'intervalle, puis un rempart sur lequel se promenaient jour et nuit les factionnaires, puis enfin, le mur extérieur. Telle était la geôle que les Anglais avaient décorée du nom pompeux de prison Royale, et sur la porte de laquelle ils avaient gravé l'insolente inscription : *parcere subjectis*. Le nombre des prisonniers qui l'ont habitée s'est élevé, dans les derniers temps de la guerre, à dix mille, et n'a jamais été moindre de six mille.

Il fallait une garde nombreuse pour veiller sur tant d'hommes, que la misère, les mauvais traitements et la famine poussaient constamment à la désertion. Aussi, un régiment entier de milice, un détachement de cavalerie étaient casernés à Dartmoor, secondés par de nombreux geôliers et sous le commandement suprême de Cotgrave, avec le titre de gouverneur. Un mot sur la vie de ce misérable, avant qu'on l'eut investi des fonctions de geôlier en chef.

Cotgrave avait au physique, cette laideur repoussante, qui inspire le dégoût plutôt que l'effroi ; c'était la laideur de la chauve-souris ou du crapaud, plutôt que celle du scorpion, bien qu'il eut tout le venin de ce dernier. Et sous ces formes blafardes, ignobles, l'œil le moins prévenu découvrait au premier regard, au premier mot, une âme plus ignoble encore. Cotgrave n'eut pas échangé pour le commandement d'une brave armée, l'emploi de gouverneur de Dartmoor, emploi qui satisfaisait à la fois ses deux goûts dominants : l'amour du lucre, et la faculté de tourmenter, de torturer des malheureux sans défense, d'assassiner même quand l'occasion s'en présentait, sans craindre d'encourir

SUPPLICE D'UN DÉLATEUR

non-seulement une poursuite, mais même le moindre reproche. Nous le verrons à l'œuvre, et sa conduite répondra au portrait que je viens d'esquisser.

Cet être modèle avait été prisonnier en France, avant la guerre qui précéda le traité d'Amiens. Il fallait alors pour qu'un officier étranger, prisonnier de guerre, eut la faculté d'être libre dans la ville, qu'il eut pour répondant de son séjour un français, dont la position, la fortune et le caractère présentassent des garanties suffisantes. Une famille respectable du Hâvre cautionna Cotgrave, et ajouta à ce service important, toutes ces invitations amicales et polies qui font d'un étranger le commensal du foyer domestique, et savent si bien alléger les peines que donne l'éloignement de la patrie. Il témoigna sa reconnaissance en s'embarquant furtivement pour l'Angleterre, sans s'inquiéter de l'embarras et de la responsabilité qu'il laissait à la famille dont il avait reçu de si généreux traitements. Quand nous quittions l'Angleterre à nos risques et périls, en affrontant la mort sous toutes les formes, en courant les chances d'une détention plus cruelle que la mort, nous n'exposions que notre vie et notre liberté ; et si un Anglais avait eu assez de générosité pour répondre de notre fidélité à tenir nos promesses, nous eussions été, nous, assez délicats, pour supporter notre dure captivité, plutôt que de compromettre ceux qui se seraient rendus garants de notre fidélité aux serments. Cotgrave avait d'autres idées sur la bonne foi et la loyauté. Et c'est pour celà, sans doute, qu'à chaque fois qu'il y avait eu dans la prison, une tentative d'évasion, il sevissait avec tant de rigueur sur la masse des prisonniers qui, complétement étrangers à cette tentative, non-seulement ne l'avaient pas secondée, mais l'ignoraient presque toujours. La faute d'un seul, si toutefois le mot de faute convient en pareille occasion, retombait sur tous.

Ce fut cet Anglais modèle qui nous reçut à Dartmoor, et, qui crut devoir passer une espèce d'inspection de notre mise et de notre physique, en faisant inscrire sur le registre de la prison nos noms et signalements. Il faisait tourner, retourner et pirouetter ceux dont le costume ne lui plaisait pas, levait alors les épaules, et poussait une moue qui l'eut enlaidi si la chose eut été possible. Il condescendait à un signe d'approbation pour ceux dont la mise lui paraissait convenable, et les gratifiait de l'épithète de *true gentleman* (véritable monsieur). Des officiers Français, se voir inspecter et goguenarder par cet orang-outan, sans lui cracher au mufle ! il fallait déjà avoir acquis toute la patience que donne la captivité.

Quand nous en fûmes quittes, on nous désigna les salles qui devaient nous servir d'asile, et nous y fûmes conduits.

Pendant qu'on nous avait toisés, interrogés et examinés, j'avais remarqué dans la cour, un homme en veste jaune, marquée T O, qui nous regardait d'un air hébété. Une grande ligne noire formant un demi-cercle, sur son front, d'une tempe à l'autre, avait d'autant plus attiré mon attention et ma curiosité, que cet homme se détournait ou se cachait la figure avec les mains, quand je le regardais fixement et cherchais à le voir de plus près.

En sortant de la salle qui servait de greffe, je m'approchai de cet individu, et malgré la précipitation qu'il mit à se retirer, je reconnus que ce que j'avais pris pour une ligne noire continue, était une série de lettres majuscules, assez irrégulièrement tatouées sur la peau, et formant les mots : *J'ai vendu mes frères le 8 août 1809.*

Je ne pensai pas que ce fut là un jeu de la nature, bien qu'elle se plaise par fois à créer des aberrations non moins singulières, et demandai ce qui en était. Voici l'explication qu'on me donna.

Cet homme était un délateur qui avait dénoncé aux Anglais et fait échouer un projet d'évasion. Les auteurs de la tentative, surpris au moment du départ, avaient été sur le point d'être fusillés, puis s'étaient vus maltraités, et pour longtemps mis au cachot et privés de vivres, car les Anglais, quand ils soupçonnaient ou qu'on leur dévoilait une évasion projetée, se gardaient bien de la prévenir. Ils se mettaient en mesure, attendaient l'exécution, et souvent la laissaient commencer pour avoir un prétexte de faire feu. Cela arrivait très fréquemment. Au pis aller, ils avaient toujours la douce satisfaction de mettre, au cachot au pain noir et à l'eau, pour un temps plus ou moins long.

Des châtiments terribles avaient été infligés aux délateurs. On a déjà vu dans un précédent chapitre, les détails du jugement et de l'exécution de celui qui fut pendu à bord d'un ponton à Portsmouth. D'autres avaient reçu une mort plus cruelle encore. Au moment où toutes les lumières étaient éteintes dans la batterie, où les sabords étaient fermés, où tout semblait plongé dans le calme et le silence, à un signal donné, à un coup frappé, et sans qu'un mot fut prononcé, ils s'étaient sentis saisis par cent bras, pressés, étouffés, déchirés, foulés aux pieds, et quand ce n'était plus qu'un cadavre, ce cadavre était avec des rasoirs, morcelé, taillé en lambeaux assez petits pour passer entre l'étroit espace des barres de fer qui garnissaient le fond des latrines. Le lendemain les Anglais trouvaient ces barres teintes de sang, trouvaient du sang sur le plancher, sur les parois de la batterie, comptaient un prisonnier de moins, et ne pouvaient trouver de meurtriers à accuser, car tout s'était passé dans les ténèbres, dans le silence, et si l'épouvante, inspirée par ce drame lugubre, n'eut pas suffi pour imposer silence à la délation, la délation n'eut su à qui s'en prendre, car il y avait trois à quatre cents hommes tous solidaires du même crime.

Quant à celui dont le front était devenu un poteau d'infâmie, je ne puis me rappeler dans quelle prison le fait s'était passé, car ce n'était point à bord d'un ponton. Mais je n'en ai pas oublié les détails ; on avait fait passer cet homme d'une prison dans une autre, pour le soustraire au châtiment dont il était menacé par suite d'une délation, dont les prisonniers avaient la preuve certaine.

Mais ceux-ci eurent le moyen de signaler sa conduite à ses nouveaux camarades, qui créèrent pour lui un nouveau supplice. Dans un des endroits les plus réculés de la prison, où on l'entraîna, on le lia par le corps et par les quatre membres sur un banc, on fixa sa tête, pour empêcher tout mouvement, entre deux aîs, puis on traça à la plume et on tatoua sur le front, le diplôme d'infâmie. On le garda, on le séquestra ensuite assez longtemps pour que ses milliers de petites plaies pussent se cicatriser, et que la marque en devint indélébile.

La douleur avait précédé la honte, car on ne se fait pas tatouer sans souffrir. Cette opération exige que tout le tracé du dessin ou des caractères, soit percé, jusqu'à ce que le sang coule, par une myriade de trous continus, faits avec deux aiguilles très aiguës, liées ensemble et qui introduisent dans ces trous une composition rouge, bleue ou noire ; on frotte fortement avec la paume de la main pour faire pénétrer et fixer la couleur, et l'opération est faite, sauf la fièvre qui se manifeste, et dont l'intensité est proportionnée à l'ampleur du dessin. [6]

Si l'homme à qui cette flétrissure fut infligée, existe encore, si, quand nous revîmes la patrie, nous, si fiers d'avoir enduré et bravé les outrages et les tortures de l'Anglais, il n'est pas mort, lui de honte et de douleur, en montrant le stygmate qu'il portait sur le front, il l'a porté jusqu'à ce jour, et le portera jusqu'au moment où la putréfaction de la mort aura fait disparaître ce cachet d'infâmie.

Le délateur enfin laissé libre, par ceux qui en avaient ainsi fait justice, alla trouver les Anglais qu'il avait servis. Les Anglais essayèrent d'enlever l'ignominieuse légende, mais ne purent y parvenir. On rouvrit les plaies, on y fit couler des gouttes de lait ; tout fut inutile ; les caractères infâmants ne pâlirent pas, et parurent toujours aussi distincts. On promit une somme considérable à celui qui parviendrait à les effacer ; plusieurs essais furent tentés, tous furent inefficaces, et comme je l'ai dit, le coupable subit encore son châtiment, s'il n'a pas succombé à sa honte. Je sais son nom, je n'ai pas cru devoir l'écrire ; ce nom appartient à une famille honorable peut-être, et sur laquelle je ne veux pas faire réjaillir la flétrissure d'un crime dont elle n'est pas solidaire.

L'individu ainsi flétri, passa successivement d'une prison à l'autre, toujours en état de domesticité auprès des Anglais, toujours dans l'interdiction de tout contact avec ses anciens compagnons de malheur. Il était, quand je le vis, un des valets de Cotgrave.

Une légère indisposition, peu de jours après mon arrivée à Dartmoor, me consigna pendant quelques jours à l'hôpital, et ici, l'impartialité que j'ai promise, me force encore à reconnaître, qu'on y était convenablement traité, et soigné par le médecin chargé de l'établissement, avec tous les égards et toute l'attention que l'humanité prescrit. Malheureusement le peu de ressources qu'on mettait à sa disposition, le mauvais vouloir des chefs, détruisaient l'effet de ses intentions philantropiques, et semaient la mort parmi les infortunés qui avaient espoir de trouver la guérison dans cet asile.

J'ai déjà parlé du dépérissement, des maladies de poitrine amenés par une nourriture insuffisante et mal saine, par l'insalubrité de l'atmosphère, par le manque d'air et d'exercice. Il est donc inutile d'ajouter que les hôpitaux étaient toujours abondamment peuplés, et que dans quelques circonstances que je citerai bientôt, leur enceinte, quelque vaste qu'elle fut, n'a point suffi pour contenir tous les malades.

Mais si le nombre des infirmités réelles était grand, il ne laissait pas moins place à des infirmités fictives. Les évasions n'étaient pas l'unique moyen tenté pour s'affranchir de la captivité, on essayait encore de se faire renvoyer en France comme incurables et incapables de servir. J'ai vu, à cet égard, des prodiges de résolution, de persistance, et même de douleur. En voici quelques exemples :

Le nommé Gauthier, de Saint-Malo, prisonnier sur le ponton le *Bienfaisant*, à Plymouth, après avoir long-temps réfléchi sur le genre d'infirmité, qu'il pourrait se procurer avec le moins de peine et le plus de certitude de réussite, s'arrêta à la surdité. Il commença d'abord par se plaindre de violentes douleurs de tête. A plusieurs reprises, pendant la nuit, il soupirait, poussait des cris, et fit tant, par ses plaintes et celles de ses camarades qu'il empêchait de dormir, qu'on l'envoya à bord du ponton-hôpital.

Quand il fut là, continuant le même système, il y ajouta

de nouveaux moyens. Chaque jour il prenait dans sa ration un petit morceau de viande, la broyait, la laissait putréfier, l'enfermait dans un petit sachet caché sous son oreiller, et le matin, avant que le médecin vînt faire la visite, Gauthier avait soin de s'enfoncer dans chaque oreille, aussi avant qu'il pouvait, un fragment de cette pourriture, le laissait déposer un moment, puis l'enlevait.

Le médecin, arrivé au lit du sourd, l'examinait, lui parlait, et n'obtenait pas de réponse. Il introduisait le petit doigt dans les oreilles et le retirait enduit d'une matière visqueuse, puante et quelquefois accompagnée de petits vers blanchâtres. Gauthier, de plus, ne cessait pas de se tenir la tête à deux mains, et de dire qu'il sentait plus de trente marteaux qui lui battaient constamment la cervelle. Évidemment, s'il n'était pas atteint de surdité, il en avait tous les symptômes. Le docteur y perdait son latin.

On avait essayé pour éprouver Gauthier, tous les moyens employés en pareils cas, et tous avaient prouvé une infirmité bien réelle. Des pièces de monnaie tombées auprès de lui, au moment où il ne pouvait s'y attendre, des coups de pistolet tirés à son oreille, son nom prononcé quand on croyait pouvoir le surpendre, rien n'avait pu lui arracher un signe, un mouvement qui le trahît, qui lui fît oublier son rôle. Il s'était dit qu'il était sourd, et se l'était si bien dit, qu'il le croyait peut-être lui-même.

Il s'oublia pourtant une fois, mais la présence d'esprit lui revint assez vite, pour lui faire reparer la distraction d'un instant. Un matin, le docteur, après avoir visité et interrogé les malades voisins de Gauthier, s'approcha de celui-ci et sans hausser la voix, lui dit de montrer la langue. Le prétendu sourd obéit, le docteur fait un mouvement de surprise et même de joie, se flattant d'avoir enfin déjoué une longue et adroite supercherie. Mais Gauthier aussi, s'est aperçu de son oubli, a vu le mouvement du docteur, et rentre impassiblement dans son rôle. Avez-vous bien dormi, demande le premier, continuant son interrogatoire? L'autre répond en montrant la langue. Le médecin fait vingt questions, et vingt fois il voit sortir une langue qui semblait s'allonger à chaque demande. Il ne sut alors à quoi s'en tenir, et inclina cependant si bien à croire que Gauthier était réellement sourd, qu'il le porta sur la liste de ceux qui devaient être envoyés en France.

Ce docteur se nommait Ashelby, et était médecin du ponton-hôpital le *Caton*. C'est un plaisir pour moi, que de pouvoir inscrire, parmi tant de noms que j'ai à flétrir, le nom de cet homme de bien, digne de la profession qu'il exerçait, et qui ne voyait plus d'ennemis dans les êtres souffrants et moribonds confiés à ses soins. Mais que pouvaient son humanité et sa philantropie contre les ordres barbares de ses chefs? C'est à lui que le docteur Baird adressait les mots que j'ai pris pour épigraphe : « il faut plus de patriotisme que d'humanité, et ne renvoyer les prisonniers malades que quand ils doivent mourir en arrivant en France, ou peu de jours après. » S'il est vrai, comme on l'a affirmé, qu'au commencement de la guerre, le gouvernement anglais nomma une commission de médecins pour déterminer le régime et le traitement qui devaient, avec le plus de promptitude et de sûreté, détruire la santé des prisonniers, à coup sûr, le docteur Baird faisait partie de cet honorable corps scientifique.

Un seul fait prouve surabondamment combien on tenait plus à suivre les maximes atroces de l'inspecteur, que les intentions bienveillantes du médecin. Pour un anniversaire remarquable du jour où le roi d'Angleterre était monté sur le trône, le gouvernement accorda des grâces nombreuses, et voulut bien y comprendre les prisonniers de guerre, en déclarant que tous les invalides seraient renvoyés. L'annonce en fut faite partout, et les invalides se présentèrent en grand nombre. Il n'y en eut pas moins de trois cents à Dartmoor, tous dans un état de santé déplorable. Combien croit-on qu'il y en eut de renvoyés sur ce nombre ? J'hésite à l'écrire, tant la chose semble incroyable, tant je crains d'être taxé d'exagération. Cependant je dois le dire, parce que je puis en fournir la preuve ; il y en eut SEPT, sept sur trois cents. C'était, bien certainement, le cas d'appliquer ici les paroles de l'évangile : beaucoup d'appelés et peu d'élus. Parmi ceux qui furent refusés et qu'on trouva trop valides, était un homme avec une jambe de bois.

J'ignore le nombre de ceux qui furent renvoyés, appartenant aux autres dépôts ; mais on peut-être certain qu'il était en proportion de celui que je viens de mentionner, car les Baird étaient nombreux en Angleterre, et il n'y avait peut-être qu'un seul Ashelby

Les malheureux qui firent partie de cet envoi, quand ils aperçurent les côtes de France, éprouvèrent quelques moments de la plus vive anxiété. En abordant le port de Granville, le parlementaire qui les portait fut reçu à coups de canon, et se vit obligé de reprendre le large. On sut bientôt à quoi tenait cette contrariété. Napoléon avait désigné le port de Morlaix comme le seul où pussent aborder les parlementaires Anglais, et après quelques retards, les prisonniers rentrants y furent débarqués.

Il faut reconnaître que l'imprudence de ceux qui avaient le bonheur de revoir la France, par suite d'infirmités simulées, ne justifiait que trop souvent les défiances des Anglais et compromettait les tentatives des camarades restés au ponton. Ils affichaient trop évidemment une guérison subite, en posant le pied sur le sol Français. Celui qui s'était dit perclus de tous les membres, se mettait à battre des entrechats, le muet prononçait, avec la plus grande volubilité, un sermon grotesque, entrelardé de grosses injures à l'Angleterre, et ainsi des autres. Les marins anglais, témoins de ces bravades, ne manquaient pas d'en faire le rapport. La surveillance des chefs et des chirurgiens redoublait, et la difficulté de paraître incurable, devenait chaque jour plus grande.

On a vu, d'après tout ce qui précède, que l'amour de la liberté, le désir de rentrer en France, formaient la pensée unique, incessante des prisonniers de guerre, quelle que fut leur position. S'ils cherchaient à gagner de l'argent, c'était pour se procurer les moyens de tenter une évasion ; si une maladie réelle les frappait, ils s'en réjouissaient, espérant devenir invalides, et obtenir leur renvoi ; et combien n'y en a-t-il pas eu qui, pendant des années entières, se sont résignés à une vie de souffrance et de privations, au mutisme, à la surdité, à des habitudes ridicules ou dégoûtantes? N'en a-t-on pas vu aussi qui, à force de simuler certaines infirmités, en ont été réellement atteints, sans en être plus heureux, sans obtenir le résultant de tant de peine et de persévérance?

Il fallait donc que la misère fut bien grande, pour surmonter cet ardent amour de la liberté, pour que quelques-uns de ceux qui étaient enfin libérés vendissent, pour une modique somme, avec leur nom, le droit qu'ils venaient d'acquérir, de revoir la patrie. Celà avait lieu, cependant, assez fréquemment. L'accord se faisait d'ordinaire avant l'époque où la visite devait se passer. Le malade, ou se prétendant tel, faisait connaître tous les symptômes de sa maladie, toutes ses douleurs à celui qui devait le remplacer. Dès lors celui-ci s'efforçait de devenir le Sosie ou la doublure du malade. Il en prenait autant que possible, la démarche, l'allure, les gestes, et se plaignait des mêmes maux.

Quelques jours après la visite où le nom et le nombre des libérés avaient été définitivement arrêtés, le départ avait lieu. A l'appel du nom de celui qui avait été porté sur la liste, le remplaçant se présentait, l'air souffrant, la tête enveloppée d'un gros bonnet, la figure couverte d'un mouchoir, et s'embarquait, tandis que le remplacé restait au ponton, muni d'une faible somme, et ne tardant pas sans doute à se repentir d'un aussi immense sacrifice.

Au reste, pour les Anglais, cet individu n'existait plus au ponton ; celui qui y était pour eux, c'était le libéré dont le remplacé avait pris le nom, et il n'était pas autrement appelé, même par les prisonniers. Il arrivait quelquefois aussi, qu'au moment du départ, la supercherie était découverte, et dans ce cas, le remplaçant et le remplacé restaient tous les deux au ponton.

Gauthier, avec beaucoup de peine et une contrainte incessante, avait fini par faire si bien le sourd, qu'il avait obtenu la liberté dont les Anglais étaient si avares. Un autre prisonnier, à bord du même ponton, voulut essayer s'il ne lui serait pas aussi facile et aussi profitable de faire l'aveugle. C'était M. R..., honorablement connu à Marseille, et y jouissant, au moment où j'écris, d'une estime justement acquise.

Il commença par se plaindre de l'affaiblissement rapide de la vue, prit des conserves garnies en taffetas vert, et renonça peu à peu à lire et à écrire. Se doutant bien que quand on en viendrait à l'épreuve, on passerait devant ses yeux, à plusieurs reprises, une lumière qui le forcerait à clignoter, il adopta un clignotement perpétuel qui devait naturellement expliquer celui que les opérations du médecin nécessiteraient. Il en avait tellement contracté l'habitude, qu'il l'a conservée longtemps après sa rentrée en France, et n'a pu la perdre complètement que depuis peu d'années.

Il avait grand soin de se frotter souvent les paupières avec quelque liqueur excitante qui les rendait rouges et enflammées. Quant aux remèdes, aux poudres et liqueurs ophtalmiques que lui donnait le médecin, il avait grand soin de les jeter, et ne manquait pas de se plaindre qu'il n'en recevait aucun soulagement, soutenant, au contraire, que sa vue baissait chaque jour davantage.

Parmi les prisonniers, les uns croyaient à une infirmité réelle, d'autres se doutaient de la vérité, mais feignaient de croire aussi, et c'étaient précisément ceux-là qui exprimaient les regrets les plus piteux sur le sort du pauvre camarade prêt à perdre totalement la vue. Un seul était dans le secret, car il fallait au moins un confident pour l'accomplissement des projets ultérieurs de R...., et ce confident était le nommé Coulomb, de Toulon.

Quand il crut avoir assez préparé son monde à la scène qu'il allait jouer, R...., un beau matin, resta couché jusqu'à neuf heures, et tout-à-coup, feignant de s'éveiller, demanda ce qu'on avait à faire tant de bruit, à courir, à crier, au milieu de la nuit, et sans y voir clair. En même temps il promenait tout à l'entour, des yeux fixes et feignait de n'y rien voir. Quand on lui dit qu'il était neuf heures et grand jour, ce qu'il savait fort bien, il poussa des cris d'angoisse et de désespoir, il déplora si bien son malheur d'avoir perdu la vue, qu'il persuada ceux qui doutaient encore et qui le plaignirent sincèrement.

Alors vint le tour de son ami à jouer le rôle convenu d'avance. Il s'approcha, lui prodigua des paroles de consolation, lui promit de ne jamais l'abandonner, de lui servir de guide tant qu'ils resteraient ensemble au ponton. Ces protestations d'une part, les expressions de reconnaissance qui y répondaient, furent, on ne peut plus pathétiques, et émurent jusqu'aux larmes tous les prisonniers présents, tandis que les deux interlocuteurs s'adressaient, à la dérobée, quelques signes d'intelligence et riaient dans leur barbe. Mais on ne peut pas toujours faire du sentiment. Quand ils en eurent assez, Coulomb aida R.... à s'habiller, puis le conduisit sur le pont, bien lentement, avec beaucoup de précautions, l'avertissant de lever le pied, de s'arrêter, d'allonger le pas, selon le genre des obstacles qui se présentaient. Il le fit asseoir au soleil, se mit à côté de lui, et parut vouloir le distraire en lui parlant du bonheur qu'il aurait bientôt de voir la France. « La voir, dit R...., saisissant là-propos, la voir, oubliez-vous sitôt mon infortune ? hélas ! mes yeux ne verront plus rien désormais. » Au surplus, il avait peu besoin de distractions, il en trouvait assez dans la singularité de la position qu'il s'était faite, dans tout ce qu'il voyait et entendait autour de lui, relativement à la manière dont les prisonniers, groupés sur le pont, jugeaient et déploraient son malheur.

Plusieurs mois se passèrent ainsi. Chaque jour Coulomb se montrait aussi attentif auprès de son ami, ne le quittait pas d'un seul instant, d'un seul pas, veillait à tous ses mouvements, le conduisait partout, lui choisisait une bonne place au soleil, et faisait si bien que ses soins si continus et si attentifs, donnaient peut-être plus de vraisemblance encore à la cécité de R.... que toutes les plaintes et la conduite adroite de celui-ci. Il y avait probabilité pour que les médecins Anglais pussent s'y tromper, et que R.... fut bien et dûment reconnu pour aveugle, quand une circonstance inattendue vint détruire ce long ouvrage d'adresse et de patience

Un jour, avec les soins et l'attention ordinaires, on avait conduit R.... sur le pont ; on l'avait commodément assis au soleil, contre un mât, et en présence des officiers du ponton qui faisaient la conversation. On ne manquait jamais de rechercher leur présence, pour les rendre témoins de l'infirmité du pauvre prisonnier.

En ce moment, des soldats et des prisonniers s'occupaient à hisser à bord des barriques d'eau au moyen d'un cartahu. Les oisifs regardaient cette opération, et R.... la tête basse, paraissait plongé dans ses douloureuses réflexions, et ne voyait rien. Tout-à-coup un cri poussé par plusieurs personnes appelle son attention. On lui montre par signes une grosse poulie qui se détachait et allait d'a-plomb lui tomber dessus. Il lève la tête, la voit très distinctement, juge le danger trop grand pour en courir la chance, et se détourne prudemment.

Les Anglais mettaient déjà très fortement en doute sa cécité. Il n'en fallut pas plus pour les convaincre qu'elle était simulée. Miracle ! s'écria le capitaine, voilà monsieur R.... qui a subitement recouvré la vue. Je m'en réjouis pour mon compte, et je l'en félicite bien sincèrement.

Il ne fallut plus, dès ce moment, songer à faire l'aveugle. R.... y renonça, et comprenant qu'il perdrait peut-être son temps et compromettrait inutilement sa santé, dans des tentatives du même genre, il ne chercha plus d'autres ressources que dans ses talents et son énergie, pour rendre sa captivité aussi supportable que possible. Il fut, en conséquence, du nombre de ceux qui ne rentrèrent en France qu'en 1814.

Mais n'oublions pas que nous sommes à Dartmoor, et voyons ce qui s'y passe.

Il y avait à Dartmoor environ cinq cents romains, et cette nombreuse agglomération des parias de la prison, avait un grandiose d'abandon et de misère que je n'avais pas vu sur les pontons. C'était le beau idéal de la laideur et du cynisme. Les romains des pontons auraient été des petits-maîtres et des sybarites, en comparaison de ceux-ci. Les beaux types que Callot aurait trouvés là, si Dartmoor eut existé de son temps, s'il eut pu voir, dans l'angle d'une cour, une centaine de ces malheureux, cherchant un rayon de soleil, se poussant, se pressant, à demi-courbés, les uns contre les autres, pour se réchauffer, et sous leurs haillons, ou sous leur peau, livide, sale et noire, narguer encore, et les anglais, et les prisonniers qui, par un travail quelconque, avaient su trouver un soulagement à leur misère.

Je crois que c'est à Dartmoor, que fut inventée par les romains, une industrie qui était pratiqué avec succès partout ailleurs. Elle consistait à se pendre, et voici pourquoi et comment.

J'en ai assez dit sur l'horrible sort des prisonniers en général, pour me dispenser d'ajouter que le suicide était parmi eux une chose très fréquente, et j'aurai bientôt à en citer quelques exemples. Mais tous les suicides n'étaient pas sérieux, et comme il y avait de nombreuses maladies simulées, il y avait aussi des morts factices.

Quand un romain en avait assez d'un jeûne de plusieurs jours, quand il était à bout de cynique constance, il cherchait à entrer à l'hôpital, mais malgré sa pâleur cadavéreuse, malgré tous les symptômes d'épuisement et de marasme que décélait son corps étique, il n'obtenait pas aisément cette faveur. Il fallait alors chercher un moyen presque toujours infaillible ; c'était de se pendre.

Deux camarades s'entendaient à l'amiable, ou quand ils ne pouvaient pas tomber d'accord, jouaient aux dés à qui serait le pendu, à qui serait le libérateur. La chose une fois réglée, il s'agissait de trouver une corde, et ce n'était pas toujours facile. Plus d'une fois cette difficulté a fait avorter de pareils projets. Si l'on y parvenait cependant, quand la nuit était venue, quand tout le monde dormait, excepté le sauveur, celui qui devait se suicider, attachait sa corde avec un nœud coulant, à un endroit qu'il avait remarqué dans la journée, se la passait au cou et se pendait bel et bien, dans toutes les formes voulues, et comme s'il avait bien envie d'en finir avec la vie. Bientôt il jouait son rôle avec un naturel à s'y méprendre, en poussant les râlements étouffés que lui arrachaient la douleur et la strangulation. C'était ce qu'attendait le camarade à qui il avait été bien recommandé de ne pas s'endormir. Il venait au secours, en criant : un pendu ! tous les romains ou du moins une grande partie étaient sur pied, car, bien qu'on fut accoutumé à la fréquence des suicides réels ou simulés, bien qu'on les regardât avec une très grande indifférence, on n'en cherchait pas moins, par un reste d'habitude, à les prévenir, à soigner les malheureux qui, dans une tentative de suicide, avaient pu être secourus à temps.

On coupait donc la corde, et le plutôt que faire se pouvait, on portait le moribond à l'hôpital, où pendant vingt jours ou un mois, il menait une vie de délices, comparativement à celle du poste des romains. Mais il y avait plus d'une chance à courir dans ce jeu. Le camarade pouvait oublier sa promesse, s'endormir, ou même ne pas bouger quand il entendait les premiers râlements, pour faire, ce qu'il appelait *une bonne farce*. Tout cela a eu lieu, car la vie avait si peu de valeur au ponton et surtout parmi les romains, qu'on n'y tenait pas plus pour les autres que pour soi.

Tous les suicides n'étaient pas cependant un jeu, comme ceux dont je viens de parler. Il y en avait de nombreux, et accompagnés de circonstances atroces. J'aurai plus tard à en citer quelques-uns ; je vais pour le moment dire un mot de celui de Mauguin qui a eu lieu, pour ainsi dire, sous mes yeux. Mauguin était lieutenant de vaisseau, et avait été aide-de-camp du contre-amiral Magon. J'ignore où il avait été pris, et les circonstances qui, malgré son grade, l'avaient fait renfermer à Dartmoor. Ce que je me rappelle fort bien c'est que c'était un des officiers les plus distingués, aussi remarquable par les agréments de son physique que par de nombreuses connaissances, le brillant de son esprit et l'amabilité de son caractère. Comment un être, ainsi fait, pouvait-il s'acclimater à Dartmoor? Aussi n'y resta-t-il pas long-temps.

Mauguin étant à l'hôpital, entra un jour à la pharmacie, s'y saisit d'un pot de sublimé corrosif et en avala une poignée. L'effet fut si prompt que l'orifice de la bouche se rétrécit par l'extension des lèvres renversées, enflées et saignantes, et que le gosier resserré instantanément, ne put recevoir qu'une très faible partie du poison. Le malheureux n'expira qu'après trente-six heures de douleurs atroces, sans pouvoir proférer un mot, sans faire connaître la cause de cet acte désespéré qui, du reste, avait peu besoin d'explication parmi les prisonniers. La triste vie à laquelle ils étaient tous soumis, en donnait une raison suffisante.

Une dure séquestration, une idée fixe qui possédait

avec plus ou moins de force et d'intensité tous les prisonniers, devaient nécessairement produire parmi eux des cas nombreux d'aliénation mentale. Aussi, la folie se montrait là sous toutes ses formes, et comme les autres infirmités de la nature humaine, était souvent simulée, souvent exploitée dans l'intérêt de la liberté.

Les Anglais, comme quelques peuples de l'orient, ont une espèce de vénération pour ces aberrations de l'intelligence. C'est peut-être chez eux une inspiration d'égoïsme et un retour de réflexion personnelle, parce qu'ils sont plus particulièrement enclins à ce genre d'infirmité. Mais cette tendre compassion pour les aliénations mentales ne s'étendait pas jusqu'aux prisonniers. Les Français qui étaient fous ou qui feignaient de l'être, pouvaient se livrer à toutes les extravagances qui leur passaient par la tête ; on se bornait, s'ils troublaient l'ordre, à les renfermer ; mais pour les renvoyer en France, c'est à quoi l'on ne songeait que dans des cas extrêmement rares.

Il y eut un prisonnier cependant qui obtint ce résultat, en simulant un genre de folie des plus bizarres. Le fait a déjà été rapporté, je crois, dans la *France Maritime*, et je n'en dirai que quelques mots.

Cet individu feignit de croire qu'il était devenu coq. Il ne couchait plus dans son hamac, mais se jûchait accroupi sur une barre où il dormait ou faisait semblant de dormir. Au point du jour il levait la tête, battait des bras et entonnait le *coquerico*, ne se nourrissant au reste que de millet, de grains d'avoine et de blé et de fragments de pain qu'il picottait à terre comme les gallinacées. Deux ou trois fois étant dans la cour, il se mit amoureusement à courir après des poules qu'il aperçut, et qui se sauvèrent à tire d'ailes et de pattes. Il était devenu presque étique à ce métier, et cependant il le continua si longtemps et si bien, qu'il finit par persuader les Anglais de sa folie, et obtint d'être renvoyé.

Comme ce fait peut paraître assez extraordinaire, je répète qu'on l'a mentionné avant moi, et j'ajoute que si je n'en ai pas été témoin moi-même, je puis citer bon nombre de personnes qui l'ont été. Je crains d'être fastidieux en revenant si souvent sur de pareilles précautions pour établir la véracité de mes récits ; mais je ne puis m'en dispenser, pour me mettre en garde contre l'incrédulité.

Pendant les premiers jours de ma résidence à Dartmoor, j'avais vu un prisonnier avec une veste qui lui descendait presque aux genoux, mi-partie jaune et verte ; son pantalon avait une jambe rouge, l'autre bleue ; sa tête était couverte d'une énorme perruque en étoupes, d'où pendaient cinq ou six queues descendant jusqu'aux talons. Le porteur de ce costume d'arlequin, dansait, chantait et faisait de comiques extravagances ; mais il n'eut pas le succès du coq dont je viens de parler, et les Anglais ne voulurent pas croire à sa folie. Voyant que tout cela n'aboutissait à rien, il quitta son costume, déposa sa perruque et ses queues, s'habilla et vécut comme les autres, et resta en prison jusqu'en 1814.

Ce n'était pas seulement parmi les prisonniers renfermés que la folie exerçait son influence ; les officiers au cautionnement en étaient quelquefois atteints. Les cas en étaient beaucoup plus rares, il est vrai, mais en voici un qui a eu lieu à Abergavenny pendant que je m'y trouvais :

M. Lebast, capitaine de frégate, prisonnier dans cette ville, convoqua un jour tous les officiers de marine qu'il y connaissait, et leur annonça qu'il venait d'être nommé contre-amiral. Nous trouvâmes un peu étonnant qu'un capitaine de frégate, prisonnier de guerre, perdu dans la foule, et que rien ne distinguait particulièrement, eut ainsi franchi, tout-à-coup, l'intervalle qui séparait son grade de celui de contre-amiral. Cependant la chose n'était pas absolument impossible, nous la crûmes, nous félicitâmes M. Lébast, et ne l'appelâmes plus que : mon général.

Mais à quinze jours de là, il nous convoqua de nouveau, et nous dit qu'il ne savait comment il avait pu mériter toutes les bontés de l'Empereur, qui venait récemment de le nommer vice-amiral et duc de Planier. Tous les marins du midi savent ce que c'est que Planier. Je dirai à ceux qui l'ignorent que c'est un rocher d'un quart de lieue de tour, complètement submergé quand la mer est grosse, et portant un phare au haut duquel, en pareil cas, les gardiens sont obligés de se réfugier. Tel était le duché de M. Lebast.

Pour le coup, nous crûmes que lui ou Napoléon étaient fous, mais nous avions trop de respect pour l'empereur, pour ne pas donner sur ce point la préférence à M. Lebast. Cependant il ajouta à son annonce un argument qui, sans nous persuader, nous ferma la bouche et nous empêcha de le contredire. Il nous invita à un grand dîner qu'il devait donner trois jours après, pour célébrer sa brillante promotion. Songez, lecteur, que nous n'avions pas souvent de pareilles aubaines à Abergavenny. Et puis, que nous importait à nous, qu'il fut ou non vice-amiral et duc de Planier?

Le dîner fut splendide, et depuis le potage jusqu'au café, le duc ne parla que commandement d'escadres, évolutions navales et combats terribles livrés aux flottes anglaises. Au dessert, pas un de nous n'était le moins du monde disposé à le chicaner sur sa dignité de duc, et nous l'aurions cru prince, pour peu que cela lui fît plaisir.

Peu de temps après arriva à Abergavenny, un enseigne de vaisseau, qui avait un almanach de la marine de l'année ; tout ébahi de ce que nous lui dîmes, il nous montra le nom de M. Lebast, parmi celui des capitaines de frégate les moins anciens. Dès lors nous sûmes à quoi nous en tenir ; mais M. Lebast ne voulut pas en démordre ; il soutint fort et ferme qu'il était vice-amiral, et se fâchait tout rouge quand on le saluait simplement du titre de capitaine. Il se sera consolé sans doute, à son arrivée en France, en assimilant la perte de son grade et de sa dignité, avec la disgrace de tant de grands personnages déchus à la même époque.

CHAPITRE VII.

Épidémie à Dartmoor. — La Statue équestre. — Saut périlleux d'un romain. — Un Anglais tué par ses compatriotes. — Digression. — Les Pontons de la Jamaïque. — Le général Boyer. — Ses réponses aux forfanteries anglaises. — Deux Français assassinés. — Une rixe. — Un Tunnel.

> Que prétend ce peuple barbare ?
> Des forbans seraient nos égaux !
> Ils viendraient, d'une main avare,
> Flétrir les palmes des héros !
>
> E. Lebrun.

J'ai dit que quelquefois les hôpitaux destinés à recevoir les prisonniers malades, ne suffisaient pas à contenir la foule qui s'y encombrait. Dartmoor en offrit un terrible exemple en 1810. Vers le commencement de décembre, il s'y déclara une maladie avec des symptômes effrayants, et qui fit en peu de jours de rapides progrès. Son atteinte était prompte et instantanée comme celle du choléra. Aucun malaise précurseur, aucune indisposition antérieure n'annonçaient son invasion. Un prisonnier se couchait en plein état de santé, un instant après on eut dit qu'une détonation électrique l'avait frappé. Il était dévoré par une fièvre ardente ; sa langue et ses lèvres devenaient noires, le corps se couvrait de nombreuses tâches d'un pourpre foncé ; le délire survenait avec tant d'intensité, qu'à l'hôpital on était obligé d'attacher le malade sur son lit, et que, si on ne l'y avait pas transporté encore, il se jetait à terre et s'y roulait avec d'horribles convulsions.

L'hôpital de Dartmoor avait été construit pour cinq cents malades ; peu de jours après l'invasion de cette maladie, il dut en recevoir environ douze cents. D'abord on plaça des matelats à terre entre les lits, mais bientôt cette mesure fut insuffisante, et les moribonds vinrent envahir la place de ceux que l'épidémie n'avait pas atteints encore. Une salle de la prison était occupée par les sous-officiers de l'armée de terre, par la maistrance de la marine, et par les officiers déserteurs et repris ; c'est ce qu'au ponton on appelait la demi-prison. On fit évacuer cette salle pour en faire une succursale de l'hôpital. Ceux qui l'avaient habitée jusques là, et qui étaient un peu moins malheureux, parce qu'ils savaient mieux s'entendre, mieux sympathiser, mieux s'aider et se secourir au besoin, furent obligés de la quitter pour passer dans une autre, mêlés avec les matelots et les soldats. Ce fut un sujet de rixe et de disputes. Ils furent mal reçus par les premiers occupants, et pendant deux jours se virent obligés de combattre, pour obtenir une pauvre petite place qu'on leur disputait à coups de poings. Les Anglais ne s'occupaient pas de ces petits accidents.

La maladie se terminait ordinairement au bout de trois jours, souvent par la mort, quelquefois par une convalescence très longue, et qui laissait le sujet dans un état de prostration et de marasme, aboutissant à une fièvre de langueur presque toujours incurable. Quels soins n'eut-il pas fallu à ces hommes débilités par une aussi violente secousse, pour leur rendre toute l'énergie de leur physique. Les soins qu'on leur donnait, c'était de les renvoyer à leurs tristes rations, à leur vie sédentaire et monotone, à leur atmosphère empoisonnée.

Étaient-ils, du moins, convenablement traités pendant leur séjour à l'hôpital ? oui, je me plais à le dire : M. Dyker, médecin en chef, M. Winkworth, pharmacien, étaient deux hommes honorables, et qui faisaient dignement leur métier, comme M. Ashelby dont j'ai déjà parlé. Malheureusement, soit par une négligence coupable, soit par une préméditation atroce, ils n'étaient pas secondés par l'administration, et leurs demandes réitérées, n'obtenaient pas même les secours et les médicaments indispensables. Je dois ajouter aussi, que malgré leur humanité, il y avait toujours quelque chose d'anglais dans leur conduite. Aussi, chaque matin on apportait des cercueils dans les salles, on y déposait ceux qui étaient morts pendant la nuit, et on les clouait là, en présence des malades ; au pied de leurs lits. Croit-on que l'impression produite par ce spectacle, par le bruit de ces marteaux, n'a pas précipité la fin de plus d'un de ces malheureux. Et celà se répétait souvent, car au plus fort de l'intensité de l'épidémie, il mourait de vingt-cinq à trente individus par jour.

J'ai comparé la spontanéité de cette maladie avec celle du choléra ; elle avait encore, avec le fléau asiatique, un autre point de ressemblance : c'était l'incertitude dans laquelle les hommes de l'art étaient pour son traitement. Ils se livraient à des essais presque toujours impuissants, et agissaient pour ainsi dire au hasard, ne trouvant aucun rapprochement entre cette maladie et celles que la science et la pratique leur avaient appris à traiter jusqu'alors.

Ce ne fut que vers le courant du mois de février de l'année suivante, que le nombre des prisonniers atteints par le fléau, commença à diminuer, et au mois d'avril, M. Dyker n'eut plus à traiter que les infirmités ordinaires de la prison, toujours nombreuses et graves, par suite des causes délétères dont j'ai parlé plus d'une fois.

Peu de temps après la cessation du fléau, quelques incidents vinrent dissiper les funestes sensations que son souvenir avait laissées.

Un jour, je ne sais à quel propos, mais on peut croire que le motif était assez léger, tous les prisonniers avaient été mis à la demi-ration. Ils réclamèrent, crièrent ; on fit la sourde oreille, comme celà avait lieu toujours et dans toutes les occasions. Les romains se chargèrent d'obtenir justice et y parvinrent.

Quelques prisonniers, comme on l'a vu, étaient chargés de travaux intérieurs, moyennant douze sous par jour, ce qui était un émolument énorme, et rangeait celui qui le recevait dans l'aristocratie de la prison. Un gros normand, ex-soldat du train d'artillerie, transportait, d'une cour à l'autre, des pierres et du plâtras, sur une charrette attelée d'un énorme cheval. L'homme et la bête semblaient faits pour être accouplés ensemble : massifs, trapus, têtus, et d'une intelligence obtuse. Une troupe de romains fit invasion dans la cour, culbutta la charrette, et malgré les cris et la défense du normand, s'empara du cheval et l'emmena.

Cotgrave fut bientôt instruit du fait. L'épée à la main, à la tête d'un détachement de soldats, la baïonnette en avant, il entre dans la prison, criant : mon cheval ! mon cheval ! Il est là, lui dit-on, en lui montrant la porte d'une salle. Il y entre, mais pas de cheval. Il est en haut, lui dit un prisonnier. Cotgrave monte au premier étage par un escalier à marches hautes et raides, toujours l'épée à la main, toujours accompagné de ses baïonnettes. Mon cheval, dit-il, arrivant essoufflé au premier étage. Il est en haut, lui répond-on. Il monte encore, et entre enfin dans une salle vaste, nue, délabrée. Quatre cents romains étaient rangés le long des murs, tous en costume de rigueur, nus ou en guenilles. D'autres au centre de la salle jouaient une pantomime qui fit un instant arrêter Cotgrave, frappé de stupeur. A trois jambes du cheval étaient cramponnés pour chacune vingt romains qui fixaient cette jambe sur le parquet et la tenaient dans un état d'immobilité parfaite. La quatrième était élevée, pliée avec autant de grâce qu'on avait pu lui en donner, dans la position d'un cheval qui va partir, et maintenue fixe, dans cette attitude, par cinquante bras.

Sur la croupe de l'animal était, à califourchon, un romain d'une stature colossale, tenant la crinière de la main gauche, tenant de la main droite levée, dans une pause héroïque, un énorme coutelas, et prêt, à consommer le sacrifice au moindre mot fâcheux qu'aurait prononcé Cotgrave.

Mille cris s'élevèrent à l'instant : la ration, la ration entière, ou le cheval est mort. Que pouvait faire Cotgrave avec les vingt hommes qui le suivaient, même avec sa garnison, contre une volonté aussi fermement exprimée, et surtout par des romains qui, comme on la vu, n'étaient pas facilement réduits. Ils se rendit, donna la ration entière, et fit bien. On eut plus de peine à faire descendre le cheval, que n'en avaient eu pour le faire monter les romains qui l'avaient emporté en poids comme une balle. Ceux qui s'étaient chargés de la première opération, laissèrent la seconde aux soldats qui s'en tirèrent comme ils purent.

A peu près à cette époque, on fit une distribution de *totos*, vestes et pantalons jaune-canari, distribution longtemps attendue, et qui était loin d'accuser le faste du gouvernement Britannique. Elle se faisait sur une liste dressée d'avance, où l'on n'avait pas cru devoir porter quelques hommes à peu près nus, et qu'on croyait sans doute encore assez chaudement vêtus pour la saison; nous étions en janvier.

Les élus, appelés à tour de rôle, faisaient foule entre les deux grilles. Les autres, en deçà de celle qui servait de ceinture à la prison, les regardaient d'un air de convoitise. Ces accoutrements jaunes avaient un tel éclat, la tentation était si forte, qu'un individu ne put y résister, et c'était précisément le général des romains de Dartmoor, marseillais, grand, gros, fort et trappu, dont je n'ai jamais su le nom, car on ne le connaissait dans la prison que sous celui de *Gribouille*. Il voulut se voir en costume canari, à quelque prix que ce fut. La grille est trop haute et n'offre aucune saillie pour pouvoir être escaladée. Mais un vrai romain connaît peu d'obstacles, et celui-ci prie quelques-uns de ses camarades de le lancer de l'autre côté.

Çà y est! çà y est! s'écrie-t-on en riant. Aussitôt une douzaine de vigoureux gaillards l'empoignent, reculent de quelques pas, prennent leur élan, le balancent; un, deux, trois, et notre homme traverse les airs, fait un tour sur lui-même au-dessus de la grille, y tombe lourdement sur les reins, la tête d'un côté, les pieds de l'autre, pousse un cri d'angoisse, puis, par un effort désespéré, se redresse comme un reptile et vient s'abattre à plat-ventre sur le lieu de la distribution. Un autre se fut tué vingt fois. Mais on a la vie dure, quand on a mené pendant quelque temps le régime de romain. Celui-ci se réleva comme si de rien n'était, et tout ébahi, qu'on trouvât là de quoi rire. Ce tour de force méritait cependant bien quelque chose. Il égaya la scène, et Cotgrave lui-même, qui n'était pas rieur de son naturel, ne put garder son sérieux, sortit de ses habitudes de rigueur, et gratifia d'un costume complet, l'auteur du saut périlleux. Par une distinction particulière, il aurait bien voulu, je crois, y ajouter quelques T O de plus.

Mais il fallait toujours qu'à côté du plaisant ou du grotesque, vinssent se mêler des scènes de deuil. Un autre prisonnier, sans avoir l'audace et le bonheur de Gribouille, veut essayer de franchir la grille, en l'escaladant et de passer du côté où se distribuaient les costumes. Il avait à peine atteint la moitié de la hauteur, qu'un factionnaire l'ajuste, tire et le manque. Mais rassurez-vous, la balle n'est pas perdue pour cela. Trois prisonniers sont atteints; deux tombent morts, le troisième a deux doigts de la main droite emportés. Croit-on que le soldat qui, sans ordre, exécuta cet acte de barbarie, ait encouru quelque reproche? pas le moins du monde; Cotgrave n'y fit pas seulement attention, et ne lui adressa pas même la parole.

Quand la distribution était faite, il restait encore une besogne longue et ardue à ceux qui avaient été gratifiés d'un costume. On pense bien que les Anglais ne s'amusaient pas à prendre la mesure de ceux à qui ils accordaient cette rare et précieuse faveur. Un nom était appelé, ils jetaient à l'individu qui se présentait, le pre-

LA STATUE ÉQUESTRE.

mier pantalon, la première veste qui se trouvaient sur le ballot, et ainsi de suite. Mais, du moins, on était rassuré sur un point, c'est que jamais ces costumes ne pêchaient par trop d'ampleur. Le tout était tellement étriqué, qu'avec trois pantalons on en faisait ordinairement deux, pour des hommes de moyenne taille, en y comprenant même les trois gilets. On avait aussi, par ce moyen, l'avantage de faire disparaître les T O.

Aussi, pendant le jour et le lendemain d'une distribution, de nombreux marchés, de nombreux échanges avaient lieu, et ceux qui tenaient les bazars faisaient de bons coups, car il y avait, dans toutes les prisons, sur tous les pontons, des bazars où, parmi quelques effets essez propres, se vendaient de nombreuses guenilles, du fil, des morceaux de drap de toutes les couleurs, et le tout dans le plus grand détail. En général, tout ce qui n'était pas d'une nécessité indispensable, tout ce qui ne servait pas à l'alimentation, était à vil prix, ou pour mieux dire était sans valeur, car que faire d'un bijou, d'un objet de luxe, dans un lieu où tous les rangs sont confondus, où il y a égalité parfaite de misère et de privations, où tous sont condamnés à mourir de faim ?

Cependant, je le répète, l'industrie, l'énergie et le courage parvenaient à rendre cette misère moins poignante, à diminuer la rigueur de ces privations, et même à établir une espèce d'ordre et de régularité là où régnaient le cahos et la confusion.

Les Anglais qui avaient grand soin de prévenir et de

réprimer les désertions, qui sévissaient rigoureusement contre les moindres fautes commises envers leur autorité, s'inquiétaient peu des délits qui n'attaquaient que la sûreté personnelle ou les propriétés des prisonniers. Ceux-ci y avaient pourvu. Ils avaient nommé dans chaque salle un conseil chargé de régler les différents, de prononcer sur les délits. Le choix des membres composant ce conseil, qui prononçait toujours en dernier ressort, prouvait l'intelligence et le discernement des masses, qu'un instinct qu'on ne saurait leur refuser, conduit toujours à distinguer les hommes aptes à certaines fonctions. Cette aptitude des masses populaires à connaître, à apprécier le mérite, est peut-être la condamnation la plus péremptoire de notre système électoral. Ce fut par des hommes du peuple, par des soldats, que furent choisis, au commencement de notre révolution, les officiers qui devaient les commander. On sait ce qu'ils ont fait et ce qu'ils sont devenus ; maréchaux, ducs et princes ; ils le doivent aux élections populaires, et cependant, ils nient maintenant le mérite et la validité de ces élections.

On ne saurait mentionner, avec trop d'éloges, ce qui fut fait dans la prison de Dartmoor, relativement à l'organisation dont je viens de parler. Dans chaque salle était un président, assisté d'un certain nombre de conseillers. Ce tribunal veillait à la police intérieure, et prononçait la peine encourue par les délits commis envers les camarades. Après la délation, le vol était le délit le plus grave et le plus sévèrement puni. En effet, dans une aussi grande réunion d'individus, où tout était, pour ainsi dire, à la portée de tous, le vol devait être d'autant mieux réprimé, qu'il était plus facile et rentrait dans la catégorie du vol domestique.

Lorsqu'il s'agissait d'une chose grave, le conseil s'adjoignait comme jurés, un certain nombre de prisonniers et donnait un défenseur à l'accusé. C'est ainsi que j'ai vu condamner à cent coups de corde et à l'agravation de peine, que je ferai connaître bientôt, un prisonnier coupable d'un vol considérable de cent cinquante guinées envers un de ses camarades. Tout se passa dans les formes les plus rigoureuses. Mais le délit fut prouvé d'une manière évidente, et le châtiment de cent coups de garcette fut prononcé à l'unanimité.

Un contre-maître de marine, d'une taille et d'une force atlétiques, était chargé des fonctions d'exécuteur, et s'en acquittait en conscience. Le coupable reçut son châtiment, administré avec une garcette de la grosseur du poignet, en trois reprises différentes, car probablement il eut succombé, si le tout lui eut été donné sans répit.

On lui rasa ensuite la moitié de la tête et on l'attacha contre la grille intérieure, au moment du marché, avec deux écritaux, l'un au dos, l'autre sur la poitrine, énonçant le nom et la qualité de l'individu, la nature du délit et le châtiment.

Ces jugements étaient transcrits sur un registre, et quand la chose pouvait se faire, une copie était envoyée au pays du condamné, qui chassé de la salle à laquelle il appartenait, ne savait où se réfugier, n'était pas même admis chez les romains, et se voyait enfin réduit à entrer dans la domesticité des Anglais. On rendra sans doute justice au bon sens et à l'énergie de ces prisonniers, qui savaient ainsi résister à tous les moyens tentés par les Anglais pour les démoraliser.

Quand on avait décidé que Dartmoor ne serait plus destiné aux criminels, mais aux prisonniers de guerre Français, quand, en conséquence, on eut doublé ses moyens de clôtures, renforcé ses grilles, et qu'on lui eut donné une garnison imposante et un Cerbère pour gouverneur, quelques journaux anglais dirent triomphalement qu'on venait enfin de construire une prison, qui déjouerait toutes les ruses et l'esprit inventif de notre nation, pour trouver des moyens d'évasion. L'évènement prouva le contraire. Il n'y avait pas de jour que quelque évasion ne fut exécutée. Peu réussissaient, il est vrai, et si l'on parvenait à sortir de la prison, il était très rare que l'on put passer en France, car le plus grand obstacle à vaincre était la mer à traverser, et je puis affirmer que si la terre maudite eut tenu à la France par un istme, bientôt elle n'aurait pas conservé un seul de ses prisonniers.

Les Anglais semblaient ne pas se douter de ces nombreuses tentatives d'évasion, semblaient les favoriser même, pour se donner l'atroce plaisir d'une lâche repression avec une apparence de justice. Que de malheureux ont été assassinés de sang froid, sans défense, au moment où ils se rendaient, par des soldats qui pouvaient aisément les saisir et tiraient dessus à bout portant, par des officiers qui toléraient ou ordonnaient cette lâcheté! Dans ces occasions, le soldat n'encourait aucun reproche, l'officier en était quitte pour dire que le prisonnier allait lui échapper, et qu'il avait fait son devoir en le tuant. Il n'en fallait pas plus pour justifier cet acte de brigandage.

Une nuit, quelques prisonnniers s'étaient échappés des salles. Au léger bruit qu'ils firent dans la cour, vingt coups de fusil, tirés au hasard, partirent à la fois, la garnison prit les armes, geôliers et soldats accoururent, Cotgrave en tête, les uns portant des fanaux, les autres l'arme chargée. Mais les prisonniers, au bruit de l'alerte et des coups de feu, avaient regagné leur trou sans être atteints. On fit de longues perquisitions, on ouvrit des magasins, on fureta dans tous les coins, et on allait enfin rentrer, quand un homme apparut au loin et dans l'ombre. Un peloton, sur l'ordre de Cotgrave, l'ajuste, fait feu, et le malheureux tombe mort, percé par plusieurs balles. Les Anglais accoururent vers le cadavre, pour voir quelle est leur victime, mais cette fois, le ciel avait été juste ; c'était un des leurs, c'était un des geôliers de la prison qu'ils venaient d'assassiner. Il eut été à désirer, pour le bonheur et le repos de l'humanité, que quelques millions de balles eussent atteint un but semblable.

Nous avions à Dartmoor quelques individus qui avaient fait partie de l'expédition de Saint-Domingue, et qui, après avoir été transportés d'une prison à une autre, étaient venus terminer parmi nous leur temps de captivité.

Il faut rappeler ici que quand la capitulation de Saint-Domingue eut lieu, elle portait expressément que les débris de l'armée française seraient transportés en Europe. Comment cette clause fut-elle exécutée par les Anglais ? On le sait : tout fut considéré comme prisonnier de guerre; mais pour éviter les embarras du transport, les frais d'entretien et de nourriture, on prit un moyen expéditif. La plupart des Français, après avoir été dépouillés, furent déposés nus sur les côtes de Saint-Domingue, où les nègres les massacrèrent. Les Anglais le savaient, et auraient tout aussi bien fait de les massacrer eux-mêmes ; ils n'auraient encouru ni plus de honte ni plus d'horreur, ils en ont une assez large part, pour ne pas y regarder de si près.

Quelle que fut la dureté avec laquelle nous étions traités en Angleterre, quelque grande que fut notre misère, rien n'approchait cependant de ce qu'avaient souffert les français qui, appartenant à l'expédition de saint Domingue, n'avaient pas été livrés aux nègres et que les Anglais avaient gardés comme prisonniers de guerre. Ils furent transportés à la Jamaïque et enfermés dans des pontons où tous les tourments, tous les genres de persécutions les assaillirent à la fois.

En arrivant ils furent entièrement dépouillés de tout ce qu'ils possédaient. Des officiers Anglais, des officiers, quelques-uns appartenant aux premières familles des trois royaumes, s'emparèrent de l'argent, des bijoux, de tous les objets de quelque valeur que possedaient ces malheureux ; puis ils les jetèrent nus dans une batterie de ponton, où ils en firent mourir une partie d'inanition. Sous le climat brûlant de la Jamaïque, à ces hommes entassés dans un étroit espace, on refusait de l'eau, et par une faveur spéciale, on la vendait à ceux qui avaient pu soustraire quelque argent à la rapacité des forbans anglais, à raison d'une gourde la moque. C'étaient encore des officiers qui faisaient ce noble trafic.

Quand enfin, sur des cris unanimes, sur des réclamations incessantes, on consentit à donner de l'eau à discrétion, cette mesure devint l'occasion d'un acte de barbarie dont on chercherait vainement un second exemple ailleurs que dans l'histoire du peuple Anglais.

L'eau était apportée dans des futailles qui partaient vides du ponton et revenaient pleines à bord. Déposées au fond de câle elles en étaient tirées au moyen d'un cartahu, par les prisonniers eux-mêmes qui les déposaient sur un chalan. Un jour, plusieurs français, avant cette opération, descendirent dans la câle, défoncèrent des futailles, et aidés par des camarades qui leur prêtaient la main, s'y enfermèrent chacun dans une pièce. Ils espéraient qu'une fois à terre, quelque circonstance imprévue, quelque hasard heureux leur fourniraient les moyens de s'évader. D'ailleurs que pouvaient-ils compromettre en s'aventurant ainsi ? Leur existence : mais les Anglais l'avaient rendue telle qu'ils n'y tenaient pas. Le fond fut remis sur les futailles qui, hissées avec leur contenu et déposées sur le chalan, prirent le chemin de la côte.

Pendant la traversée, un des individus ainsi voituré, se trouvant sans doute mal à son aise, passa deux doigts dans la bonde de sa futaille pour prendre un point d'appui et se procurer une position plus commode. Un soldat s'en aperçut et le fit remarquer à l'officier qui commandait la corvée. Celui-ci ne dit rien, mais un instant après, arrivé à terre, au lieu de faire débarquer les futailles, il fit pousser au large les embarcations qui remorquaient le chalan, et retourna au ponton qu'il aborda. La garnison entière fut rangée sur le passavant ; trois fois les armes furent chargées, trois fois on fit feu sur les futailles. On entendit des cris, on vit du sang couler, et quand on crut qu'il y en avait assez, on défonça les pièces, on trouva des morts et des blessés, et le chalan, ayant pris d'autres futailles, repartit pour aller faire de l'eau, sous la conduite de l'assassin, qui a sans doute demandé à son gouvernement, la récompense de cet exploit.

Maintenant je prie le lecteur de dire si j'ai eu tort d'avancer que l'on ne trouverait rien d'aussi atroce dans les annales d'aucun peuple, et de ne pas oublier que des milliers de traits du même genre peuvent être cités à la honte éternelle de l'Angleterre.

A chaque ligne que j'écris, à chaque fait accusateur que j'énonce, j'ai l'espoir qu'un anglais aura un jour l'impudence de prendre la plume ou d'élever la voix pour me démentir. Ma replique est prête ; mes témoins existent, nombreux encore, qui n'auront qu'un cri unanime pour m'accuser peut-être de trop de réserve et de modération, pour dire aux Anglais : les expressions du langage ordinaire son trop faibles pour peindre la bassesse et l'ignominie de votre conduite envers vos prisonniers ; ce que vous avez fait à cet égard doit vouer votre nom à l'exécration éternelle de tous les peuples.

Et qu'on n'oublie pas les circonstances de l'époque pendant laquelle j'écris ces actes d'accusation. C'est au moment où les faits d'héroïsme de notre armée d'Afrique sont représentés comme des actes de brigandage par les journaux anglais, exaltant la bravoure et les brillantes qualités des hordes sauvages qui assassinent nos soldats. Quand ces folliculaires, organes des sentiments de leur nation, répandent ainsi sur notre gloire, la bave de leur jalousie et de leur haine, ne puis-je, moi, flétrir cette nation à mon tour, en relatant des faits avérés, connus de tous, et qu'on laisserait peut-être tomber dans l'oubli, si l'Angleterre savait garder le silence prudent qui convient à sa honte et à sa turpitude.

Le général Boyer était du nombre des prisonniers de guerre retenus contre le droit des gens après la capitulation de saint Domingue. Se trouvant dans un cautionnement en Angleterre, à l'époque où Napoléon, au camp de Boulogne, préparait une descente, il causait un jour avec plusieurs officiers anglais, et ne demandait pas mieux que de parler de tout autre sujet que des évènements politiques, car sur ce chapitre il faut toujours finir par se quereller avec les anglais qui affichent à tout propos leur morgue et leurs prétentions. Le général avait à plusieurs reprises éludé de répondre à ce qu'on lui disait relativement à la politique, et ses interlocuteurs y revenaient obstinément. Il fallut donc aborder ce sujet, et il fut question de la descente qu'on représentait comme impossible. [7]

Mais en supposant qu'elle puisse s'effectuer, dit un de ces gentlemen, en supposant aussi que les forces que nous vous opposerons soient battues, croyez-vous en être quittes ? En retraitant, nous mettrons le feu à nos magasins, nous brûlerons les récoltes, nous détruirons tout, vous ne trouverez pas une pomme-de-terre, pas un grain de blé ; comment subsistera votre armée, que mangerez-vous ?

Ce que nous mangerons, dit le général fatigué de tant d'obssession, saississant, étreignant le bras de cet individu, et le secouant avec force, ce que nous mangerons, nos prisonniers anglais. La conversation en resta là pour cette fois ; le ton dont ces paroles étaient prononcées fit comprendre que le général était disposé à exprimer des vérités qu'on ne serait pas bien aise d'entendre.

Cette anecdote me rappelle une autre réponse que s'attira encore à saint Domingue, pendant la guerre, l'insolence anglaise, et que je vais rapporter ici en passant. Je crois, sans pouvoir l'affirmer, qu'elle fut faite aussi, par le même général Boyer. Un colonel anglais avait été fait prisonnier de guerre. Le lendemain, le général anglais qui commandait à saint Domingue, envoya un officier en parlementaire au général français pour traiter de l'échange du colonel, et fit offrir de renvoyer à sa place, cinq ou six officiers français. La proposition parut injurieuse, et le général y répondit en ces mots : Mes officiers prisonniers de guerre sont des braves que j'estime, mais je puis aisément me passer de leurs services, car j'en ai d'autres et en grand nombre qui les valent. Cependant je ne refuse pas l'échange proposé, et si l'on veut m'envoyer un cochon un peu gras et du poids du colonel, je renverrai celui-ci immédiatement. Il n'est pas besoin d'ajouter que la négociation fut rompue.

Si les vivres accordés par le gouvernement étaient insuffisants et mauvais, leur quantité était diminuée encore, leur qualité rendue plus détestable par ceux qui étaient chargés d'en faire la distribution. C'était ceux qu'on appelait les *cocks*, cuisiniers de la prison. Un jour, le pain qu'ils donnèrent, n'eut pas été présentable à des pourceaux, et les prisonniers le refusèrent unanimement. Après de longues altercations, il fut proposé, pour obvier à la difficulté, de donner trois pains au lieu de deux, et la chose fut acceptée, car ces hommes, toujours affamés, tenaient plus à la quantité qu'à la qualité.

Mais quand on en vint à l'exécution, ce supplément de ration fut obstinément refusé. Alors la colère des prisonniers ne connut plus de bornes. On pénétra en foule auprès des cocks, on les accabla d'invectives, et dans le tumulte, un d'eux tua un des plaignants d'un coup de couteau. En même temps, quelques individus qui avaient pénétré dans les salles pour défendre les cocks et plaider leur cause, étaient étouffés ou mis à mort à coups de pliants et de tabourets, malgré l'intervention des hommes modérés et des membres des conseils dont l'autorité fut méconnue en cette occasion. Ces scènes de désordres se passaient cependant à la connaissance des Anglais qui ne jugeaient pas à propos d'intervenir.

Enfin le calme se rétablit un peu ; les conseils des différentes salles se réunirent pour aviser aux mesures qu'il y avait à prendre, et Cotgrave engagé à assister à cette séance, y consentit. Après de longues discussions, on obtint un règlement qui devait remédier à une partie des abus, et les cocks furent remplacés par d'autres. On découvrit peu de temps après leur expulsion, des vols nombreux qu'ils avaient commis au détriment des vivres des prisonniers. Des scènes aussi fâcheuses, et qui se sont renouvelées plusieurs fois, n'étaient dues qu'à l'incurie et à la mauvaise administration des Anglais.

Si, sur les pontons, on parvenait à force de persévérance et de peine, à percer les flancs de ces bagnes flottants, dans les prisons de terre, on faisait mieux que percer les murs. On pratiquait de longs boyaux souterrains qui allaient aboutir dans la campagne. La grande difficulté était de savoir où mettre la terre qu'on retirait de ces excavations. Ordinairement on en bourrait les paillasses, dont on brûlait la paille à mesure qu'on la remplaçait par cet édredon.

Nous entreprîmes aussi une tranchée souterraine, dans la salle n° 4, à Dartmoor. Elle traversait les cours, passait sous les grilles, sous les remparts, et sous un petit ruisseau, en dehors de la dernière enceinte. C'était un véritable tunnel. Nous avions pratiqué à droite et à gauche, de distance en distance, des enfoncements pour nous mettre à l'abri en cas de malheur. Cette précaution était des plus prudentes, car plusieurs fois, les Anglais ayant eu connaissance d'entreprises semblables avaient traitreusement attendu l'exécution et se postant à l'ouverture au moment où on la découvrait avaient fait feu sur le groupe des prisonniers qui s'y présentaient pour sortir. Si pareille chose nous fut arrivée, nous aurions pu nous réfugier dans les rentrées que nous avions pratiquées, et il n'y aurait eu de sacrifié que les premiers qui se seraient présentés. Mais nous n'eûmes pas à courir ce danger.

Nous étions trente, à peu près tous officiers, qui travaillions avec ardeur, presque tout le jour et une partie de la nuit à l'exécution de ce projet. Le boyau, après un mois environ de travaux continus avait déjà une longueur, qui, d'après notre évaluation nous paraissait suffisante, et nous nous disposions à pratiquer l'ouverture, quand un des nôtres disparut un matin, et ne revint plus. Nous soupçonnâmes une trahison et nous ne nous trompions pas. Un misérable poussé par la détresse et la faim, avait été nous dénoncer aux Anglais. C'était un jeune Bordelais, appartenant à une famille honorable, et dont rien jusqu'alors ne nous avait fait suspecter la franchise et la loyauté.

Il ne reparut plus parmi nous ; quand un prisonnier,

soit par dépravation, soit qu'il fut poussé à bout par le besoin et le manque d'aliments, en venait à trahir ses camarades, il devait renoncer à les revoir jamais. S'il rentrait au ponton ou à la prison et que son crime y fut prouvé, un châtiment terrible l'attendait. Il était donc forcé de se réfugier parmi les Anglais qui le dépaysaient en l'envoyant dans un autre lieu de détention, ou qui, tout en le méprisant, l'employaient aux fonctions les plus viles et les plus abjectes de la domesticité. Dans cette position, il était à l'abri, il est vrai, des mauvais traitements et du châtiment qu'il avait encourus, mais il avait fréquemment à subir de cruelles humiliations. Il ne pouvait être aperçu par les prisonniers, sans qu'un hourrah d'indignation et de mépris s'élevât à son aspect, sans que les mots de traître, de transfuge, d'espion, résonnassent à ses oreilles.

Les coupables n'ont pas laissé sur la terre de la captivité, la répulsion et la haine qu'ils inspiraient. Ces sentiments les ont accompagnés en France, et j'ai eu occasion de voir dans nos ports, quelques-uns de ces misérables, signalés par les anciens camarades qu'ils avaient vendus, au mépris de la population et surtout des marins. Je les ai vu conspuer en France comme en Angleterre. Leur bassesse, en effet, ne méritait pas de pardon et ne devait pas en obtenir.

L'absence du Bordelais fut pour nous un avertissement de discontinuer nos travaux et nous dispensa de toute reconnaissance envers Colgrave qui ne renonça à nous surprendre en flagrant délit de désertion que parce qu'il pensa bien que la disparition du délateur nous ferait tenir sur nos gardes, et nous empêcherait d'accomplir notre projet. Cependant des soldats envahirent la salle. Après d'assez longues recherches, le boyau que nous considérions comme un chef-d'œuvre de la science des mines, fut découvert, parcouru dans toute sa longueur et comblé. Nous en fûmes quittes pour le déboire de voir avorter une tentative qui, pendant quelque temps nous avait bercés des plus douces espérances. Le personnel de la salle était trop nombreux pour qu'on cherchât à démêler les coupables qui, si on les eût connus, n'eussent pas manqué d'aller au cachot.

Une entreprise du même genre, dans une autre prison, eut des chances plus malencontreuses encore que la nôtre. Un boyau avait été creusé avec beaucoup de peine et après de longues journées de labeur et de fatigue. Quand on crut l'avoir prolongé assez loin et être arrivé dans la campagne, on choisit une nuit bien noire, on se rendit à l'extrémité, muni de quelques provisions, et l'on procéda à la dernière opération en pratiquant une ouverture perpendiculaire. Mais ô fatalité du hasard! Ce percement fut tout justement opéré sous les pieds d'un factionnaire avancé qui s'enfonça lui et sa guérite dans le trou, laissant à peine aux français le temps de se garer de cette avalanche imprévue. Prisonniers, factionnaire et guérite roulèrent ensemble, et la garde accourant au bruit et aux cris, termina la scène en conduisant les fugitifs au cachot.

Il ne se passait pas un seul jour à Dartmoor sans

que des trous fussent faits aux murs, sans que quelques prisonniers parvinssent à s'échapper. Je crois que si la guerre s'était prolongée pendant quelques années, ces murs, criblés, pour ainsi dire, auraient fini par s'écrouler. Mais malheureusement quand on était sorti de prison, on avait bien peu fait encore. Que sont devenus tous les camarades dont nous avons appris l'évasion? Je l'ignore, mais à coup sûr, bien peu sont parvenus à se rendre en France.

TOUR DE FORCE D'UN ROMAIN.

CHAPITRE VIII.

Les conteurs de Dartmoor. — Le Ponton la *Vieille-Castille* à Cadix. — Évasion de cinquante officiers. — Détresse des prisonniers. — Terreur panique. — Enlèvement du Ponton. — Noble conduite des officiers de marine. — Enlèvement du Ponton l'*Argonaute*.

> Il n'est pas d'entreprise, quelque téméraire qu'elle soit, qu'on ne puisse tenter avec des Français.
>
> NAPOLÉON.

Les conteurs ne manquaient pas plus à Dartmoor que dans les autres lieux de détention des prisonniers Français. Nous en avions, dans la salle à laquelle j'appartenais, qui avaient le talent de nous distraire pendant quelques heures de la nuit, de nos tristes pensées, par des récits presque toujours attachants. Il faut avoir été privé, pendant des années entières, du plaisir des sociétés, des spectacles, des réunions dont la présence du sexe fait le principal charme, pour connaître et apprécier le bien-être qu'on éprouve, quand, après une longue journée de tristesse et d'ennui, on se repose, au milieu d'un silence absolu, en écoutant un conteur qui dit des choses intéressantes et s'exprime avec facilité. C'est mieux que la lecture, car l'oreille seule et une légère attention sont nécessaires pour jouir de cette situation, qui réunit les plaisirs du *far niente* à ceux de l'intelligence.

La réunion de notre salle, composée en très grande partie d'individus qui avaient reçu une éducation plus ou moins avancée, n'admettait guère ces récits exagérés et fantastiques de corps-de-garde et de batteries. Il nous fallait des choses plus rationnelles et plus vraies, et nos conteurs étaient à la hauteur de l'auditoire. Ils nous entretenaient souvent des désertions hardies qu'ils avaient tentées eux-mêmes, ou dont ils avaient été témoins, des faits d'armes auxquels ils avaient assisté et des traits de cruauté commis par nos persécuteurs. C'est dans le souvenir, laissé par ces soirées, que je vais puiser quelques anecdotes et quelques documents, tous intimement liés à mon sujet, tous faisant, pour ainsi dire, partie inhérente de ma publication.

J'avais, à plusieurs reprises, entendu parler d'un projet de soulèvement général des prisonniers de guerre. J'appris à Dartmoor que ce projet avait existé en effet, avait été sur le point de se réaliser, et je l'appris par la bouche d'un officier qui en avait été un des principaux agents.

Il y avait en Angleterre, en 1809, époque où ce

mouvement devait avoir lieu, de quatre à cinq mille officiers français prisonniers sur parole dans divers cautionnements plus ou moins éloignés les uns des autres, mais repartis sur toute la surface du pays, du nord au midi. Le cautionnement le plus central avait été désigné pour point de réunion, et les officiers, partant tous, à jour fixe, devaient y être rendus en même temps. Il faut se rappeler que toutes les troupes de l'Angleterre étaient alors en Espagne, qu'il n'y avait dans le pays que quelques mauvais régiments de milice employés à la garde des côtes et des prisons, et il faut bien se figurer surtout que nos officiers, braves et déterminés comme ils l'étaient, sachant se faire des armes de tout, auraient eu bon marché des bourgeois et des paysans qui auraient voulu les suivre ou les arrêter.

Une fois réuni au cautionnement désigné, on aurait marché ensemble sur la prison la plus voisine ou la moins bien gardée, et là encore, les soldats de milice n'auraient pas résisté longtemps aux efforts simultanés de l'attaque des officiers et du soulèvement de leurs prisonniers qui auraient été délivrés, pour ainsi dire, sans coup férir.

Voilà donc un noyau de dix à douze mille français, la plupart pourvus des armes enlevées aux miliciens. C'était une force de beaucoup supérieure, non-seulement en courage et en résolution, mais encore en nombre, à la force qu'elle aurait eu à combattre pour enlever la seconde prison sur laquelle on aurait marché. On devait ainsi, se renforçant à chaque succès, délivrer tous les prisonniers, finir par s'emparer d'un port, et attendre et faciliter une expédition de débarquement que le gouvernement français n'aurait pas manqué de faire.

Ce projet, tout chimérique qu'il peut paraître, n'en était pas moins exécutable. Sans doute les prisonniers couraient de grandes chances, ils pouvaient être massacrés en masse si leur entreprise eut échoué, mais ils avaient aussi des probabilités de succès. Qu'on réfléchisse en effet sur quelques entreprises aussi audacieuses, qui ont réussi et qu'on taxerait de folies s'il en eut été autrement. Supposez, par exemple, que tout autre colonel que Labédoyère, un émigré, comme il y en avait tant alors à la tête des corps, tout autre régiment que le 5e de ligne, se fussent trouvés à Grenoble, lors du retour de l'Ile d'Elbe, Napoléon n'eut pas été plus loin, et son débarquement en France serait considéré maintenant comme une témérité inexcusable qui ne pouvait avoir d'autre issue.

Il en est toujours ainsi de toutes les entreprises hardies : le succès les justifie et les explique ; un échec les condamne et les fait considérer comme des folies.

J'ai les plus fortes raisons pour croire que Napoléon avait eu connaissance de ce projet et y avait donné son consentement, et cela me conduit à penser aussi que l'empereur n'avait jamais été bien sincèrement porté à faire un échange de prisonniers. Il en avait été question à plusieurs reprises, et chaque fois, les Français retenus en Angleterre s'étaient bercés d'espérances toujours déçues. Des négociations actives eurent lieu cependant à cet égard, et il fut convenu qu'on échangerait homme pour homme, en commençant respectivement par les nationaux des deux pays, et que les auxiliaires viendraient ensuite. Par le premier transport, le gouvernement britannique n'envoya que des Suisses, des Belges et autres étrangers, et demanda en retour des Anglais. Ainsi, comme le nombre total des prisonniers que les Anglais avaient à nous, était plus fort que celui des leurs, et que les étrangers y dominaient, il en serait résulté que quand nous leur aurions rendu tout ce que nous avions à eux, presque tous les Français seraient restés en Angleterre. L'empereur refusa de recevoir cet envoi, et l'échange n'eut pas lieu.

Il avait dit un jour, à propos des prisonniers de guerre dont on lui peignait la misère : Ils sont à leur poste, à leur rang de bataille, et me servent activement. En effet, il avait là une armée de plus de soixante mille hommes, soldats et marins, tous ayant fait leurs preuves, tous poussant le dévouement et le patriotisme jusqu'à l'exaltation, tous disposés à faire une guerre d'extermination à l'Angleterre. Quelle ressource n'eut-ce pas été pour lui, si les affaires du continent lui eussent enfin permis de tenter une entreprise contre le pays.

Ce fut par la bouche d'un conteur de Dartmoor que j'appris les détails d'un fait dont j'avais entendu parler plusieurs fois, mais que je ne connaissais qu'imparfaitement. Celui qui nous le retraça y avait pris une part active, et je ne fais, pour ainsi dire, que transcrire son récit.

Au commencement de la guerre d'Espagne, sept à

huit pontons avaient été établis, dans la rade de Cadix, sur le modèle de ceux d'Angleterre, sous la direction d'officiers Anglais, et pour renfermer les prisonniers de guerre Français. A bord du ponton la *Vieille-Castille*, se trouvaient neuf cents individus, dont vingt-quatre officiers de marine, trois cents femmes, et le reste, officiers supérieurs ou subalternes de l'armée de terre, et quelques domestiques.

On souffrait là comme en Angleterre, et, comme en Angleterre aussi, on songeait à s'affranchir d'une dure captivité. Dès longtemps les officiers de marine avaient formé le projet de couper les cables du ponton et de le laisser dériver à la côte jusqu'aux postes français qui étaient sur la côte, au risque de ce qui pourrait en arriver. Mais les officiers de l'armée de terre, presque tous d'un âge plus que mûr, condamnaient cette entreprise, ne voulaient y prendre aucune part, et paraissaient même disposés à s'y opposer. Les marins n'avaient pour adhérants que quelques jeunes sous-lieutenants sortis de l'école militaire, et comme eux, entreprenants et pleins d'audace. Cependant ils résolurent d'agir à l'insu et en dépit des hommes par trop prudents, et attendirent le moment favorable. Mais avant que cette circonstance propice vint se présenter, une évasion partielle et spontanée servit de prélude à leur entreprise.

Trois fois par semaine, une forte chaloupe apportait à bord l'eau et les vivres, et ordinairement c'étaient les prisonniers qui les embarquaient, à la grande satisfaction des espagnols, dont, comme on sait, la paresse est proverbiale. Un jour donc, la chaloupe arrive, s'amarre le long du bord, et une cinquantaine de prisonniers y descendent pour aider à hisser les provisions, tandis que les espagnols les regardaient faire, étendus sur leurs bancs, et les bras croisés. Quand la dernière barrique d'eau fut hissée, on coupa l'amarre de la chaloupe, on borda les voiles, et sans plus de cérémonie on appareilla, au milieu des cris et des invectives des espagnols qui ne pouvant s'opposer à cette brusque expédition qu'ils étaient loin de prévoir, prirent le parti de se jeter à l'eau, et de gagner la terre à la nage.

La chaloupe, avec ses cinquante officiers, passa en vue des escadres Anglaise et Espagnole qui lui tirèrent quelques coups de canon sans l'atteindre. Elle échappa à la poursuite d'un chebeck armé en guerre, et continua sa route au milieu de plusieurs petits bâtiments de commerce espagnols qui ne purent rien faire pour l'arrêter. Ce n'était pas cependant la bonne envie qui manquait, car du haut d'un de ces navires un homme lança aux fugitifs une énorme barre de bois, tout en maugréant et proférant force jurons contre les *démons de Français*. Le projectile traversa l'air en tournoyant, dépassa la chaloupe et ne produisit d'autre effet qu'un bruyant éclat de rire que poussèrent en chœur les aventuriers. Comme ils passaient par le travers d'un bâtiment des États-Unis d'Amérique, qui se trouvait mouillé dans la baie, tout l'équipage sur le pont, battit des mains, en criant : Bravo, bravo ! messieurs les Français.

Dans la journée la chaloupe atterra près des postes

français et les cinquante officiers furent rendus à la liberté sans que cette entreprise hardie eut couté la vie à un seul d'entr'eux.

Un pareil succès eut suffi pour encourager ceux qui étaient restés à bord du ponton, à mettre en exécution ce qu'ils avaient projété depuis longtemps, si une circonstance plus déterminante encore, n'eut coupé court à toute indécision. Il se voyaient exposés à mourir de faim un jour ou l'autre.

Il règne par fois, des vents tellement violents dans la baie de Cadix, que la traversée en devient impossible aux embarcations. Quand il en était ainsi, la chaloupe portant les vivres n'arrivait pas, et les prisonniers jeunaient. Ces interruptions n'avaient jamais été ni bien fréquentes, ni d'une très longue durée. Mais vers la fin du mois d'avril, et par un véritable ouragan, on attendit vainement la chaloupe pendant six jours. Tous les vivres étaient consommés depuis longtemps ; on avait mangé jusqu'au dernier rat qu'on avait pû prendre, et la désolation était à bord, parmi les femmes surtout.

Dans cette extrémité, deux hommes, excellents nageurs, se dévouèrent pour le salut de tous, et se jetant à la mer se dirigèrent vers le vaisseau de l'amiral Anglais qui commandait la rade. La distance à parcourir n'était pas grande, mais la mer était si mauvaise, que la traversée présentait un péril imminent. Cependant leur courage et leur dévouement furent récomposés par le succès, et ils arrivèrent sains et saufs à bord.

L'amiral Anglais était ce Purvis, bien connu depuis

sous le nom de Lord Exmouth. Il était à table et prenait son café quand les deux français lui furent présentés et lui exposèrent la détresse de leurs camarades. Purvis qui venait de faire un copieux dîner, trouva fort extraordinaire et ne voulut pas croire qu'on put avoir faim. Il reçut assez mal les deux camarades, leur dit que tout cela ne le regardait pas, et les renvoya dans un fort canot qu'il fit armer, après toutefois, leur avoir fait servir un repas dont ils avaient grand besoin.

Mais quelques heures après, quand sa digestion commença à se faire, il comprit qu'en effet, on pouvait bien avoir faim, surtout après six jours de diète. Une espèce de remords le prit et il envoya à la *Vieille-Castille*, une chaloupe chargée de vivres. Le lendemain celle des espagnols arriva à son tour, et l'abondance succéda momentanément à la famine.

Mais de semblables épreuves pouvaient se renouveler, et nos marins n'étaient pas disposés à les subir. Ils faisaient les préparatifs nécessaires pour l'exécution de leur projet, quand une des batteries du ponton fut le théâtre d'un évènement tragi-comique.

Le bruit s'était répandu que, pendant la nuit, la populace espagnole devait aborder les pontons et massacrer les prisonniers. Il faut avouer que les scènes de meurtre dont les Français avaient été victimes dans plusieurs villes de la Péninsule, et à Cadix même, pouvaient permettre de donner quelque croyance à cette assertion, que les mœurs Espagnoles et la présence des Anglais, justifiaient d'ailleurs complètement.

Une nuit, pendant que tout dormait à bord du ponton le *raban*, corde qui soutenait par les pieds le hamac d'un officier vint à casser. L'individu en tombant s'accrocha au hamac voisin qui tomba avec le sien. Le mouvement se communique de proche en proche, et dans un instant, tout le monde est sur pied, au milieu des ténèbres, criant, demandant de quoi il est question. Les Espagnols, les Espagnols ! dit la voix d'un mauvais plaisant ou d'un individu dont la frayeur troublait les esprits. A ces mots on se presse, on se culbutte, les coups de poing roulent comme la grêle, sans qu'on sache sur qui ils tombent, à qui on les adresse. Quand on s'en fut bien donné on s'arrêta enfin, on fit de la lumière et l'on vit avec étonnement qu'il ne se trouvait là que des Français, dont plus d'un avaient attrapé dans la bagarre, un œil poché ou quelque contusion.

La frayeur et l'idée du danger avaient tellement frappé un de ces prisonniers que ses cheveux, d'un noir très foncé qu'ils étaient le soir, étaient, après cette échauffourrée, devenus complètement blancs, ce qui, comme on sait, n'est pas sans exemple[8]. Mais ce qu'il y a de plus extraordinaire dans ce phénomène, c'est que les cheveux reprirent plus tard leur première teinte. J'ai connu très particulièrement cet individu qui était quelques années après l'évènement dont je viens de parler, second chirurgien à bord d'un vaisseau dont j'étais l'Agent comptable et qui maintenant exerce la médecine dans une petite ville des environs de Toulon.

Ce fut peu de temps après cet évènement, et dans les

premiers jours du mois de mai, que nos marins résolurent de quitter la baie de Cadix en enlevant leur ponton. Ils se gardèrent bien de faire part de cette résolution aux individus timorés qui l'avaient condamnée, et voulurent les sauver à leur insu et contre leur gré. Il était difficile de couper les cables ; on ne possédait pour le faire que quelques mauvais couteaux et une vieille hache dont le tranchant était tellement usé qu'il avait près d'une ligne d'épaisseur. On parvint à se procurer une certaine quantité d'acide nitrique qu'on versa, qu'on fit pénétrer sur un point de ces cables, et quand ils furent suffisamment corrodés, peu d'efforts suffisaient pour les couper et pour appareiller.

Mais tout était prévu, et avant de donner le dernier coup, on prit une précaution indispensable. La garde du ponton se composait de cinquante soldats espagnols commandés par un capitaine et un lieutenant. Un français monta sur le pont et vint dire au capitaine qu'il y avait une rixe, que les prisonniers se boxaient dans la batterie basse, et qu'il était urgent d'y envoyer quelques hommes de la garnison pour mettre le bon ordre. La chose parut toute naturelle, et vingt soldats furent envoyés. A mesure qu'ils paraissaient on s'emparait d'eux un à un, on les descendait dans la câle, et quand ils y furent tous, on ferma le panneau sur eux. Alors un autre émissaire, tout agité, tout en émoi, alla conter au capitaine qu'on s'égorgeait dans la batterie, que ses soldats n'avaient pû parvenir à séparer les combattants, et demandaient du renfort. Il en descendit d'autres qui allèrent rejoindre leurs camarades à la câle, et à peu près toute la garnison prit le même chemin. Alors l'aspirant de marine Dumoustier coupa les cables que l'acide avait à moitié rongés, et le ponton commença son mouvement, poussé par la marée.

Le lieutenant de vaisseau Moreau, le plus ancien officier de marine du ponton se plaça au banc de quart et prit le commandement, tandis que quelques autres prisonniers s'emparaient du capitaine espagnol et lui enjoignaient, sous peine d'être jeté à l'eau, de tenir exactement la conduite qu'ils lui traceraient. Son obéissance fut des plus méritoires. Comme le ponton, n'ayant que ses bas mâts, sans vergues, sans voiles et sans gouvernail, obéissant à la marée, vint à passer près d'un bâtiment stationnaire qui gardait la rade, ou le héla, et on demanda ce qui se passait à bord. Le capitaine, sous la dicté d'un des français qui le gardaient, répondit que les cables avaient cassé mais qu'on était en mesure de reprendre le mouillage, et que du reste il n'y avait rien à craindre, les prisonniers étant parfaitement tranquilles.

Ils ne l'étaient pas tous cependant ; ceux qui s'étaient opposés à cette entreprise, et c'était la majorité, comme on sait, avaient jeté les hauts cris en s'apercevant de ce qui se passait. Mais leurs clameurs n'y pouvaient rien, le sort en était jeté désormais, et les hommes timides devaient partager forcément le sort des hommes courageux, quel qu'il fut. Déjà l'escadre anglaise, les bâtiments de guerre espagnols de la rade, avaient reconnu qu'il se passait quelque chose d'extraordinaire à bord du ponton, et commençaient à le canonner. Une péniche appareilla pour le poursuivre, l'atteindre et le ramener. Bientôt les boulets, la mitraille et quelques obus tombant à bord, tuèrent ou blessèrent quelques prisonniers.

Parmi les vingt-quatre officiers de marine, un seul avait désapprouvé le projet de ses camarades, et s'était rangé du côté des opposants. C'était le nommé Girard, lieutenant de vaisseau. Quand les bâtiments anglais et espagnols commencèrent à faire feu, il monta sur le pont et s'approcha de Moreau. Il venait sans doute essayer de le dissuader et l'engager à descendre. Mais il n'en eut pas le temps ; Moreau fut atteint par un boulet qui l'étendit raide sur le pont. On remarqua comme une circonstance singulière, qu'en tombant, sa main déjà inanimée, mais large ouverte, s'appliqua sur la joue de Girard. C'était un soufflet donné par la mort, et bien mérité sans doute. Girard, dont cet évènement n'avait pas ranimé le courage, descendit au faux-pont, se coucha dans son hamac, et appela quelques prisonniers pour les prendre à témoins, comme il n'était et ne voulait être pour rien dans une entreprise extravagante qu'il désapprouvait. Cinq minutes ne s'étaient pas écoulées, que Girard, atteint par un boulet sur son hamac, avait rejoint Moreau dans l'autre monde.

Pendant que celà se passait, la péniche avait atteint le ponton, avait jeté des grapins à bord et se disposait à le prendre à l'abordage. Mais on y avait pourvu. Des boulets qui servaient de lest avaient été montés de la câle sur le pont. Il en tomba bientôt une grêle si drue sur la péniche, que ses hommes ou du moins ceux qui restèrent debout pendant cet orage, n'eurent rien de plus pressé que de démarrer et gagner le large. D'autres bâtiments vinrent la joindre, et le ponton fut canonné à distance.

Sa position devint critique en ce moment. Le vent, qui l'avait servi jusqu'alors, changea tout-à-coup, et fut assez fort pour annuler l'effet de la marée. Cependant nos braves ne perdirent pas courage. Ils établirent des mattéreaux, firent des vergues avec quelques bâtons liés ensemble, organisèrent des voiles avec des draps de lit, des chemises, et parvinrent enfin à donner une direction et une impulsion à cette masse inerte. Ils eurent encore un autre ennemi à combattre ; à deux reprises différentes, le feu fut mis à bord par des obus, et deux fois ils parvinrent à l'éteindre.

Après une traversée pénible, toujours sous les feux des batteries de la côte et des bâtiments, le ponton s'échoua enfin, en face du Trocadero, occupé par les Français, mais à quatre encâblures à peu près du rivage, et il n'y avait pas un seul canot à bord.

Les marins qui avaient tout dirigé, tout fait, à qui les autres prisonniers allaient devoir une liberté dont ils s'étaient montrés si peu jaloux et si peu dignes, les marins furent aussi sages et aussi généreux qu'ils avaient été hardis. Tout fut organisé et réglé avec un ordre parfait. La terre n'était pas assez éloignée pour que de bons nageurs ne pussent s'y rendre, et il fut loisible de prendre ce parti à ceux qui se sentiraient la force et le courage de le faire. Deux cents hommes environ se jetèrent donc à la nage, et presque tous arrivèrent à la côte sains et saufs. Leur premier soin fut d'aller trouver le général français qui commandait sur ce point, pour l'instruire de ce qui se passait et lui demander des embarcations. Mais les Espagnols, en se retirant devant notre armée, avaient tout enlevé, et il ne restait pas un seul canot sur la plage. Une estafette fut envoyée en toute hâte à Sainte-Marie, mais on ne put trouver là encore que des moyens de transport bien lents et bien insuffisants.

Pendant ce temps le fort Pontalés qui était à un quart de lieue du ponton échoué, et en la possession des Espagnols, ne cessait de faire feu, et il y eut encore là quelques victimes. Cependant le nombre des morts ne s'éleva en tout qu'à soixante et douze. On trouvera que c'est bien peu si on considère l'importance des résultats, la hardiesse de l'entreprise et les dangers qu'on avait courus.

Enfin quatre petits et mauvais canots ne pouvant porter chacun que huit hommes, arrivèrent de Sainte-Marie, et le débarquement commença. Les marins en avaient d'avance réglé l'ordre qui fut régulièrement exécuté. Ils avaient arrêté que les blessés s'embarqueraient d'abord, puis les femmes, puis les officiers de troupes, en commençant par les grades inférieurs, et qu'eux-mêmes ne partiraient que les derniers. Celà se fit ainsi, sauf, toutefois, que les espagnols qu'on avait faits prisonniers furent embarqués avant les marins, et avec quelques français qui les accompagnaient.

Au moment où les derniers embarquements avaient lieu, quelques bombes, lancées par le fort Pontalès, mirent le feu au ponton, et cette fois, on ne se donna pas la peine de l'éteindre. Le ponton brûla en présence des forts et des batteries de la côte.

Tous ces hommes qui venaient ainsi de reconquérir leur liberté, au prix de tant de périls, furent reçus au quartier-général du maréchal duc de Bellune. Il les complimenta sur leur audace qui, disait-il, honorait la nation, mais ne leur dissimula pas que cette entreprise devait river les fers des Français demeurés sur les pontons de Cadix.

Il ne se trompait pas; de nouvelles rigueurs furent exercées sur nos malheureux prisonniers. Elles n'empêchèrent pas, cependant, qu'une tentative du même genre eut lieu peu de temps après, mais non pas avec un succès égal. Les prisonniers du ponton l'*Argonaute* voulurent aussi se procurer la liberté en enlevant leur prison, comme l'avaient fait leurs officiers. Ils étaient tous matelots ou soldats, et les matelots jouèrent absolument le même rôle que les marins de la *Vieille-Castille*, prévoyant et exécutant tout. Leurs opérations furent cependant dirigées par un lieutenant de vaisseau qui, se trouvant d'abord sur le ponton des officiers, avait été par punition transféré sur celui-ci.

Ils coupèrent donc les câbles et se laissèrent dériver au

gré de la marée. Mais l'évènement de la *Vieille-Castille* avait appris aux Espagnols et aux Anglais à se défier de ces mouvements. Le ponton fut poursuivi, entouré par des bâtiments légers qui le canonnèrent, sans pouvoir toutefois, ni l'arrêter, ni le prendre à l'abordage. Mais ce succès fut acheté par de grandes pertes : trois cents hommes, sur les six cents qui formaient le nombre total des prisonniers, y laissèrent la vie. Les autres, parmi lesquels étaient plusieurs blessés, parvinrent à gagner les postes de l'armée française, où ils furent reçus par le général qui commandait, et comme l'avaient été leurs prédécesseurs, avec les éloges que méritait leur intrépidité.

Ce qui rendait nos prisonniers détenus sur les pontons de Cadix, si empressés de les quitter, c'est que, depuis longtemps, on parlait de les en extraire pour les transporter, soit aux îles Canaries, soit à Cabréra, et ils savaient tous ce que c'était que ce dernier séjour : c'était ce que le génie infernal de l'Angleterre avait pu enfanter de plus cruel, de plus odieux. C'était pis encore que les pontons, et ce mot là dit tout. Avant de terminer ma publication, je dois nécessairement dire plus tard quéques mots de ce séjour néfaste, où reposent les ossements de plusieurs milliers de Français. On s'en était pris à tort aux Espagnols des traitements affreux éprouvés par nos compatriotes à Cabréra ; les Espagnols n'étaient que les exécuteurs, les Anglais avaient dressé le plan, prescrit le régime de vie qui était imposé aux prisonniers ; l'Angleterre seule est coupable. Elle s'était promis qu'aucun des malheureux, tombés en son pouvoir, ne reverrait la France, et si cette promesse n'a pas été complètement remplie, c'est que les évènements politiques se sont précipités avec trop de vitesse. Si la guerre se fut prolongée pendant quelques années encore, il ne serait pas revenu un seul prisonnier de guerre, pour apprendre au monde la mort funeste et lente de ses camarades sur le sol ennemi.

CHAPITRE IX.

Les faux monnoyeurs de Dartmoort. — La contrebande. — L'entente cordiale. — Abus de confiance pour trente têtes de harengs. — Punition du coupable. — Argent envoyé de France aux prisonniers. — Jugement et mort d'un officier de marine Français. — Empoisonnement d'un aspirant. — Quelques mots sur les prisonniers Français en Écosse.

> Il faut tout dire, il faut tout publier.
> VOLTAIRE.

Je ne pense pas que dans aucune prison le commerce de la contrefaçon des billets des banque fut aussi actif qu'à Dartmoor. De nombreux individus s'y livraient, et ont confectionné pour des sommes qui semblent presque fabuleuses. On en aura une idée, cependant, si on se figure que chaque jour, des prisonniers étaient occupés à cette fabrication, et émettaient au-dehors le produit et leur travail.

On peut s'étonner encore, que, vu la publicité que ce commerce avait dans la prison, le grand nombre des soldats de milice qui le favorisaient et en profitaient, il n'y ait pas eu un plus grand nombre de prisonniers compromis. Ces soldats, les marchands, les geôliers, les employés subalternes, venaient dans la prison, s'adressaient à ceux qu'ils connaissaient pour fabricants de faux billets de banque, et leur en demandaient pour une somme quelquefois considérable, pour cent ou deux cents livres sterling, par exemple. Ils donnaient en échange de véritables billets de banque, mais avec une déduction de cinquante pour cent sur la somme totale. Dans les derniers temps, les billets faux avaient considérablement perdu, par suite de l'énorme quantité qui s'en fabriquait, et ne valaient plus que le vingt-cinq pour cent.

Quelquefois les fabricants n'étant pas prêts, le marché se faisait à livrer, pour le lendemain, ou même pour quelques heures après. Aussitôt ils se mettaient à la besogne, et au terme fixé, ils étaient à même de remplir leurs engagements.

Le nombre des soldats qui ont été victimes de ce trafic est beaucoup plus considérable que celui des prisonniers. Je sais que plusieurs miliciens, convaincus de s'y être livrés, ont été jugés et pendus. Je ne me souviens que d'un seul prisonnier de Dartmoor qui ait subi la même destinée. Il fut pris sur le fait, transféré dans une prison criminelle, jugé aux assises d'Exeter, condamné à être pendu et exécuté.

Parmi tous les contrefacteurs de Dartmoor, le plus habile était un aspirant, fils d'un officier supérieur de la marine, de la Ciotat. Il ne s'amusait pas, lui, à faire des billets de mince valeur ; il contrefaisait ceux des plus fortes sommes, et avec une telle perfection que l'œil le plus exercé y était trompé. Les Anglais le savaient, mais n'en avaient aucune preuve, et n'avaient jamais pu le prendre sur le fait.

Il serait sans doute rentré en France avec une fortune considérable, mais il tomba malade et entra à l'hôpital où il mourut. La pensée de la prison entière fut qu'il était mort empoisonné, et quant à moi, c'est ma conviction intime, car il n'avait qu'une indisposition légère et les Anglais qui connaissaient ses manœuvres, qui désespéraient d'en avoir les preuves, n'avaient pas d'autres moyens d'en finir avec lui.

Un autre prisonnier avait trouvé un moyen d'industrie plus sûr encore, et tout aussi lucratif que ceux dont je viens de parler, en opérant sur les pièces de six francs de France. Il achetait toutes celles qu'il pouvait trouver, et les payait leur valeur réelle, mais en autre monnaie. Il les coupait en huit fragments qu'il faisait fondre et réduire en petites boules à l'aide du chalumeau, et il savait comment s'y prendre pour toutes ces opérations, car il était orfèvre de son métier. Les globules placés sur un petit enclume y étaient applatis à coups de marteau, et prenaient la mince épaisseur d'un shelling. Cela fait, l'opérateur régularisait et arrondissait la pièce avec des cisailles, et mettaient de côté les rognures qui lui servaient encore.

Il faut savoir que les shellings qui avaient cours en

Angleterre, se frappaient dans les différents comtés et étaient tous, par suite d'une longue circulation, beaucoup plus lisses et effacés que nos vieilles pièces de quinze et de trente sous. Chaque comté y appliquait sur chaque face et à plusieurs endroits, une estampille particulière. C'était une ancre, un oiseau, une étoile, un croissant et autres signes du même genre. Le contrefacteur avait fabriqué une foule de poinçons avec des marques semblables. Il les appliquait sur ses shellings qu'il frottait ensuite avec de l'huile, de la craie ou de la poussière, pour leur donner une apparence de vétusté, et les livrait à la circulation. Le shelling vaut vingt-quatre sous de notre monnaie ; il en faisait huit avec une pièce de six francs, il est aisé de voir le bénéfice qu'il réalisait.

A cette époque une assez forte dépréciation se faisait sentir en Angleterre sur le papier monnaie, et le numéraire était très recherché. Aussi, le fabricant de shellings avait de nombreuses pratiques et de fortes commandes. Tous les marchands, tous les soldats venaient lui prendre sa monnaie qu'ils payaient en bons billets de banque, avec une forte prime. Il a continué ce métier pendant fort longtemps et a dû rentrer en France avec beaucoup d'argent.

L'industrie et le commerce eussent été impossibles sans l'entremise des soldats qui les favorisaient en faisant la contrebande. C'est là qu'il y avait vraiment l'entente cordiale dont nos ministres nous parlent tant.

Dans quelques pontons et prisons, on avait toléré pendant un certain temps, l'entrée des objets nécessaires à la fabrication, et la sortie des produits. Cette tolérance cessa pendant les dernières années de la guerre, et la prison de Dartmoor ne fut pas la dernière à en être privée, si toutefois, ce dont je ne suis pas bien certain, elle en avait jamais joui. Mais on savait s'en passer.

Le plus fort commerce qui se faisait était celui des tresses de paille pour chapeaux de femmes. Les ouvriers qui s'en occupaient gagnaient de quoi se procurer toutes les douceurs que la prison pouvait permettre, ceux qui les employaient ont réalisé dans quelques années, de quarante à cinquante mille francs. Ceux-ci étaient en petit nombre, et chacun d'eux n'avait pas moins de quatre à cinq cents ouvriers à sa solde. La grande difficulté était de recevoir la paille et de livrer les tresses quand elles étaient confectionnées. C'était par l'entremise des soldats qu'on y parvenait.

Des liaisons d'intérêt s'étaient établies entre les militaires de la garnison et les prisonniers qui faisaient un commerce quelconque, et c'était pendant la nuit, au moyen des rondes, que les marchés et les échanges avaient lieu : les parties étaient d'accord, d'avance, sur l'heure et le point de la grille intérieure où elles devaient se rencontrer. C'étaient ordinairement des sergents qui faisaient ce trafic. Au moment où ils allaient partir pour faire la ronde, ils distribuaient aux soldats qui devaient les accompagner les objets qu'ils avaient à remettre. Ces militaires les cachaient comme ils pouvaient, et le plus souvent les suspendaient à la place de la giberne, laissée au corps de garde. Le prisonnier attendait à la grille ; on lui faisait passer aussi vite que possible, en comptant, ce qu'on avait à lui remettre. Il donnait à son tour les objets d'échange, et on se séparait, pour régler le compte à une autre entrevue. Généralement il y avait bonne foi de part et d'autre.

L'introduction de liqueurs alcooliques était de tout temps interdite dans les prisons, mais ceux qui avaient de l'argent ou des marchandises à donner en échange savaient s'en procurer, et c'étaient encore les soldats qui se chargeait de les faire passer. De petits barils de rhum ou de genièvre, pendant la ronde, remplaçaient la giberne, et allaient causer aux prisonniers quelques moments d'oubli de leurs misères.

Ces entrevues demandaient quelquefois assez de temps, et occupaient tout celui qui était nécessaire à la ronde. C'est ce dont s'inquiétaient fort peu les soldats, et moins encore les prisonniers. Des camarades pouvaient en profiter pour faire des trous, percer des murs, pratiquer des souterrains et tenter une évasion.

Les militaires qui faisaient ce commerce agissaient rarement pour leur propre compte. Ils avaient à Londres, des correspondants dont ils recevaient les objets de fabrication, auxquels ils transmettaient les marchandises, et avec lesquels ils faisaient des affaires assez importantes. Ils gagnaient ainsi des deux mains. Quand un régiment venait à la prison en remplacer un autre, les partants nouaient des liaisons entre les nouveaux venus et les prisonniers, et leur signalaient ceux avec qui on pouvait traiter avec toute sûreté.

Ces militaires, en réalisant un assez joli bénéfice, étaient loin de courir les chances de ceux qui faisaient le commerce des faux billets de banque. Ils en étaient quittes, s'ils étaient découverts, pour une peine disciplinaire, et d'ailleurs, je crois m'être aperçu que les officiers fermaient les yeux là dessus, si même ils ne percevaient pas une prime sur le gain illicite de leurs subordonnés.

Ces commerçants et les faux monnoyeurs se dédommageaient par la bonne chère de toutes les privations que leur imposait la prison, des rigueurs que les Anglais leur faisaient subir. On pouvait, même à Dartmoor, faire une chère délicate, en payant exhorbitamment cher chaque coup de dent, et il était naturel que ceux qui pouvaient le faire et qui n'avaient pas d'autre plaisir, se donnassent au moins l'entière jouissance de celui-là. Ils n'y manquaient pas : les mets délicats, les vins fins, les liqueurs garnissaient leurs tables, grâce toujours aux bons offices des soldats contrebandiers qui étaient leurs pourvoyeurs et qui les rançonnaient.

Mais n'oublions pas le revers de la médaille, qui souvent venait affliger l'observateur, et même ceux qui bien repus, voyaient à côté d'eux une misère affreuse, sans pouvoir la soulager. C'est ce que j'ai éprouvé moi-même un jour.

Je venais de faire un copieux et délicat repas avec quelques Lucullus de Dartmoor, quand me promenant dans la cour, je vis une rixe de romains. Un pauvre diable était au milieu d'une douzaine de prisonniers, tout aussi mal accoutrés que lui, qui le ballotaient, se le renvoyaient à coups de pieds, tout en le traitant de voleur et de gourmand; c'était cette dernière épithète qui revenait le plus souvent et paraissait la plus grave. On finit par plonger la tête de ce malheureux, jusqu'aux épaules, dans un bassin d'eau ou pour mieux dire de boue qui se trouvait là.

Je fus longtemps à savoir la cause de tant de colère et d'un châtiment aussi rigoureux. Je l'appris enfin, et la voici :

L'individu, ainsi maltraité, avait été ce jour-là de corvée pour aller chercher les vivres de ses camarades, et avait reçu pour eux trente harengs-saurs. C'était un dépôt sacré, et il osa le violer. Mais il faut avouer aussi que l'occasion était tentative ; dans le trajet du lieu de la distribution au poste de ses camarades, il arracha une tête de hareng et la mangea ; hélas ! on le sait.

Dans le crime, une fois, il suffit qu'on débute.

Le gaillard y prit goût, une seconde tête suivit la première, et les trente y passèrent.

Quand il arriva au poste, et qu'il délivra trente harengs sans têtes, ce furent des cris à ne pas s'entendre. On ne parlait rien moins que de couper la sienne, et les plus modérés opinaient pour l'écorcher vif. En effet, ce détournement au profit d'un individu, de trente têtes de harengs-saurs appartenant à la communauté, était un abus de confiance impardonnable, et on ne le lui pardonna pas. Sans se porter aux cruelles extrémités que la première colère avait suggérées, on n'en punit pas moins durement la gourmandise du dépositaire infidèle. Il fut houspillé pendant toute la journée, et je ne fus témoin que des derniers actes de vengeance exercés contre lui.

Sait-on quel était l'individu ainsi abruti, ainsi conspué et maltraité ? C'était le fils d'un homme de lettres de Paris, dont le nom avait un certain éclat à cette époque. Il avait lui-même reçu une éducation distinguée, et n'était dénué ni d'esprit ni de connaissances. Sergent-major au corps du génie, il allait à Batavia où il devait trouver son brevet d'officier, lorsque le bâtiment qui le portait ainsi que plusieurs sous-officiers dans la même position, fut capturé par les Anglais. Détenu à Dartmoor, après avoir parcouru plusieurs autres prisons, la misère et le découragement l'avaient rendu tel que je viens de le montrer. J'ignore si, à la paix, les douces émotions que l'air de la patrie a fait naître, ont été assez puissantes pour retremper le moral de ces hommes tombés si bas ; je me plais à le croire cependant.

La masse des romains, comptait au surplus, en assez grand nombre, des jeunes gens tels que celui dont je viens de parler, et cela s'explique assez naturellement. Les soldats, les marins surtout, ceux du moins qui n'avaient pas été mauvais sujets au service, savaient se faire à leur position de prison, comme ils s'étaient faits à celle du bivouac ou du bord. Ici ils lavaient et rapiéçaient leurs guenilles, comme avant ils avaient soigné et approprié leurs uniformes et leurs armes. Ils conservaient leurs rations, et parvenaient à y ajouter quelque chose par un travail quelquefois bien pénible.

Les insouciants, les paresseux, les mauvais sujets par nature se laissaient aller et devenaient romains. Mais d'autres le devenaient aussi, qui semblaient n'être pas faits pour l'être. C'étaient des jeunes gens qui, entrés à la prison avec quelque argent, n'avaient pas su prévoir l'avenir, avaient d'abord tout dépensé, et qui bientôt, incapables par leurs forces physiques de se livrer à un travail manuel, hors d'état, par défaut de courage et d'énergie, de donner des leçons, ou d'entreprendre une spéculation d'industrie quelconque, en venaient insensiblement au point d'être un modèle accompli de misère, un objet de mépris et de dégoût, car les autres prisonniers eux-mêmes, ne montraient pas pour les romains, plus d'égards que les Anglais, et les romains recevaient les coups, les humiliations, sans mot dire. Ce n'était qu'entr'eux qu'ils se montraient disposés à venger une offense, et toujours à coups de poing. Jamais, enfin, le mot de paria ne fut plus applicable qu'à ces malheureux, que les officiers Anglais désignaient aux étrangers qui venaient visiter les prisons, comme le modèle de la nation française. Ils ajoutaient que les hommes des autres salles n'avaient acquis quelque ombre d'éducation, et joui de quelque bien-être, que depuis qu'ils étaient prisonniers. Voilà de la bonne foi, j'espère.

Pillet nous a parlé de ces légumes mal cuits, et qui avaient fourni à deux digestions. La chose est bien forte, incroyable presque, et cependant, j'ai vu pis encore. J'ai hésité à l'écrire pour épargner la délicatesse des lecteurs, j'ai cherché des circonlocutions pour exprimer la chose en inspirant le moins de dégoût possible, mais je n'ai rien trouvé qui put la peindre avec son exacte saleté, et je dois la dire telle que je l'ai vue, car je me suis promis de peindre les prisons de guerre sous tous leurs aspects, les prisonniers avec toutes les modifications que donnait à leur caractère, la position exceptionnelle où ils se trouvaient.

Un jour donc, et c'était le même où j'avais vu un individu presque assommé pour avoir mangé trente têtes de harengs, je vis un autre romain donner une preuve plus forte, de la dégradation et du besoin auxquels ces malheureux étaient réduits.

Quelques sous-officiers du 16e de ligne avaient fait fête ce jour-là, en mangeant des grillades et buvant d'assez mauvaise bière. Ce repas, plus que modeste, était à peine fini, qu'un des militaires s'en trouva incommodé, se réfugia dans un coin de la cour, et rendit, par de violents accès de vomissements, la viande à moitié digérée. Un romain accourut à cette vue, s'accouda contre le mur où le militaire appuyait son front, épia l'instant où ces lambeaux de viande tombaient à terre, les saisit l'un après l'autre, les secoua légèrement et les mangea avec avidité, je n'ose pas ajouter avec volupté.

Faut-il répéter encore que je n'ai pas été le seul témoin de ce fait, que je puis citer plusieurs personnes qui l'ont vu comme moi ? Il devient, je le sens, fastidieux pour le lecteur, de me voir revenir si souvent sur la même formule, mais il a besoin cependant que je la répète quelquefois, pour être bien certain de la véracité de ce que je lui dis.

Veut-on un autre exemple de ce qui pouvait être tenté pour en finir de manière ou d'autre avec la vie de romain quand on était à bout de jeûne, de dénuement et d'ignominies. En voici un entre mille que je pourrais citer.

Un romain voulait aller à l'hôpital. Il avait fait le fou, on s'obstinait à le croire très sensé; il avait fait le malade, on le trouvait bien portant ; il s'était pendu, son retour à la vie et sa convalescence n'avaient duré que vingt-quatre heures; il avait la maigreur d'un squelette, la peau cadavéreuse d'une momie, mais c'était là le caractère physique de tous les romains, et il n'y avait pas de remède à cela. Comment donc faire pour aller à l'hôpital? Notre pauvre Paria trouva un moyen infaillible. Ce fut un effet du hasard et des circonstances, comme lorsque Montgolfier en voyant un linge enflé par la fumée monter au plancher, inventa les aérostats.

Le romain tout nu essayait dans un coin à recevoir un rayon de soleil ; une charrette lourdement chargée passait dans la cour ; c'est pour lui un trait de lumière, une idée subite vient l'éclairer, il court après la charette, la dévance et pose sous la large roue son pied droit qui est broyé. Pour le coup, on ne pouvait lui refuser l'entrée de l'hôpital et il y fut porté dans un état pitoyable.

Qu'est-il devenu? Je ne m'en suis pas informé, mais j'ai la certitude que l'amputation de la jambe a été inévitable, et si, par un hasard des plus extraordinaires, une existence aussi compromise, aussi misérable, a pu être conservée, cet homme a été estropié pendant le reste de ses jours.

Aussi, jusqu'à sa guérison complète qui dut être longue à venir, au lieu de se coucher sur la pierre froide, il eut un lit dont les draps semblaient faits avec des ficelles, il est vrai, mais c'était toujours un lit; au lieu de ses longs jeûnes, quelques bouillons bien maigres si l'on veut, mais chauds et reconfortants pour son estomac débilité ; au lieu des coups et des rebuffades que ne lui épargnaient pas ses camarades et les autres prisonniers, quelques paroles des médecins et des infermiers qui sans être trop caressantes n'étaient ni des coups ni des injures. Tout cela valait-il bien de longues souffrances et une jambe de moins ? Je ne me prononce pas là dessus ; il faudrait avoir été romain pour le savoir.

Les travailleurs des prisons, ceux qui puisaient leurs ressources dans l'industrie, étaient de beaucoup plus heureux que ceux qui, plus fortunés en apparence, recevaient des envois de fonds de leurs familles. Ici, encore, j'emprunterai un fragment au général Pillet. Tout ce que j'aurais à dire à cet égard, il l'a dit avant moi, et mieux que je ne le dirais ; le lecteur n'a donc qu'à y gagner. Voici ce qu'il dit dans sa publication qui, bien qu'elle ait eu un grand succès, n'est point assez répandue :

« La famille d'un pauvre matelot, d'un malheureux soldat, se saigne, s'impose les plus douloureuses privations, afin de lui faire passer une modique somme ; le quart d'une somme aussi sacrée n'arrive pas, dans son temps, à sa destination : elle devient la proie des préposés à l'administration du transport des prisonniers. Si le matelot ou le soldat reçoit les lettres qui lui annoncent un secours, et le plus souvent elles sont *interceptées*, s'il fait en conséquence une réclamation, la réponse est toujours : qu'on n'a rien reçu pour lui, qu'on n'a aucun avis de ce qu'il demande. Il doit s'estimer heureux, si au bout d'une année d'instances, il reçoit enfin une partie de ce *qu'on a reçu pour lui*. Si le prisonnier meurt, s'il est échangé, s'il est transféré dans une autre prison, la somme est absolument perdue. La réunion d'une quantité de petites sommes accumulées de cette manière, compose à l'agent une fortune énorme, non-seulement par les capitaux volés, mais encore par les intérêts accumulés. »

Il serait difficile de fixer au juste le montant d'un pareil capital de vols ; mais certainement il a été très considérable, puisque chaque dépôt de prisonniers ne renfermait jamais moins de quatre mille hommes, parmi lesquels se trouvaient beaucoup d'officiers de l'état, d'officiers de corsaires, de marchands, de matelots de corsaires, qui recevaient tous d'assez fortes sommes d'argent de France, ou plutôt auxquels il était envoyé des secours considérables. Ordinairement, les matelots de corsaires se faisaient adresser, les premières années de leur détention, tout ce qu'ils pouvaient avoir gagné de part de prise. Aussi, lorsqu'il s'agissait de faire des versements de prisonniers de *Chatham* dans les prisons de *Norman-Cross*, le prudent et habile agent avait le soin de ne désigner et de n'envoyer que de pauvres soldats. Ses maîtres lui donnaient des instructions *sollicitées*, sous prétexte de punir les corsaires en les détenant dans une prison plus dure : instructions qu'il ne se faisait pas un scrupule de violer, lorsqu'il s'agissait de malheureux prisonniers, qu'il savait bien, par expérience, n'avoir plus aucuns fonds à recevoir de France.

Si les officiers recevaient, par la voie des banquiers, des sommes plus considérables et pour lesquelles il fallait, de nécessité, des quittances adressées aux banquiers eux-mêmes, le vol ne se commettait pas moins ; mais il était fait avec plus d'adresse qu'on ne daignait en employer pour le soldat ou le matelot.

L'administration s'était établie la *régulatrice* des dépenses et des besoins des prisonniers ; elle avait ordonné qu'ils ne recevraient pas au-delà de deux livres sterlings, ou environ quarante-huit francs par semaine. Un officier est informé qu'il doit recevoir cent livres sterlings ; le commis de l'agent lui présente à signer une quittance de la somme totale ; et quoique l'argent parvienne à la caisse de l'agent, au plus tard cinq jours après la quittance, ce n'est ordinairement qu'après un laps de deux ou trois mois, qu'il commence à effectuer le paiement de deux livres sterlings par semaine. Ce capital produit un intérêt, parce qu'il n'est retiré de chez le banquier que par parcelles, les jours de paiement ; à moins que l'agent ne déplace le capital, après quittance signée, pour l'employer à quelque spéculation lucrative, afin de grossir la masse de ses vols.

On pourrait citer une foule d'exemples à l'appui de ce que j'avance sur les vols faits aux matelots ; je me bornerai à un seul, parce que je me suis interposé dans cette affaire : un vieux matelot, *Louis Bertrand*, provenant du vaisseau le d'*Hautpoul*, malade et mourant à l'hôpital du *Crown-Prince*, avait reçu de sa femme, depuis plus de quatorze mois, l'annonce d'une modique somme de vingt-quatre francs : on avait répondu à toutes ses réclamations, *qu'on n'avait rien reçu pour lui*. Une nouvelle lettre de sa femme lui apprit que le banquier de Londres avait remis cette somme au bureau des transports, *il y avait plus de dix mois*. On fit alors une liste des invalides à renvoyer ; *Bertrand* y fut porté. Quelques jours après on vint lui faire signer la quittance des vingt-quatre francs, mais on ne les lui donna pas. Il s'écoula *deux mois* entre l'envoi de la liste des invalides à Londres, et leur départ pour la France. Le jour de l'embarquement, *Bertrand* fut mis sur le *Parlementaire*, mais il ne toucha rien. Ce brave homme avait des besoins de nécessité première ; il se lamentait. J'offris alors d'avancer la somme. Désirant ne pas paraître humain, c'est-à-dire, n'avoir rien à démêler avec l'agent, j'en parlai à l'interprète du bord. Il en fit généreusement l'avance sur ma responsabilité *écrite*. Il a eu toutes les peines de monde à se faire rembourser.

L'agent de *Chatham* et son commis, faisaient toutes sortes de spéculation sur l'argent des prisonniers. Une des plus lucratives, et qui exigeait le moins de fonds, était celle d'une brasserie dans laquelle ils n'employaient, pour matière première, que les résidus déjà bouillis d'autres brasseries, qu'ils achetaient à vil prix ; ils faisaient de la teinture de bière. Les pauvres prisonniers auxquels on ne permet que l'usage de la *petite-bière*, étaient obligés de s'approvisionner dans cette brasserie : on ne permettait pas à d'autres brasseurs de leur vendre. Enfin d'autres spéculations plus brillantes, mais moins sûres, ayant ouvert un vaste champ à l'avidité de l'agent, il éprouva des pertes : le commis prête-nom fit banqueroute. Si dans des cas semblables, qui ne sont pas rares, les prisonniers ne perdaient pas leur capital, il était au moins certain que l'agent, homme que le bureau des transports n'avait pu parvenir à affranchir de la responsabilité, aurait mis beaucoup de retard dans les remboursements auxquels il était tenu à leur égard.

Plus de cent cinquante livres sterlings, *bien* connues, ont été perdues de cette manière, sans compter les sommes inconnues. L'agent de *Chatham*, après la banqueroute de son commis, ayant prétexté *qu'il n'avait pas trouvé les sommes redemandées, inscrites sur son livre ;* des sommes plus fortes encore n'ont jamais été payées, parce que l'agent *avait trouvé la mention qu'elles l'avaient été.* Il aurait pu se servir du même prétexte envers tout le monde et pour toute somme indistinctement, puisqu'il avait soin de faire signer les quittances un mois d'avance ; il ne l'a pas osé, dans plusieurs circonstances, par un reste de pudeur ou de crainte. M. *de Merven*, prisonnier détenu au *Crown-Prince*, était dans l'habitude d'envoyer, de temps à autre, quelque argent à une famille pauvre de *Litchefield*, à laquelle il croyait avoir des obligations. L'argent passait secrètement par les mains d'un ami de Londres ; il arrivait toujours à sa destination. Une de ses lettres fut interceptée par l'agent, et il fallut alors se résigner à *envoyer par la voie permise.* Quelque temps avant la banqueroute du commis de monsieur l'agent, M. *de Merven* fit remettre deux livres sterlings au bureau de ce commis, à la destination de *Litchefield.* Cette somme n'y est jamais parvenue, et lorsque M. *de Merven* a réclamé, on lui a répondu qu'on n'avait trouvé cet article écrit sur aucun registre.

Plusieurs de ces détails peuvent paraître minutieux ; ils doivent intéresser tous les bons Français, puisqu'il s'agit de braves matelots ou soldats auxquels, après avoir volé, en Angleterre, le vêtement et la nourriture, on volait encore les secours qu'on leur envoyait.

Ces prétentions et ces avares calculs des Anglais, pour retenir ainsi l'argent des prisonniers et se faire les arbitres de leurs dépenses, ont amené quelquefois de funestes conséquences. Je me bornerai à citer la suivante :

Un officier supérieur de la marine, après avoir tenté plusieurs désertions, était détenu à la prison de *Norman-Cross*. Il recevait de sa famille, qui était opulente, de très fortes sommes qui lui étaient remises d'une manière fort irrégulière et à longs termes, mais intégralement. On crut qu'il employait son argent à séduire les soldats de la garnison, à préparer de nouvelles évasions, et peut-être une révolte des prisonniers. En conséquence, l'ordre vint du Transport-Office au commandant de la prison, de retenir l'argent de cet officier, et de ne lui donner qu'une guinée par semaine.

En même temps que cet ordre était donné, le français recevait une lettre qui lui annonçait l'envoi d'une assez forte somme. Il se présenta pour la réclamer au commandant de la prison, qui lui répondit en lui faisant lire la missive du Transport-Office. Après quelques réclamations violentes mais inutiles, notre officier exaspéré, froissa, déchira ce papier et le lança à la face de l'Anglais. Celui-ci appela la garde et les geôliers qui se ruèrent sur le Français. Il se débattit, prit dans sa poche un canif, seule arme qu'il lui fut permit de porter, et blessa légèrement au bras un des hommes qui voulaient l'arrêter. C'en fut assez, il fut saisi, garrotté, et transporté à la prison criminelle de la ville. Son procès s'instruisit, et quelques mois après il fut condamné à être pendu.

Son exécution eut lieu dans la prison même de *Norman-Cross*, et en présence de tous les prisonniers qu'on fit sortir et mettre en rangs, pour être témoins de ce supplice, que le gouvernement Anglais appelait un acte de justice.

Le général Rochambeau, signataire de la capitulation de Saint-Domingue, après avoir tenté, sans succès, plusieurs évasions, avait aussi habité, pendant quelque temps, avant son échange, la prison de *Norman-Cross*. Après son départ, les Anglais découvrirent, par la trahison de quelques individus, quatre mille fusils, des sabres et d'autres armes que le général avait fait introduire et cacher dans la prison. Cette circonstance que je mentionne ici en passant, me servira à corroborer plus tard, ma manière de voir sur un plan dont j'ai déjà dit quelques mots, et qui devait tendre à un soulèvement général des prisonniers.

Ce qui me confirme dans cette pensée, et ce qui me fait croire que l'idée d'une vaste entreprise, formée par les prisonniers, n'était ni isolée ni spontanée, mais mûrement réfléchie, c'est que cette impulsion venait de l'Écosse, et qu'en Écosse, comme on sait, se trouvait un prisonnier de guerre de la plus haute importance, et qui n'était là prisonnier que parce qu'il le voulait bien, qui devait avoir tous les secrets, toutes les espérances, et connaître tous les projets du chef du gouvernement Français. On expliquerait difficilement, sans cette intervention, comment il se trouva aussi dans une prison d'Écosse, une grande quantité de fusils et autres armes.

Ce ne fut que par une extrême nécessité que des

prisonniers de guerre furent envoyés en Écosse. Quand les prisons d'Angleterre régorgèrent, quand on eut fait changer plusieurs fois les officiers de cautionnements pour les soustraire aux liaisons qu'ils formaient avec les habitants, à la bienveillance, à l'affection même qu'ils inspiraient, on dut élargir le cercle de ces lieux de détention, et après la principauté de Galles, l'Écosse reçut nos Français.

Il en fut là comme il en avait été dans le sud du royaume : éloignement et répulsion de la part des habitants, prévenus contre les Français par des rapports calomniateurs, par des journaux auxquels le gouvernement Anglais dictait de grossières et plates injures contre notre nation. Bientôt, cependant, les choses prirent le cours naturel qu'elles devaient prendre : les prisonniers Français furent appréciés à leur juste valeur par les individus qui étaient hommes avant d'être Anglais. On plaignit leur misère et leur exil, on rendit justice à la régularité de leur conduite, à la fermeté avec laquelle ils subissaient les rudes épreuves de la captivité.

Là aussi se répétèrent avec des incidents différents, mais avec la même énergie et la même poésie d'action, les scènes d'industrie active, d'évasions audacieuses et de dénuement dont les pontons et les prisons d'Angleterre avaient déjà offert tant d'exemples. Les prisonniers en Écosse, soumis à une surveillance moins active, pouvaient plus facilement concerter et exécuter des évasions, mais aussi, leur éloignement des côtes de France, les dangers des mers qu'ils avaient à traverser avant d'arriver sur un territoire neutre, leur offraient des dangers presque insurmontables. Cependant le désir de s'affranchir de la captivité, était là aussi actif que partout ailleurs, et là aussi, il a enfanté des prodiges de courage et de persévérance. Celui que je vais citer, donnera une idée de ce qui a été fait en ce genre :

Quelques officiers de marine, détenus dans les environs de Selkirk en Écosse, tentèrent un moyen qui, tout aussi périlleux, d'une exécution tout aussi difficile que les autres, décélait de la part de ceux qui l'avaient conçu plus d'originalité et de hardiesse encore.

Ils pensèrent qu'il leur serait moins difficile de construire un canot, et de le transporter jusqu'à la côte où ils se rendraient pour s'embarquer, que d'en enlever un, quand ils en seraient arrivés là. La construction d'une embarcation n'était pas, pour des marins, la principale difficulté, bien qu'elle fût considérable, mais le transport semblait presque inexécutable, car ces officiers avaient plus de trente lieues à faire pour arriver à la mer, soit qu'ils se rendissent sur la côte orientale de l'Écosse, soit qu'ils préférassent gagner le rivage occidental, baigné par le canal du nord, qui sépare l'Écosse de l'Irlande. La chose ne pouvait se faire qu'en construisant séparément toutes les parties qui devaient former l'embarcation, pour les emporter pièce à pièce, et les assembler quand on serait arrivé sur le point de l'embarquement. Les localités, l'incurie des habitants, le voisinage d'une forêt, et une caverne qu'on trouva aux environs, concoururent à favoriser cette entreprise. Pendant plusieurs mois on y travailla sans relâche. On construisit dans la grotte les diverses pièces qui devaient, par leur réunion, former une petite chaloupe. L'inclémence de la saison, un froid piquant, des pluies incessantes, contribuaient aussi à la sécurité des prisonniers et au peu d'attention que les habitants donnaient à leurs manœuvres. Ils s'étonnaient seulement de voir ainsi les Français braver les rigueurs du temps, pour aller faire de longues et lointaines promenades dans la forêt. Ceux-ci revenaient quelquefois exténués de leurs courses et de leurs travaux, mais dédommagés de tant de fatigues, s'ils avaient pu parvenir à terminer dans la journée une seule membrure de l'embarcation sur laquelle reposaient toutes leurs espérances de salut, espérances cependant bien incertaines.

Quand tout fut terminé, il fallut assembler les pièces, pour voir si elles se rapportaient parfaitement, si la chaloupe paraissait avoir les qualités convenables, pour une traversée qui pouvait être plus ou moins longue, plus ou moins pénible. Ce fut encore une opération longue et difficile, par suite de l'insuffisance des outils dont on avait pu se servir ; quand elle fut terminée, on remarqua des imperfections, des défectuosités, et il fallut travailler sur nouveaux frais.

Enfin tout fut terminé dans les derniers jours de décembre, et nos prisonniers mirent la main à la dernière membrure de leur embarcation qui, malgré les peines, les fatigues inouïes qu'elle avait coûtées, s'était achevée en excitant les saillies, les bons mots dont les Français semblent plus prodigues encore au milieu des périls et des difficultés, qu'en présence du repos et du bien-être. Ce fut par suite de ces dispositions qu'on baptisa la chaloupe du nom de l'*Aventurière*, nom bien approprié aux circonstances qui l'avaient fait construire et aux chances qu'elle allait courir.

Quand tout fut prêt, on se décida à partir, mais une nouvelle difficulté se présenta. Les pièces séparées de la chaloupe étaient trop nombreuses et trop lourdes, pour pouvoir être transportées par ceux qui avaient formé ce projet. Ils durent s'adjoindre quelques associés, et ils n'eurent qu'à choisir parmi les officiers qui appartenaient à leur cautionnement ; tous auraient désiré faire partie de cette expédition hasardeuse. Ils eurent donc des compagnons, et ne firent par là que changer la nature des embarras qu'ils devaient rencontrer plus tard, car en augmentant le nombre des individus qui devaient transporter les pièces de l'embarcation, ils accroissaient aussi le nombre de ceux qui devaient la monter, et par conséquent, les difficultés qu'ils avaient à surmonter.

Rien ne les arrêta cependant, et au milieu d'un hiver rigoureux, ils se mirent en route, succombant presque sous le faix, bien qu'ils eussent donné aux dimensions de leur chaloupe toute la légéreté que pouvait permettre le bras de mer qu'ils avaient à traverser. Ils s'étaient décidés, non sans raison, à se diriger vers le rivage occidental de l'Écosse. Là, en effet, ils couraient la chance d'être en contact avec l'Irlande, et ils connaissaient les dispositions bénévoles des Irlandais pour notre nation. [40]

Quelles furent leurs souffrances, leurs privations, pendant les quelques jours qu'exigea ce rude voyage du cautionnement à la côte? quelles peines n'eurent-ils pas à prendre, que de ruses à employer, pour dérober leur marche aux habitants, chargés comme ils l'étaient, marchant en grand nombre, et devant, par conséquent, attirer l'attention et les soupçons. Heureusement, ce qui eut été une calamité pour des voyageurs ordinaires, était pour eux une faveur de la Providence. Une neige épaisse couvrait les champs, continuait à tomber en gros flocons, et claquemurait les paysans dans leurs habitations.

Au milieu de ce deuil de la nature, qui était pour eux un gage de sécurité, nos pauvres prisonniers s'avançaient à la poursuite d'une liberté pour laquelle ils avaient déjà fait tant de sacrifices, et qui devait peut-être leur coûter la vie.

Ce fut sur la côte occidentale de l'Écosse, à quelques lieues au sud de la ville d'Ayr, qu'ils arrivèrent après un voyage qui n'avait ni gîtes, ni haltes fixes, ni lieux de repos, pendant lequel on ne pouvait s'arrêter que pendant de courts instants sur la neige, pour prendre à la hâte une faible nourriture, et continuer à la hâte une route ignorée et où se présentaient à chaque pas des obstacles et des dangers.

On a su, que parvenus, comme je l'ai dit, sur une

plage déserte, à quelque distance de la ville d'Ayr, ils avaient, avec les plus grandes peines, assemblé les pièces de leur chaloupe, l'avaient gréée, calfatée, et s'étaient mis en mer à l'entrée du canal du nord qui sépare l'Irlande de l'Écosse. On a pensé qu'ils avaient le projet de se rendre à l'île d'Islai, qui est à sept ou huit lieues de l'extrémité septentrionale d'Irlande, et où ils auraient eu un moyen de fuite plus commode et moins dangereux.

Depuis lors, les officiers du cautionnement, qui connaissaient cette aventure et s'intéraissaient à leur sort, n'ont plus entendu parler d'eux. Il est probable que ces malheureux ont péri à la mer, victimes de leur audace et de leur amour de la patrie et de la liberté.

CHAPITRE X.

Arrivée de deux officiers français à Brekon. — Leur emprisonnement. — Ruses et amours. — Évasion. — Ils sont repris. — Le vaisseau l'*Achille*.

> Braves Français ! l'histoire dira leur travaux, mais ce n'est point assez, il faudrait une page pour chaque matelot et soldat.
> NAPOLÉON.

Nous reçûmes à Dartmoor, un prisonnier dont les antécédants jusqu'alors avaient été assez remarquables, pour que je lui consacre quelques mots. C'était Quiot, enseigne, qui avait échappé, lui vingtième tout au plus, à l'incendie et à l'explosion du vaisseau l'*Achille*, au combat de Trafalgar.

Je reviendrai tout-à-l'heure, sur les circonstances qui firent tomber Quiot, au pouvoir des anglais, je vais dire avant, comment à la suite de plusieurs aventures bizarres, il devint notre camarade à Dartmoor.

Il était transféré avec plusieurs autres français, d'un ponton à la prison de Stapleton, et trouva le moyen de quitter le convoi avec un de ses camarades nommé Michel, aspirant de marine, et de gagner la campagne. Ils errèrent longtemps, ne sachant trop où ils allaient, peu chargés d'argent, et n'osant guère se hasarder dans les lieux habités. Cependant, ils étaient déjà las de cette vie incertaine, quand ils arrivèrent en vue de Brekon, petite ville du Comté de Montmouth, et lieu de cautionnement d'officiers français. Trempés alors par une pluie battante qu'ils recevaient depuis plusieurs heures, à moitié morts de fatigue et de faim, ils se déterminèrent à pénétrer dans cette enceinte pour s'y reposer, prendre quelques aliments et délibérer sur la suite de leur excursion.

Mais, ils étaient si piteusement équipés, ils voyageaient par un temps tellement mauvais, que quand ils arrivèrent aux barrières de Brekon, un employé qui se trouvait là pour percevoir je ne sais quel droit, eut des soupçons et les interrogea. Quiot, répondit hardiment, qu'ils étaient marchands de bestiaux, qu'ils avaient derrière eux, à quelque distance un nombreux troupeau de bœufs, et qu'ils avaient hâte d'être rendus à Brekon, pour traiter d'affaires avec un boucher, qui depuis longtemps était leur correspondant et leur devait de fortes sommes. L'employé demanda le nom de ce boucher, Quiot sans se déconcerter répondit Smith. Heureusement il y a en Angleterre, des Smith dans toutes les villes et tous les métiers, et il y avait un boucher de ce nom a Brekon.

Ils allaient passer, quand Michel voulant corroborer le dire de son camarade y ajouta quelques mots. L'employé qui les avait pris d'abord pour des voleurs, crut alors reconnaître en eux des prisonniers français et voulut les arrêter. La dessus, Quiot se recria de toutes ses forces, parla des pertes que pouvait lui faire éprouver le retard qu'on lui occasionait, et ménaça l'agent de l'en rendre responsable. Celui-ci, ébranlé par tant d'assurance, allait de nouveau les laisser libres, mais jetant un coup-d'œil sur Michel, il vit dans sa contenance des signes d'indécision et de crainte qui le firent encore changer d'opinion. Il lui adressa la parole, et l'accent français de Michel, l'hésitation de ses réponses ne lui laissèrent plus de doute. Je crois bien, dit-il, qu'un de vous deux est anglais, mais cet anglais doit être un Smuggler qui favorise l'évasion d'un prisonnier de guerre ; en conséquence, je vous arrête tous les deux.

Assisté par quelques employés sous ses ordres, il mena les deux officiers à l'agent des prisonniers à Brekon, qui les fit conduire à la prison de la ville, après les avoir interrogés et s'être convaincu aussi que l'un des deux au moins était français. Ce fonctionnaire avait depuis plusieurs jours reçu l'avis que quelques prisonniers de guerre s'étaient évadés, et l'ordre d'exercer la plus grande surveillance pour opérer l'arrestation de ceux qui pourraient passer dans les envois de Brekon.

En conséquence, il fit de nombreuses visites aux prisonniers, mais sans pouvoir jamais être certain de leur identité. Les français allèrent les voir aussi, et partagèrent la même incertitude. Quiot parlait non-seulement la langue anglaise, mais l'idiôme particulier de la contrée aussi bien que les indigènes, et de plus, bien qu'il eût le cœur et les sentiments tout français, il avait quelque chose d'anglais dans la physionomie. Cette aventure devint la nouvelle de la petite ville, et donna lieu à de nombreux paris, parmi les prisonniers et les habitants, les uns soutenant que Quiot était français, les autres voulant qu'il fût né et eût toujours habité dans le pays de Galles. Quant à Michel, on était généralement fixé sur son compte; il était bien et duement reconnu pour français. Cependant, grâce à l'intérêt, à la curiosité que tout cela inspirait, c'était à qui irait voir Quiot et Michel, la prison était toujours pleine de visiteurs, et les deux aventuriers ne s'en trouvaient pas plus mal, avaient une joyeuse société, une table bien servie et une captivité très supportable.

Cela ne pouvait, cependant, se prolonger pendant bien longtemps; le commissaire dit un jour à Quiot, qu'il le croyait en effet citoyen anglais, mais que dans ce cas, sa position était extrèmement grave, puisqu'il était passible de la déportation, pour avoir aidé l'évasion d'un prisonnier de guerre. Que si, au contraire, il était lui-même prisonnier, il en serait quitte pour le ponton, que probablement il connaissait déjà.

Accoutumé à une existence plus active, ennuyé de la

vie qu'il menait, et voulant en finir, Quiot déclara qu'il était prisonnier français, ainsi que son compagnon, qu'on pouvait les traiter comme tels, et que, tous ceux qui les avaient crus anglais étaient des calomniateurs. En conséquence, le commissaire donna des ordres pour les faire conduire le lendemain à la prison de Stapleton.

Mais, pendant sa détention à Brekon, Quiot s'était acquis, sans le rechercher et sans le vouloir, l'affection, pour ne pas dire la tendresse de la femme du geôlier, bonne ménagère de cinquante ans, qui, chaque soir, avant de mettre ses prisonniers sous clé, venait passer une heure avec eux, leur conter ses petites affaires, plaindre leur sort et boire à leur santé quelques verres de gin.

La veille du départ, il y eut une séance d'adieu, plus longue et plus pathétique que les précédentes. La commisération de la bonne dame allait toujours croissant, en proportion des verres de gin que lui versaient les prisonniers. Son attendrissement fut enfin si grand, qu'il lui arracha des larmes et lui coupa la parole.

C'était ce qu'avait prévu et ce qu'attendait Quiot. Il embrassa amoureusement la geôlière, pour la remercier de tant de sympathie, lui prit ses clés, la poussa tout doucement en la caressant toujours dans le fond de la salle, gagna la porte en courant avec Michel, et la ferma sur eux. Il avait remarqué dans la cour une échelle qu'il dressa, et dont il se servit pour grimper sur les toits de la prison. Tandis qu'il y arpentait à tâtons pour chercher une issue à descendre dans la rue, Michel, moins hardi et moins leste que lui, Michel qui semblait son mauvais génie, manqua un échelon, tomba dans la cour et se cassa une jambe. Aux cris de douleur qu'il poussa, Quiot redescendit ; tous les portes-clés, tous les guicheteries furent sur pied, on saisit les deux prisonniers, et pour les réinstaller dans leur salle, on chercha les clés pendant quelque temps et vainement. Quiot se rappela enfin, qu'il les avait jetées dans un coin de la cour, où on les ramassa. En rentrant dans sa prison, il y trouva la geôlière paisiblement endormie sur son lit, et que son mari emmena tout doucement, n'accusant que les français de tout ce qui s'était passé.

Je ne sais ce que devint Michel. Quant à Quiot, au lieu d'être transféré à Stapleton, comme on l'avait décidé d'abord, il vint nous trouver à Dartmoor, où il nous raconta, pendant nos longues et tristes soirées, ce qu'on vient de lire.

Conteur amusant et disert, il était souvent prié par nous d'abréger, par ses récits, nos heures de veilles, et le faisait avec complaisance. Mais parmi les scènes bizarres ou émouvantes, dont avait été semée sa carrière bien jeune encore, il en est une qui nous impressionna vivement et dont j'ai toujours conservé le souvenir, c'est la circonstance presque miraculeuse qui le fit survivre à l'explosion de l'*Achille*. On connaît en général la catastrophe de ce vaisseau. Les détails de ce qui se passa à bord au moment du désastre sont toujours restés ignorés, et je les crois assez intéressants pour répéter ici ce que nous en rapporta Quiot, qui fut un des rares individus échappés à cet épouvantable sinistre. J'abrège son récit et n'en reproduis que les principales circonstances :

Vous savez, nous dit-il, que par suite de l'abandon de la division Dumanoir, et de quelques manœuvres manquées, l'affaire était devenue, pour ainsi dire partielle, entre les bâtiments des deux nations, qui se combattaient bord-à-bord et sans ordre de bataille. Aussi, sans s'occuper de la position du reste de l'escadre, l'*Achille* avait, pendant deux heures, bravement fait son devoir et désemparé un vaisseau anglais. Le commandant de *Nieuport*, avait été tué sur son banc de quart, les batteries et le pont étaient couverts de morts, et cependant, officiers et matelots, ne songeaient qu'à soutenir une lutte inégale, qu'à défendre jusqu'à la mort, l'honneur du pavillon. Une circonstance imprévue, vint bientôt mettre tant de courage et de résolution à une rude épreuve.

Le feu prit dans la hune d'artimon, où les anglais tiraient avec des valets soufrés. Les pompes accoururent, mais leur action fut impuissante; on coupa le mât, il tomba sur le pont avec sa hune, ses haubans, et ses agrès enflammés, et y communiqua le feu. On ne songea plus à combattre les anglais, pour combattre l'incendie; les pièces furent abandonnées, tout l'équipage fut appelé sur le pont, et les pompes furent employées à maîtriser les flammes, les haches à isoler les parties qui étaient encore hors de leurs atteintes. Deux anglais qui nous avaient canonnés jusqu'alors, bien que nous ne pussions riposter, s'éloignèrent à toutes voiles, laissant aux flammes le soin d'assurer notre perte.

Elle était désormais inévitable et imminente. Tous les efforts avaient été superflus, déjà les batteries étaient en feu ; les panneaux, les sabords étaient autant de cratères de volcan, et nulle puissance humaine n'aurait pu arracher l'*Achille* au sort qui l'attendait, l'équipage s'attendait à une mort certaine, car nos embarcations avaient été mises en pièces par les boulets ennemis, ou déjà atteintes par l'incendie.

Cependant, autour de nous, mais à une grande distance, le canon grondait comme un tonnerre continu, un nuage épais, enveloppant les trois escadres nous en dérobait la vue ; Anglais, Espagnols et Français, occupés à se foudroyer, ne songeaient point au malheureux équipage délaissé non loin de là sans secours, sans avoir du moins la consolation de jouer un rôle actif dans cette terrible scène, sans pouvoir périr en combattant.

Ce fut alors, un bien triste spectacle que celui que présenta le vaisseau. Tous savaient à bord, que rien ne pouvait nous sauver, et tous enviaient le sort de ceux qu'avaient atteints n'aguère les boulets ou la mitraille. Les uns attendaient la catastrophe avec une sombre impassibilité, d'autres semblaient espérer de pouvoir l'éviter, ou peut-être cherchaient à s'étourdir par de brusques mouvements, se portant successivement sur les points que les flammes n'avaient pas encore envahis.

J'ai vu un officier d'infanterie, pour en finir plutôt, se brûler la cervelle sur le gaillard d'arrière, un autre se précipiter, par le grand panneau, dans les flammes qui en sortaient comme d'une immense fournaise. Plusieurs matelots descendirent à la cambuse, crevèrent des futailles de vin où d'eau-de-vie, et burent jusqu'à extenction de raison, pour ne pas voir venir la mort. Plusieurs avaient tenté, en se jetant à l'eau, une chance de salut presque désespérée, car les autres bâtiments étaient trop éloignés, pour pouvoir s'y rendre à la nage. Il y en eut, cependant, une vingtaine qui y réussirent, et parmi ceux-là, par une singularité qui approche du phénomène, se trouva un soldat du 67ᵉ de ligne qui, pendant le combat avait eu le bras gauche emporté par un boulet. Il jeta à la mer une cage à poules, s'y cramponna et se laissa ainsi aller à la merci des flots, jusqu'à ce qu'il fut ramassé par une embarcation. Ce fut par des moyens analogues que se sauvèrent, comme je l'ai dit, quelques individus, sur un équipage d'environ huit-cents hommes.

Quant à moi, je ne désesperai pas ; mais convaincu que le vaisseau n'allait pas tarder à sauter, je me décidai à le quitter aussitôt. Une partie du gaillard d'arrière, et la dunette étaient les seuls points où il fut encore possible de poser le pied, et j'étais, je pense, le seul être vivant à bord. J'entrai dans la chambre du conseil, où les flammes n'avaient point pénétré encore, mais dont le parquet était couvert de cadavres.

Avant le commencement du combat, l'agent-comptable de l'*Achille*, et les sergents-majors des compagnies d'infanterie que nous avions à bord, s'étaient disposés à payer la solde, l'un de l'équipage, les autres des hommes de leur corps. Les premiers coups de canon arrêtèrent cette opération, et les sacs d'argent furent laissés pêle-mêle sur un caisson de la chambre du Conseil, où ils étaient encore quand j'y entrai. Ce ne fut pas avec indifférence, ce fut avec mépris que je jetai auprès de ces sommes qui auraient fait le bonheur de plusieurs familles, et qui m'étaient si inutiles, les vêtements dont je me dépouillai.

Entièrement nu, je mis ma croix-d'honneur dans la bouche, passai par un sabord, m'élançai dans la mer et gagnai le large, me dirigeant vers les vaisseaux les moins éloignés. Je ne puis trop apprécier le temps pendant lequel je nageai; il me parut long et devait l'être, à en juger par ma faiblesse et mon épuisement. Ils étaient tels que, perdant à la fois le courage et les forces, j'allais plonger pour ne plus reparaître, quand j'aperçus une goëlette qui, parcourant la ligne de bataille, allait passer près de moi. Un dernier effort, m'amèna par son travers, on me tendit une corde, je la saisis, et je fus hissé à bord.

Peu d'instants après, elle me déposa à bord d'un trois-ponts anglais, où j'entrai par un sabord dans la batterie basse et montai sur le pont. C'était le *Victory* de 120 canons, qui se défendait avec désavantage contre le *Redoutable* de 74. Quand j'arrivai, la consternation était à bord; Nelson venait d'être tué, et pendant quelques minutes, le découragement que répandit la nouvelle de sa mort, fit naître la stupeur et abandonner les pièces. Ce fut en ce moment, qu'un aspirant du *Redoutable*, le jeune Yon, que je connaissais, s'accrocha à une ancre de bossoir, et suivi par quelques matelots, apparut sur le gaillard d'avant du vaisseau anglais. Si l'affaire eût été partielle, entre le *Redoutable* et le *Victory*, ce dernier, eût été enlevé par une poignée d'hommes. Mais à peine Yon et ses hommes s'étaient montrés sur le pont anglais, qu'une grêle de boulets et de mitrailles, tombant sur le *Redoutable*, les forcèrent à rejoindre leur bord. Un vaisseau anglais, était venu se placer bord-à-bord du français, et le mettre entre deux feux. En même temps, un vaisseau français vint aussi attaquer le *Victory*.

Ce fut alors que le combat reprit à bord du trois-ponts où je me trouvais, alors que commença une lutte terrible, dont les fastes de la marine n'avaient jamais offert d'exemple : celle de quatre vaisseaux, se touchant, se heurtant, et dont les équipages étaient animés d'une rage d'extermination. Je pouvais juger de ce qui avait lieu sur les vaisseaux français, par ce qui se passait sous mes yeux. Dans une semblable position, tout calcul, toute manœuvre devenaient impossibles, tout autre soin était abandonné, les pièces seules étaient servies, les officiers eux-mêmes étaient venus s'y mettre, et l'on ne songeait qu'à écraser l'ennemi sous la grêle des projectiles.

Au milieu du fracas de près de deux cents bouches à feu qui tonnaient à la fois, en présence du mouvement et de l'agitation qui se montraient, j'errais d'un endroit à l'autre, du pont aux batteries, dans l'état où j'étais arrivé, nu comme la main, sans que nul s'avisât de ma présence. Mes émotions avaient été si fortes jusqu'alors, qu'une réaction s'étaient faite, que j'étais presque indifférent à ce qui se passait autour de moi, et que, m'apercevant à peine du carnage dont j'étais témoin, je ne pensais pas qu'un boulet français pouvait m'atteindre :

Je ne vous dirai pas quel fut le dénouement de cette scène, vous le connaissez tous ; une défaite entière, mais une défaite glorieuse, et qu'on pouvait considérer comme un triomphe, car l'intrépidité française s'y était montrée avec tout son éclat, et les Anglais eux-mêmes en convenaient. Quelques lâches ou quelques traîtres de moins, et la France obtenait, par cette affaire, le sceptre des mers comme elle possède encore celui du continent.

Mais revenons à moi : on s'aperçut enfin de ce grand corps nu qui se promenait flegmatiquement sur le vaisseau, et examinait avec une curiosité, qui n'était pas sans plaisir, les nombreuses plaies faites au bâtiment et les nombreux cadavres qui gisaient partout. On me demanda qui j'étais, et sur ma réponse, je fus conduit à M. Hardy, capitaine de pavillon du *Victory*. Je lui fis connaître ma qualité d'enseigne, à laquelle il ne voulut pas croire, bien que je lui montrasse ma croix de légionnaire qui, me dit-il, pouvait aussi bien décorer un matelot qu'un officier. Cependant il me fit donner un pantalon de toile, mais pas de chemise, et m'envoya chercher une place au faux-pont.

Pendant tout le temps de la traversée de Gibraltar en Angleterre, j'eus l'honneur de coucher presque côteà-côte avec l'amiral fameux que l'Angleterre venait de perdre, car, comme on ne m'avait pas donné de hamac, je me couchais, pendant la nuit, au faux-pont, contre la barrique de rhum, dans laquelle on avait enfermé le corps de Nelson, pour le conserver et le transporter à Londres. Quelquefois, quand la nuit était avancée, qu'il n'y avait plus d'éveillés à bord que les hommes de quart, j'entendais des pas autour de moi, et des tâtonnements contre la barrique. Je ne cherchais pas à en connaître la cause que j'appris plus tard : des matelots anglais venaient à la sourdine, faire des percées à la barrique et boire le rhum. Ces emprunts au cercueil provisoire furent si fréquents, et les libations si abondantes, que le cadavre de l'amiral se trouva à sec en arrivant à Londres [11] : ce qui, pour le dire en passant, prouve la sobriété et la délicatesse des marins anglais.

Je fus mis à bord d'un ponton de Plymouth, où je restai pendant les six mois qui s'écoulèrent avant que je pusse recevoir de France quelque argent pour m'équiper, et un duplicata de mon brevet d'enseigne. Il fallut bien alors, bon gré, mal gré, que les anglais me reconnussent comme officier, mais ce ne fut pas sans m'avoir fait éprouver de longs retards, sans m'avoir opposé de nombreuses difficultés, que le Transport-Office se décida enfin à m'accorder ce qu'il ne pouvait me refuser.

Un ordre vint au commandant du dépôt de me diriger sur Alresfort, et je partis pour ce cautionnement avec toute la joie qu'on éprouve à voir une ombre de liberté, après une longue et cruelle réclusion. Mais je n'y restai pas longtemps. Associé à une tentative de désertion, je partis avec quatre camarades pour nous rendre à la côte et essayer de passer en France. Nous fûmes arrêtés, séparés, envoyés dans des prisons différentes, et depuis lors, j'ignore quel a été le sort de mes compagnons de fuite. Quant à moi, plus tard, j'ai tenté de bon compte sept nouvelles désertions, qui toutes ont échoué. Vous connaissez les incidents de la dernière, qui eût réussi, peut-être, si je n'avais pas eu Michel pour associé. Mais je ne désespère pas, c'est à recommencer, et les Anglais seront bien habiles s'ils me gardent ici, encore aussi longtemps qu'ils m'y ont tenu.

Ce déterminé déserteur n'eut pas besoin de courir de nouvelles chances. Il n'avait pas passé un mois à Dartmoor que son échange eut lieu contre un officier anglais du même grade, prisonnier à Verdun. De semblables faveurs étaient extrêmement rares, et Quiot ne devait la liberté qu'à un de ses frères qui, officier supérieur à l'armée française en Espagne, et ayant fait quelques prisonniers anglais, avait pu négocier cet échange individuel.

Ce ne fut point sans un triste retour sur nous-mêmes et sur notre délaissement, que nous félicitâmes Quiot de son bonheur. Son départ, d'ailleurs, laissa un vide parmi nous. Il était fort aimable, fort gai, et surtout conteur piquant et intarissable. C'est cette dernière qualité qui, plus qu'aucune autre, nous fit considérer son absence prochaine, avec peut-être autant de regret que de plaisir.

Avant de nous quitter, au surplus, il avait amplement contribué par les nombreux récits que lui fournissaient ses souvenirs de prison, à nous faire passer agréablement nos heures de veillées. Chaque soir c'était une anecdote nouvelle, et presque toujours un trait nouveau de la cruauté froide et réfléchie des Anglais. Voici ce qu'il nous disait un soir :

Il était dans la prison de Bristol. On s'y livrait, comme partout ailleurs, à des travaux manuels, pour pouvoir ajouter quelques aliments à la triste ration fournie par le gouvernement, et les ouvriers prolongeaient leurs journées aussi longtemps qu'ils le pouvaient dans la nuit. Mais la lumière était interdite après une certaine heure, et il fallait que les travailleurs prissent de grandes précautions pour cacher celle qui les éclairait. Des rondes passaient ; à la moindre lueur qu'on apercevait du dehors, on criait d'éteindre les lumières, et si cet ordre n'était pas exécuté à l'instant, des coups de fusil étaient dirigés sur l'ouverture par où apparaissait un faible rayon, quelques Français étaient tués ou blessés, et la ronde continuait son chemin, criant toujours d'éteindre les lumières, faisant feu, si elle le jugeait convenable.

Il n'est pas hors de propos de faire connaître, comment s'y prenaient les plus pauvres prisonniers, ceux qui n'avaient qu'un travail insuffisant ou un modique salaire, pour se procurer de la lumière. Ils ramassaient tous les os qu'ils pouvaient se procurer, en les payant, bien entendu, à ceux qui les mettaient en réserve, et les gardaient jusqu'à ce qu'il y en eût pour deux ou trois sous. On sait déjà que le mot donner n'était guère en usage dans les pontons et prisons.

Ces os étaient broyés, triturés entre deux pierres, et quand ils étaient réduits en poudre, on la faisait bouillir dans une certaine quantité d'eau. Il s'élevait à la surface de légers globules de graisse qu'on écumait avec soin, et qu'on déposait dans de petits godets de terre grossière. Une mèche en charpie, faite avec du vieux linge, y était ajoutée, et le tout formait un appareil plus que modeste, qui ne ressemblait guères à l'éclat éblouissant de nos appareils à gaz, mais qui suffisait cependant, pour éclairer de pénibles et laborieux travaux. Voilà cependant, ce que les anglais proscrivaient avec tant de sévérité et punissaient si cruellement.

Un soir, quelques individus à la triste lueur de la mèche en charpie, travaillaient dans la prison de Bristol, à terminer des tresses de paille qu'ils devaient livrer le lendemain. Une ronde vint à passer, commandée par un officier de dix-neuf ans, dont la commission avait été achetée depuis quinze jours, par son père. Un rayon de lumière douteuse, apparut à travers les chassis mal clos qui étaient derrière les barreaux de fer. L'injonction d'éteindre les lumières se fit entendre, et l'ordre de faire feu la suivit presque immédiatement.

Dix balles percèrent le chassis, et quatre prisonniers français furent punis de mort, pour avoir conservé de la lumière, après l'heure prescrite par les règlements.

Le résidu qu'on retirait des os triturés, et dont j'ai parlé tout-à-l'heure, devenait, pour quelques prisonniers industriels, un produit plus lucrativement employé que pour l'éclairage. Ils assaisonnaient, avec cette graisse, de petits gâteaux de farine de maïs ou de froment quand ils pouvaient en avoir, et les vendaient un pence, ou mieux encore les faisaient jouer aux dès, ce qui leur donnait un bénéfice de quelques sous, bénéfice considérable pour la prison. C'est ainsi qu'on tirait parti de tout, que toutes les pensées étaient tendues vers un point fixe. Tâcher de vivre pour revoir la France, en dépit des Anglais et des mesures qu'ils prenaient pour amener la mort de leurs prisonniers.

On me demandera peut-être ce qu'était devenu le malencontreux Michel, cette pierre d'achoppement du brave Quiot, après qu'il se fut laissé maladroitement choir de l'échelle où il suivait son camarade, et qu'il se fut cassé une jambe. Je ne le laisserai pas sur le pavé de la cour de la prison, où il gisait en poussant des cris, et bien que le reste de son aventure soit assez peu intéressant, le voici en peu de mots :

Michel, qu'on voulait d'abord, tout mal accommodé qu'il était, transporter à l'hôpital de la prison la plus voisine, fut, à la sollicitation des cautionnés de Brekon, déposé dans une maison de cette ville, où il prit logement, et où les officiers de santé français vinrent le soigner. L'amputation de la jambe ne fut pas jugée nécessaire, mais il resta environ deux mois au lit. Pendant ce temps, il reçut des soins affectueux, il eut de nombreuses visites, non-seulement des officiers français prisonniers, mais des habitants qui reportaient sur lui et sur l'accident dont il avait été victime, toute la curiosité, tout l'intérêt dont, jusqu'à ce moment, Quiot avait été l'objet.

Je n'ai pas besoin d'ajouter que les visites des femmes auprès du lit du malade étaient les plus nombreuses et les plus empressées ; on l'a déjà deviné. Parmi ces visiteuses, une miss Jewel, institutrice, entre deux âges, maigre, sèche, longue, pincée et bas bleu par-dessus le marché, s'était montrée une des plus assidues et des plus attentives. Quand Michel fut rétabli, quand il dut, partie à son infirmité, car il boitait considérablement, partie à une tolérance dont les anglais n'étaient pas prodigues, d'être laissé au cautionnement de Brekon, son intimité avec miss Jewel prit une nouvelle force, et finit par attirer l'attention du père de l'institutrice, bien qu'en Angleterre on porte, en général, fort peu d'attention à la conduite des jeunes personnes, qui jouissent d'une liberté entière, jusqu'à ce qu'on ait prononcé sur leur tête le *conjungo vos*.

Les choses en vinrent au point, que Michel eut à opter, comme Bourgon dont j'ai déjà conté la mésaventure, entre payer une forte somme, aller en prison, ou épouser miss Jewel. Or, il n'avait pas le sou, et connaissait trop bien la prison pour vouloir y retourner. Le seul parti à prendre était donc d'épouser ; c'est ce qu'il fit, et dès ce moment il fut à peu près libre, mais cette émancipation lui coûta cher, car du même instant il perdit la société et l'affection de ses camarades.

Quand la paix se fit, Michel, le cœur navré, les larmes aux yeux, vit partir pour la patrie, qu'il croyait ne plus revoir, ses camarades pleins d'allégresse. Mais ses regrets s'accrûrent de jour en jour, et une année ne s'était pas écoulée, au milieu de la famille étrangère, où il était entré, que cette famille put craindre pour sa vie, et connut bientôt la cause du marasme qui le consumait lentement ; c'était la maladie du pays, cette cruelle nostalgie contre laquelle tous les secours de l'art sont impuissants, et que l'air natal seul peut guérir. Il y succomba en 1815, pendant la période des cent-jours, et sa fin fut hâtée peut-être par les émotions que dut lui donner le nouvel élan qui semblait alors promis à notre gloire et à nos succès, et qui fut si rapidement comprimé par les plus terribles revers.

On citerait difficilement quelques rares exemples d'autres officiers français qui aient oublié, pour un bien-être temporel, le bonheur du retour dans la patrie. J'en ai connu un seul dans un cautionnement de deux cent cinquante individus ; un autre, dans un cautionnement de quatre cents. Il est aisé de voir, par un calcul approximatif, combien le nombre de ces malheureux a été minime. Je puis ajouter que tous ont vu partir leurs camarades de captivité, avec les regrets les plus amers, que tous ont été loin de trouver dans le pays qu'ils avaient adopté, le bien-être et le repos dont ils espéraient jouir. Abreuvés de dégoûts et de mépris, ils n'ont pas tardé à sentir ce qu'il en coûte de renoncer à sa patrie ; après de tristes épreuves, les uns sont rentrés en France, d'autres, comme Michel, ont succombé sous les atteintes de la nostalgie qui tue avec lenteur, mais irrévocablement.

NOTES.

NOTE 1, PAGE 17.

L'Ile de Malte, à l'époque dont je parle, était l'égout de l'Europe entière. Les banqueroutiers, les bandits de tous les pays, les repris de justice allaient y chercher un refuge. Nous y trouvâmes, en arrivant, plusieurs soldats de la division Dupont qu'on avait forcés de prendre du service avec les Anglais. Ces militaires nous accostaient timidement, se sentaient heureux de pouvoir parler avec des officiers français, et pour nous prouver leurs regrets, nous montraient la cocarde nationale qu'ils conservaient et cachaient soigneusement.

J'avais vu quelquefois à Malte, un Provençal, nommé de R...., émigré Français, qui n'ayant pas jugé à propos de profiter des amnisties, vivait là, d'une industrie problématique et de ses gains à la poule, étant très fort joueur de billard. Un jour, la nouvelle de la destruction de notre armée en Russie se répandit à la bourse, et un instant après je rencontrai de R.... Avez-vous appris la nouvelle, lui dis-je, tout consterné. Sans doute, me répondit-il, mais elle est trop belle, pour qu'on puisse y croire avant plus ample confirmation. — Mais vous confondez, je vous parle de l'armée de Russie. — Oui, oui, elle est anéantie, dit-on, mais je vous le répète, la chose serait trop heureuse pour que j'ose y croire encore. Puis il ajouta : Vous avez donc cru que je pouvais avoir les mêmes pensées, les mêmes sentiments que vous! Détrompez-vous, je ne désire que la chûte de votre empereur et l'anéantissement de tout ce qui soutient son pouvoir.

J'étais jeune encore et n'avais nulle idée de la démoralisation à laquelle peuvent conduire les passions politiques. Je demeurai stupéfait, puis je dis à ce misérable : J'ignore ce que le destin me réserve, mais je pourrais être injustement proscrit de mon pays, sans espoir de le revoir jamais, je déplorerais toujours avec des larmes de sang, une catastrophe pareille à celle qu'il a éprouvée, si la nouvelle qu'on nous a donnée se confirme. Là dessus je le quittai, et ne lui ai plus adressé la parole depuis.

NOTE 2, PAGE 59.

La mort de l'amiral Villeneuve sera probablement toujours un mystère. Mais les circonstances qui l'ont précédée et accompagnée, peuvent du moins donner sur cet évènement, à l'opinion publique, une idée plus que suffisante pour former un jugement et prononcer en dernier ressort.

Le combat de Trafalgar eut lieu à la fin d'octobre 1805. L'amiral s'y conduisit d'une manière qui ne méritait que des éloges et des récompenses, tant par les dispositions de bataille qu'il avait prises, que par la bravoure personnelle dont il fit preuve.

Fait prisonnier de guerre, il sollicita vainement, pendant six mois, du gouvernement anglais, la faveur de se rendre en France sur parole, pour demander un jugement et rendre compte de sa conduite. Il l'obtint enfin, et c'est au moment où il arriva en France, quand il se disposait à partir pour Paris, qu'on ose nous dire qu'il se suicida de *cinq coups de poignard,* sept mois après le combat de Trafalgar.

Mais si Villeneuve croyait avoir quelque chose à se reprocher, s'il craignait d'avoir encouru la disgrace du chef de l'état, pourquoi a-t-il attendu si longtemps pour exécuter cet acte de désespoir, pourquoi ne s'est-il pas donné la mort après le combat, au moment de l'exaltation où il devait être par suite des défections qui lui avaient arraché une victoire brillante et presque certaine.

Villeneuve était irréprochable ; il lui importait de vivre pour le prouver, et c'est pour celà qu'il avait demandé avec tant d'instances son renvoi en France. Mais il devait en même temps dénoncer des lâchetés, des trahisons, et plusieurs hommes éminents étaient intéressés à sa mort: voilà pourquoi et comment il mourut.

Chaque fois qu'on a voulu attribuer la fin tragique de l'amiral à un assassinat, des voix nombreuses se sont élevées contre cette accusation. Napoléon lui-même, trompé sans doute par de faux récits, a toujours cru à un suicide. Mais il est certain que la marine et la France entière n'eurent qu'une opinion sur cet évènement. On crut, on dit, et on répéta, que l'amiral avait été victime des craintes de ceux qui, par lâcheté ou par trahison n'avaient pas voulu le seconder. Tout démontre, jusqu'à l'évidence, la justesse de cette opinion, et tout prouve que l'amiral Villeneuve fut assassiné.

NOTE 3, PAGE 100.

Les anglais ont communément l'habitude, surtout, dans les basses classes, et lorsqu'ils s'expriment avec une certaine défaveur, sur le compte de quelqu'un, de ne prononcer que la première syllabe ou la première lettre de son nom. Ainsi, j'ai souvent entendu, à bord de la frégate le *Ménélas*, nommer le commandant qui s'appelait Peter Parker, par les premières lettres de son nom et de son prénom, P. P., qui se prononcent en anglais Pi Pi.

On n'appelait jamais, en Angleterre, Napoléon, autrement que *Bony*, pour Bonaparte, et nous étions constamment poursuivis, dans les rues, dans les promenades, par ces mots jappés par les enfants, les femmes et la canaille : *Bony is dead*, Bonaparte est mort. Les anglais l'avaient tué des milliers de fois par la parole, avant de le tuer réellement par le supplice de Sainte-Hélène.

NOTE 4, PAGE 114.

Les midshipmen anglais, dont la position répond à celle de nos aspirants, sont bien loin d'avoir la même instruction. On n'exige rien d'eux, on ne leur fait subir aucun examen. La volonté seule d'un commandant de bâtiment de guerre, suffit pour les classer dans ce grade, où ils restent assez longtemps ; aussi ils acquièrent des connaissances pratiques, une grande habitude de la mer, mais fort peu d'instruction.

Ce noviciat indispensable a deux issues : les fils de personnages importants, sont destinés aux commandements et les obtiennent toujours ; les autres deviennent lieutenants, quelquefois *Masters*, et en restent là pendant tout leur temps de service, sans pouvoir prétendre à aucun autre avancement. Il en est en Angleterre, pour la marine comme pour l'armée de terre ; rien n'est fait pour exciter l'émulation.

NOTE 5, PAGE 138.

Ce qui rendait plus odieuse la conduite du gouvernement Anglais envers les militaires étrangers qu'il recrutait pour son service, c'est que les agents qu'il leur détachait, employaient, pour les séduire, les plus brillantes promesses. Pillet nous a dit comment ces promesses étaient remplies, et l'on doit se faire une idée de ce que pouvaient espérer des soldats auxiliaires, dans une armée où les places d'officiers sont vénales, où même pour les nationaux, la bravoure la plus brillante, les connaissances les plus étendues, les services les plus éclatants ne peuvent conduire qu'au grade de sergent.

Ce n'eut été qu'avec une extrême réserve qu'on eut accepté des Français. Mais les Français n'étaient pas plus portés à prendre du service qu'on ne l'était à leur en offrir. Cependant c'était ordinairement des rénégats qu'on envoyait dans les prisons pour remplir les honorables fonctions d'embaucheur. Cette mission n'était pas sans désagréments et même sans danger. Un Français qui avait pris du service en Angleterre, vint recruter à bord du ponton le *Guilford*, pendant que je m'y trouvais. Les huées des prisonniers, les noms de traitre, de rénégat, d'espion, le poursuivirent pendant tout le parcours qu'il fit du pont et des batteries, et quand il partit, une grêle de pommes-de-terre, de tronçons de choux, d'immondices de toute espèce, l'accabla et lui servit d'adieu. Les prisonniers furent renfermés par ordre du commandant du ponton, pour avoir exprimé avec autant d'énergie leurs sentiments patriotiques.

NOTE 6, PAGE 197.

Le métier de tatoueur était lucratif et très activement occupé aux pontons et prisons. Tous ces hommes oisifs, n'ayant à porter, en général, leur intelligence que sur leurs souvenirs, désiraient les fixer d'une manière durable, en faire, pour ainsi dire, les compagnons de leur existence, et se les incorporer. La passion de ces hiéroglyphes a été quelquefois poussée à un point qu'on aurait peine à croire.

Un matelot qui avait combattu à Trafalgar et qui se trouvait sur un ponton, eut la singulière idée de se faire tatouer sur la poitrine, tous les bâtimens qui avaient pris part à cette affaire. On saura qu'il n'y avait pas moins de soixante-six vaisseaux, tant français, qu'espagnols et anglais, sans compter les frégates et quelques bâtimens légers. Mais le brave marin avait la liste et ne voulut pas se faire grâce d'un seul aviso. L'opération fut longue, douloureuse, et eut un triste résultat. Tous les vaisseaux, dans leurs rangs de bataille, avec leurs pavillons respectifs, figuraient déjà sur la large poitrine du matelot, et il ne restait plus que quelques bâtimens sans importance, qui n'avaient pas pris une part importante à l'affaire et qu'il aurait pû négliger ; mais il tenait à tout avoir. Une fièvre inflammatoire, causée par ces innombrables piqûres et par la large plaie qu'elles avaient occasionée, vint le saisir. On voulut suspendre l'opération, il s'y refusa et la fit continuer, en proie au délire de la fièvre sous laquelle il succomba, quand on traçait les derniers traits d'une dernière goëlette.

NOTE 7, PAGE 234.

J'ai été soumis à cette obsession, j'ai été victime de cette rage de parler constamment politique, à bord de la frégate le *Ménélas*, où j'étais passager, allant, comme prisonnier de guerre, de Malte en Angleterre. Les officiers anglais n'abordent ce sujet favori que pour avoir l'opportunité d'exalter leur nation outre mesure, de déprécier la nôtre, et de mentir impudemment en niant les succès de nos armes et notre rang dans l'Europe.

Je trouverais difficilement des expressions pour peindre, d'un côté toutes les humiliations dont nous fûmes abreuvés par l'état-major, pendant quatre mois de séjour à bord de cette frégate, de l'autre, l'insolence, la morgue et la grossièreté de cet état-major. Le bâtiment était commandé par le nommé Peter Parker, que j'ai nommé dans une note précédente, et qui méritait cette prééminence en se distinguant parmi ses officiers, par les qualités que je viens d'énoncer, et qui fut assez heureux pour finir par la mort d'un brave pendant la guerre, entre l'Angleterre et les États-Unis d'Amérique, en 1814.

Nous avions aussi à nous défendre des attaques, des sots quolibets d'un passager, nommé Hamilton, digne ami et commensal de Peter Parker.

NOTE 8, PAGE 250.

L'histoire offre de nombreux exemples de faits du même genre. La chevelure de la reine Marie-Antoinette, blanchit complètement pendant la nuit qui s'écoula entre le jugement et l'exécution de cette victime offerte en holocoste sur les autels de la liberté.

Je puis citer de ce phénomène, un exemple plus récent et dont plusieurs de mes lecteurs peuvent avoir été témoins :

Le sieur Paban, Négociant à Marseille, avait eu l'imprudence de se faire l'un des chefs d'une conspiration ourdie dans le midi de la France, contre le gouvernement de Napoléon. Paban, n'avait aucune des qualités indispensables à un conspirateur. Il faut à celui-ci de l'énergie, Paban était pusillanime et lâche ; il faut des connaissances variées et surtout la connaissance des hommes, il était d'une ignorance crasse en toutes choses ; il faut de la promptitude dans la détermination et dans l'action, il était pusillanime et paresseux.

Quand la conspiration fut découverte, quand les conjurés furent traduits à Toulon devant une commission militaire, quelques-uns d'entr'eux montrèrent le courage et l'indifférence de vrais conspirateurs, sachant bien qu'ils avaient joué leur vie et qu'on allait la prendre puisque la partie était perdue. Il n'en fut point ainsi de Paban ; il esseya de tout nier, implora la commisération de ses juges, mais vainement, et il fut condamné à mort avec six de ses adhérans. Il avait encore au moment du jugement une chevelure superbe et d'un noir d'ébène. Quand on vint le prendre le lendemain pour l'exécution, ses cheveux étaient tombés en partie et ceux qui restaient étaient aussi blancs que ceux d'un vieillard de quatre-vingt-dix ans, Paban n'en avait que quarante.

Les individus chez lesquels ce phénomène a été observé, ont été en général des condamnés à mort qui, par conséquent, n'y ont pas survécu. Parmi le petit nombre de ceux chez lesquels cette anomalie a été déterminée par une excessive frayeur, il est assez ordinaire qu'après un certain laps de temps, les cheveux reprennent leur teinte primitive.

Il existe en ce moment à Marseille, un individu qui prit une part des plus actives au mouvement insurrectionnel, dont le gouvernement de Louis Philippe était menacé en 1834. Je le voyais alors tous les jours ; l'agitation à laquelle il était constamment en proie, les espérances, les craintes, les projets qui l'agitaient, la vie soucieuse et troublée qu'il menait, avaient fait blanchir ses cheveux. Depuis que, par suite des évènements politiques, il a dû forcément prendre du repos et se guérir de l'agitation fièvreuse qui le tourmentait, ses cheveux ont repris la teinte noire qu'ils avaient auparavant, bien que cet individu soit d'un âge plus que mûr.

NOTE 9, PAGE 261.

On sait que les Anglais ont des moyens infaillibles pour abréger l'existence. Quelques morts sont encore un mystère, mais il en est, et en assez grand nombre qu'on peut imputer à leur odieuse politique, ne fut-ce que celle de Paul 1er, de Joséphine, du Duc de Reichstadt et tant d'autres. On saura sans doute un jour à quoi s'en tenir sur celle du brave Allard, généralissime au royaume de Lahore. En attendant, voici des circonstances de suspicion pour tout homme qui ne connaît pas le gouvernement anglais, de certitude pour celui qui le connaît.

Allard partit de France, plein de force et de santé. Il avait cinquante-trois ans, et une constitution robuste, acclimatée dès longtemps à la température et aux manières de vivre de l'Inde. A peine arrivé à Lahore, il tombe malade et meurt. Et qu'allait-il faire à Lahore? Achever ce qu'il avait commencé avec tant de succès et de bonheur, faire de cette nation une puissance formidable, en état de primer un jour dans l'Inde, d'en chasser les insolents dominateurs qui l'oppriment. Croit-on que les Anglais ne l'aient pas compris, croit-on qu'ils aient reculé devant un crime politique de plus, après en avoir tant commis? Ce sont-là, je le répète, de fortes présomptions pour tous, mais des preuves certaines pour moi, et, sans doute aussi, pour ceux qui connaissent les Anglais comme je les connais.

NOTE 10, PAGE 283.

Les Irlandais, en 1844, déploraient les désastres de la France, avec plus d'amertume, peut-être que les prisonniers de guerre, et certes c'est beaucoup dire. En effet, c'est de la France que l'Irlande a toujours attendu sa libération, et c'est par l'Irlande que l'Angleterre sera toujours attaquée avec le plus de chances de succès, parce qu'une armée d'invasion aura la population entière pour auxilliaire.

La république le savait et Napoléon aussi. De là, les expéditions qui ont eu lieu à diverses reprises, et qui n'ont échoué que par les contrariétés du temps ou par des circonstances fortuites, et qu'il était impossible de prévoir.

NOTE 11, PAGE 297.

Le fait de la futaille de rhum où fut déposé le corps de Nelson, et qui arriva vide en Angleterre, par suite de la sale ivrognerie des matelots anglais est de toute exactitude. Je crois devoir ajouter à ce fait quelques détails peu connus sur les circonstances qui ont accompagné ou suivi la mort d'un des plus implacables ennemis que la France ait jamais eus.

Ce fut la veille du combat de Trafalgar, que Nelson prononça cette phrase caractéristique, dont je me suis servi comme épigraphe en tête d'un de mes chapitres : « que je les haïs, ces français ! Je voudrais pouvoir les exterminer tous, républicains et royalistes, depuis le premier jusqu'au dernier. » Ce vœu d'une haine aveugle et atroce, peint en même temps, et celui qui l'énonçait, et la nation dont il n'était alors que l'interprète.

Le *Victory* que montait Nelson, combattait comme on sait le *Redoutable*, et ce fut d'une hune de ce vaisseau que partit la balle qui mit fin à une existence qui avait été si fatale à la France. Les gabiers et quelques soldats d'infanterie, qui étaient dans les hunes du vaisseau français, bord-à-bord avec le *Victory*, avaient reconnu l'amiral aux ordres nombreux qui couvraient sa poitrine, et faisaient feu sur lui. Les officiers qui l'entouraient s'en aperçurent, et l'engagèrent à cacher ces décorations avec un manteau.

« Non, dit Nelson, après un moment de silence, j'ai gagné ces marques d'honneur dans les combats, et je ne les cacherai pas en présence de l'ennemi. » Ce fut un instant après avoir prononcé ces paroles, qu'une balle l'atteignit perpendiculairement sur l'épaule droite, et après avoir labouré la poitrine, brisa l'épine dorsale.

On s'empressa de couvrir le corps de l'amiral d'un manteau, pour dérober autant que possible la connaissance de cet évènement à l'équipage, qui cependant l'apprit bientôt, et en fut tellement découragé, que pendant quelques instants, le service des pièces et la manœuvre furent complètement abandonnés. Ce fut alors, que l'aspirant Yon et quelques hommes du *Redoutable*, pénétrèrent sur le gaillard-d'avant du vaisseau anglais, qu'ils furent presque aussitôt obligés d'abandonner.

Quand on l'eut descendu au faux-pont, au poste des blessés, l'amiral ordonna, à M. Betty, Chirurgien-major, de lui faire connaître nettement et sans détour, quelle était sa position et s'il pouvait survivre à sa blessure, ajoutant que le gain de la bataille, et les intérêts de l'Angleterre étaient engagés dans cette position. « Malheureusement pour notre patrie, répondit M. Betty, toutes les ressources de mon art sont impuissantes, pour vous conserver une vie aussi glorieuse et qui va se terminer avant une heure.

Là-dessus, Nelson, ordonna qu'on fît descendre auprès de lui, le capitaine Hardy, et lui demanda combien, il y avait de vaisseaux français qui avaient cessé de combattre et amené leur pavillon. Il s'étonna du petit nombre qu'on lui annonça, et prescrivit au capitaine de garder après l'affaire, à bord du *Victory*, le pavillon de Commandant en chef, et de ne pas signaler à l'escadre, pendant quelque temps, la mort de l'amiral. Il lui indiqua ensuite des mesures qui devaient entraîner la ruine complète de l'escadre française.

Mais après le combat, Hardy ne voulant pas assumer la responsabilité d'évènements ultérieurs, signala la mort de Nelson, Collingwood prit le commandement en chef, et fit des dispositions qui permirent à quelques vaisseaux français désemparés, de rentrer à Cadix.

Le gouvernement anglais, fit enchasser dans une petite boîte en cristal, avec des charnières et des fermoirs en or, la balle qui avait donné la mort à Nelson, et en fit présent à M. Betty.

FIN DU PREMIER VOLUME.

TABLE

DU PREMIER VOLUME

Avant-propos. . . . . *Page* 5
Chapitre Ier—Malte.—Loge Maçonnique.—Projet d'un Auto-da-fé.—Ignorance et fanatisme des Maltais.—Arrivée à Portsmouth.—Aspect des Pontons.—La demi-Prison.—La Musique.—Facétie des prisonniers. 11
Chap. II.—Le Billard.—Les Jeux de hasard.—Achat des places.—Métiers divers.—Professeurs.—Faux Monnoyeurs.—Délateurs.—Le Spectacle au Ponton.—Un Duel.—La Prédication.—Les Conteurs.—Les bricks l'*Abeille* et l'*Alacrity*.—Une exécution 33
Chap. III.—Travaux préparatoires d'une évasion.—Quatre prisonniers échappés du ponton.—Trois succombent.—Le quatrième arrive en France.—Une évasion manquée.—Un Officier dans une malle. 71
Chap. III *Suite*.—Le Cautionnement.—Précautions du Gouvernement Anglais pour rendre les Français odieux.—Dispositions haineuses des basses classes.—Combat entre les charbonniers d'Abergavenny et les officiers Français. — Anecdotes diverses. — Moyens d'évasion. 103
Chap. IV.—Désertion par les Smugglers.—Début malheureux.—Trahison.— Arrestation.—Condamnation

des Smugglers — Généreuse conduite des Officiers Français.—Désertion par les moyens ordinaires.— Incidents divers 127

Chap. V.—Ponton le *San-Thomaso.*—Le *Blak hole*,— Les Romains.—Ponton le *Vétéran.*—Encore les Romains.—Un Capitaine Anglais prétend les dompter. —Il y renonce.—Les Corsaires.—Rebuffat. 164

Chap. VI.—Prison de Dartmoor.—Son Climat.—Sa construction.—Le Gouverneur Cotgrave.—Supplice d'un délateur.—Hôpital.—Épidémie.—Maladies réelles et simulées.—Suicides réels et simulés. 187

Chap. VII.—Épidémie à Dartmoor.—La statue équestre.—Saut périlleux d'un romain.—Un Anglais tué par ses compatriotes.—Digression.—Les Pontons de la Jamaïque.—Le général Boyer.—Ses réponses aux forfanteries anglaises.—Deux Français assassinés.— Une rixe.—Un Tunnel. 217

Chap. VIII.—Les Conteurs de Dartmoor.—Le Ponton la *Vieille-Castille* à Cadix.—Évasion de cinquante officiers.—Détresse des prisonniers.—Terreur panique. —Enlèvement du Ponton.—Noble conduite des officiers de marine.—Enlèvement du Ponton l'*Argonaute.* 244

Chap. IX. — Les Faux-Monnoyeurs de Dartmoor. — La Contrebande. — L'Entente cordiale. — Abus de confiance pour trente têtes de harengs. — Punition du coupable. — Argent envoyé de France aux Prisonniers Français. — Jugement et mort d'un officier de marine. — Emprisonnement d'un aspirant. — Quelques mots sur les prisonniers français en Écosse 258

Chap. X.—Arrivée de deux officiers français à Brekon. —Leur emprisonnement.—Ruses et amours.—Évasion.—Ils sont repris.—Le vaisseau l'*Achille.* 285

Notes 305

PLACE DES LITHOGRAPHIES.

Pontons anglais.   16
Intérieur d'une batterie de ponton.   36
Supplice d'un délateur 192
La Statue équestre 224
Tour de force d'un Romain. 240

www.ingramcontent.com/pod-product-compliance
Lightning Source LLC
Chambersburg PA
CBHW060643170426
43199CB00012B/1655